Job?

나는 **드론** 전문가가 될 거야!

Job?

나는 **드론** 전문가가 될 거야!

신혜정 글·그림

Special
02

깨국일아이

차례

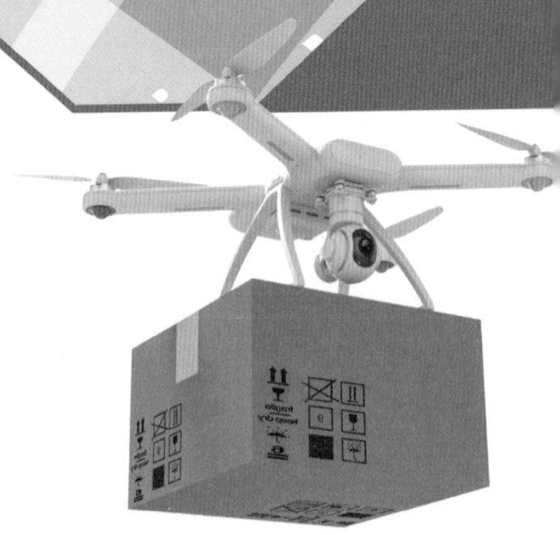

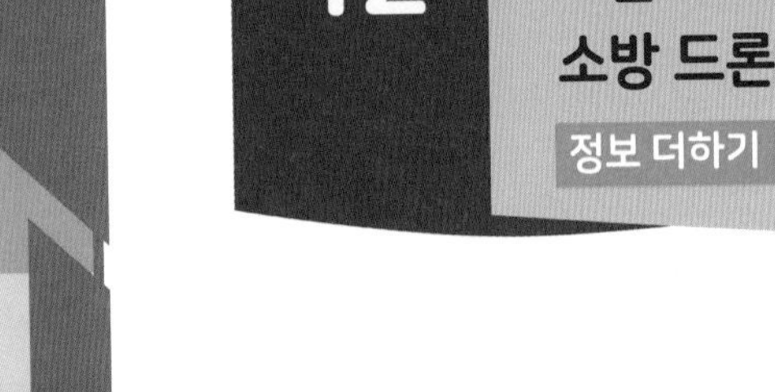

직업 탐험
워크북　나는 **드론** 전문가가
될 거야!

등장인물

김지후

드론에 관심이 많은 초등학교 5학년 남자아이로 위기 대처 능력이 뛰어나다. 미술관 견학을 갔다가 미술관 방화범이자 도둑인 범인을 목격하고 검거에 도움을 준다. 휴일에 산책을 나갔다가 삼촌을 만나 드론 조종법을 배우던 중 우연히 미술관 범인을 발견하고 쫓기 시작하는데….

김도훈

지후의 삼촌이자 드론조종사다. 평소 드론으로 경찰 업무를 도우며 범인을 검거하는 데 큰 공을 세우고 있다. 지후에게 드론을 사 주고 조종하는 법을 가르쳐 주는 친절하고 따뜻한 성격의 소유자다. 드론을 이용하여 범인 검거에 힘을 보탠다.

박경민

미술관 방화 및 도난 사건의 책임을 맡은 경찰로 계급은 경감이다. 도둑맞은 보석, '악어의 금빛 눈물'을 되찾기 위해 고군분투한다. 범인 검거에 드론이 필요하다 생각하고 도훈과 지후의 도움을 받기로 한다. 카리스마 넘치는 모습으로 경찰들을 지휘하며 범인 검거에 나서는데….

컴퓨터를 잘 다루고 해킹 실력이 높은 최세훈, 행동력 있고 꼼꼼한 하만호, 겁 많고 먹을 것을 좋아하며 단서를 흘리고 다니는 이대훈, 이들은 '악어의 금빛 눈물'을 훔치기 위해 미술관에 불을 내고 도망친 범인 3인조다. 가난한 인생을 바꾸기 위해 범죄에 손을 댄 그들의 계획은 어떻게 될까?

범인 3인조

추천사

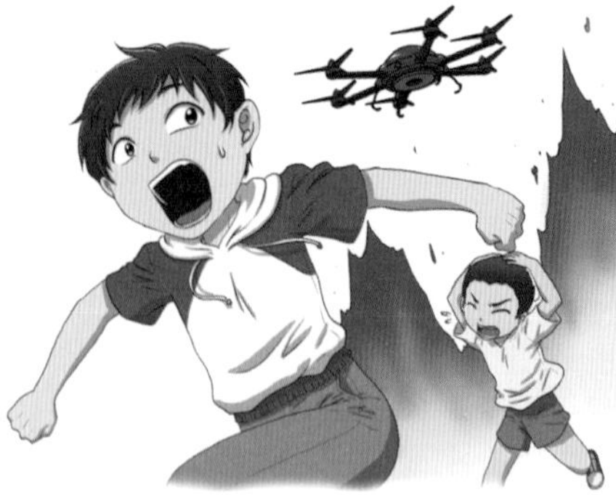

꿈을 찾아가는 꿈나무를 위한 길잡이

허영만 화백이 그린 만화 《식객》이 한국 음식 문화의 품격과 철학의 깊이를 더한 '음식 문화서'라고 한다면, 《job?》 시리즈는 '바라고 꿈꾸는 것을 이루기 위해 줄기차게 노력하면 반드시 꿈은 이루어진다'는 교육 철학을 담은 직업 관련 학습 만화입니다. 어린이와 청소년들이 만화를 통해 각 분야의 직업을 이해하고, 스스로 장래 희망을 설정하는 데 도움을 주는 진로 교육서이기도 합니다.

꿈과 희망은 사람을 움직이는 가장 강력한 에너지입니다. 꿈과 희망이 있는 사람은 밝고 활기찹니다. 그리고 호기심과 열정이 가득해서 지루할 틈이 없이 부지런합니다. 특히 어린이와 청소년들에게 꿈과 희망은 삶을 긍정적으로 바라보게 하는 가장 강력한 버팀목 역할을 합니다.

어른이 되어 이루는 성공과 성취는 어린 시절부터 바랐던 꿈과 희망이 이뤄 낸 결과입니다. 링컨과 케네디, 빌 게이츠와 오바마, 이들은 어린 시절에 꾸었던 꿈과 희망을 실현하기 위해 노력한 사람들입니다. 삼성을 일류 기업으로 이끈 고(故) 이병철 회장이나 우리나라 경제 발전에 초석을 다진 현대그룹의 고(故) 정주영 회장도 어린 시절의 꿈을 실현한 대표적인 사람입니다. 꿈과 희망 안에는 미래를 변하게 하는 놀라운 능력이 숨어 있습니다. 꿈과 희망을 품고 노력하면 바라던 것이 이루어집니다.

어린이와 청소년들이 스스로 미래를 준비할 수 있도록 도움을 주고자 기획한 《job?》 시리즈는 우리 사회 각 분야의 직업을 다루고 있습니다. 어떤 분야의 직업을 갖고 사는 것이 좋으며 가치 있을지를 만화 형식을 빌려서 설명하여 이해뿐 아니라 재미까지 더하였습니다.

그동안 직업을 소개하는 책은 많았지만, 어린이 눈높이에 맞춘 직업 관련 안내서는 드물었습니다. 이 책의 차별성은 바로 여기에 있습니다. 단순히 각각의 직업이 무슨 일을 하는지를 소개하는 데 그치지 않고 사회적 측면에서 바라본 직업의 존재 이유와 작용 원리를 적절한 용어를 사용하여 어린 독자들의 이해를 돕습니다. 자칫 딱딱할 수 있는 직업 이야기를 맛깔스러운 대화와 재미있는 전개로 설명하여 효과적인 진로 안내서 역할도 합니다.

이 책이 어린이와 청소년들에게 세상의 여러 직업을 깊이 이해하고 자신의 미래를 여는 데 도움을 줄 것이라 기대합니다. 아울러 장차 세계를 이끌 주인공이 될 어린이와 청소년들이 직업과 관련해서 멋진 꿈과 희망을 얻길 바랍니다.

문용린(서울대학교 교육학과 명예교수)

작가의 말

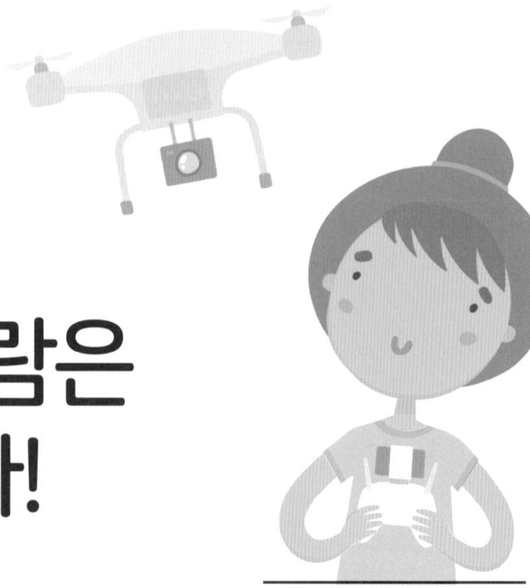

꿈을 꾸는 사람은 아름답습니다!

여러분, '나는 커서 뭐가 될까?'라는 생각을 해 본 적 있죠? 저는 어렸을 때부터 쭉 한 가지 꿈을 꾸고 목표를 향해 달려 왔어요. '꿈을 위해서 지금 내가 해야 할 일'을 찾아 차근차근 노력하다 보니 막연했던 목표가 점점 현실이 되었답니다. 그래서 지금은 꿈꾸던 직업을 갖고 행복하게 살고 있지요.

여러분도 목표가 있나요? 아니면 아직 하고 싶은 일을 찾지 못했나요? 자신의 꿈을 아직 찾지 못했다고 초조해 할 필요는 없어요. 여러분에게는 시간과 가능성이 정말 많답니다. 천천히 여유를 가지고 꿈을 찾길 바라요.

《job?》 시리즈는 다양한 직업을 소개하고 있어요. 아직 꿈을 정하지 못했다면 《job?》 시리즈를 보며 여러분이 미래에 하고 싶은 일을 고민해 봤으면 좋겠어요. 수많은 직업 중에 분명 자신에게 꼭 맞는 일이 있을 거예요. 미래의 목표를 정하고 그것을 좇아간다는 것이 어려운 일일 수도 있어요. 때로는 좌절하기도 하겠지요. 하지만 괜찮아요. 도전과 좌절 모두 열심히 살아가고 있다는 증거니까요!

자신의 꿈을 정하는 과정은 행복하답니다. 많은 가능성과 갈림길이 있기 때문이에요. 갈림

길이 많다는 건 때로는 막막할 수 있어요. 하지만 그것을 '나에겐 선택의 길이 많이 있어!' 라고 긍정적으로 받아들이면 어떨까요? 스스로 자신의 길을 개척한다는 것은 정말 행복한 일이거든요.

《job? 나는 드론 전문가가 될 거야!》는 여러분에게 아직은 생소할 수 있어요. 드론이라는 말이 사람들의 입에 오르내린 지 얼마 되지 않았으니까요. 저도 이 책을 만들면서 드론과 관련한 직업이 생각 외로 많다는 걸 알게 되었어요. 드론과 관련한 일을 지금부터 차근차근 알아보고 그 일이 자신과 맞는지 살펴보기로 해요.
그럼 이제, 주인공 '지후'와 함께 드론의 세계로 떠나 볼까요?

글쓴이 **신혜정**

미술관에 불이 났어요!

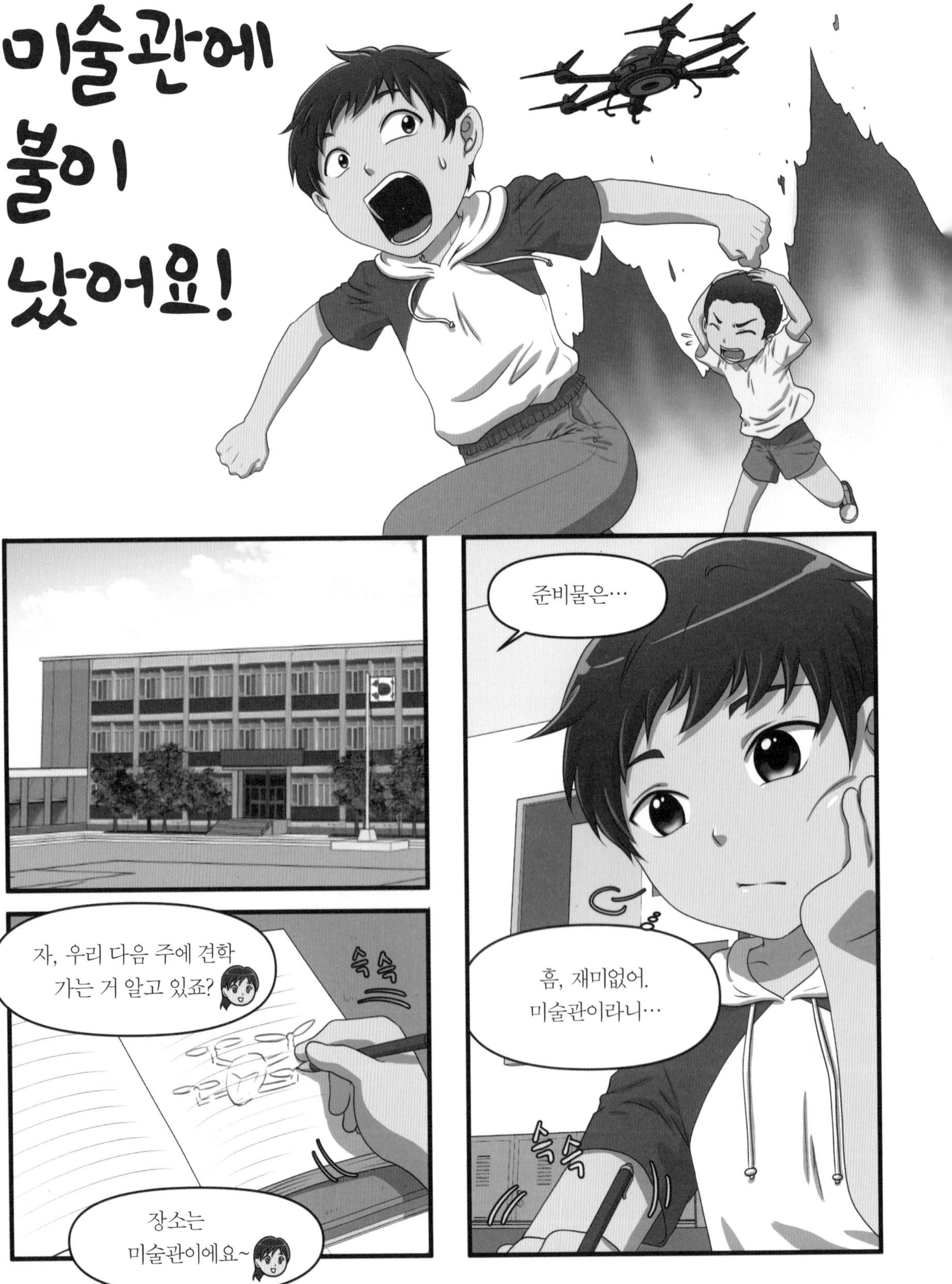

준비물은…
자, 우리 다음 주에 견학 가는 거 알고 있죠?
슥슥
흠, 재미없어. 미술관이라니…
슥슥
장소는 미술관이에요~

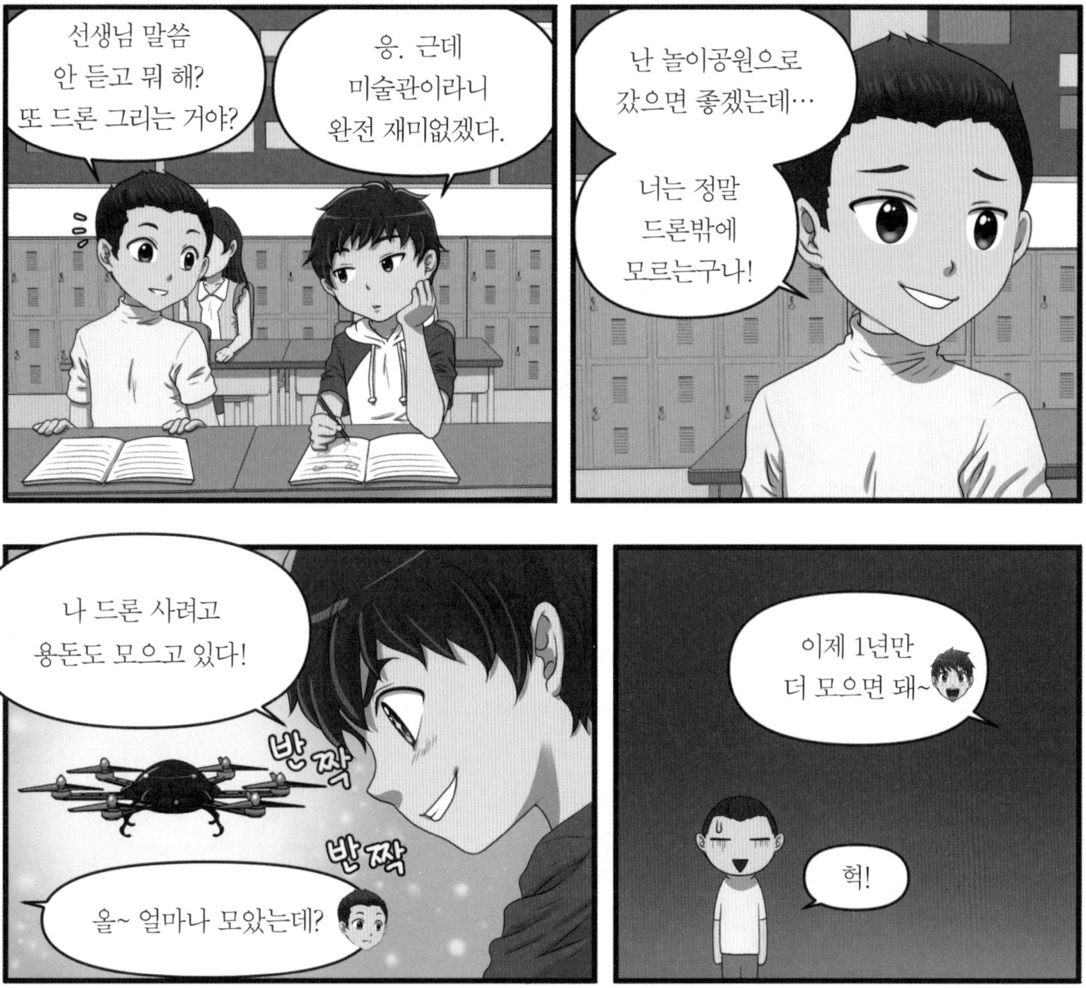
선생님 말씀
안 듣고 뭐 해?
또 드론 그리는 거야?
응. 근데
미술관이라니
완전 재미없겠다.
난 놀이공원으로
갔으면 좋겠는데…
너는 정말
드론밖에
모르는구나!
나 드론 사려고
용돈도 모으고 있다!
반짝
반짝
올~ 얼마나 모았는데?
이제 1년만
더 모으면 돼~
헉!

드론이 뭐예요?

드론은 한마디로 '무인 비행기'를 뜻해요. 사전적 의미는 '조종사 없이 무선 전파에 의해 비행 및 조종이 가능한 무인 항공기'예요. 드론에는 카메라, 센서, 통신 시스템 등이 탑재되어 있으며 25g부터 1,200kg까지 무게는 물론 크기도 다양하지요.

드론은 처음엔 군사 용도로 사용하기 위해 만들었지만, 최근에는 고공 촬영과 배달 등으로 그 이용 목적이 크게 확대되었어요. 또 농약을 살포하거나 공기질을 측정하는 등 다방면에 활용되고 있어요.

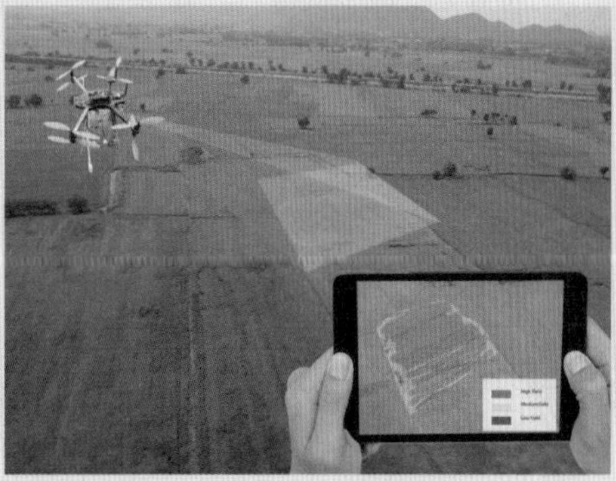

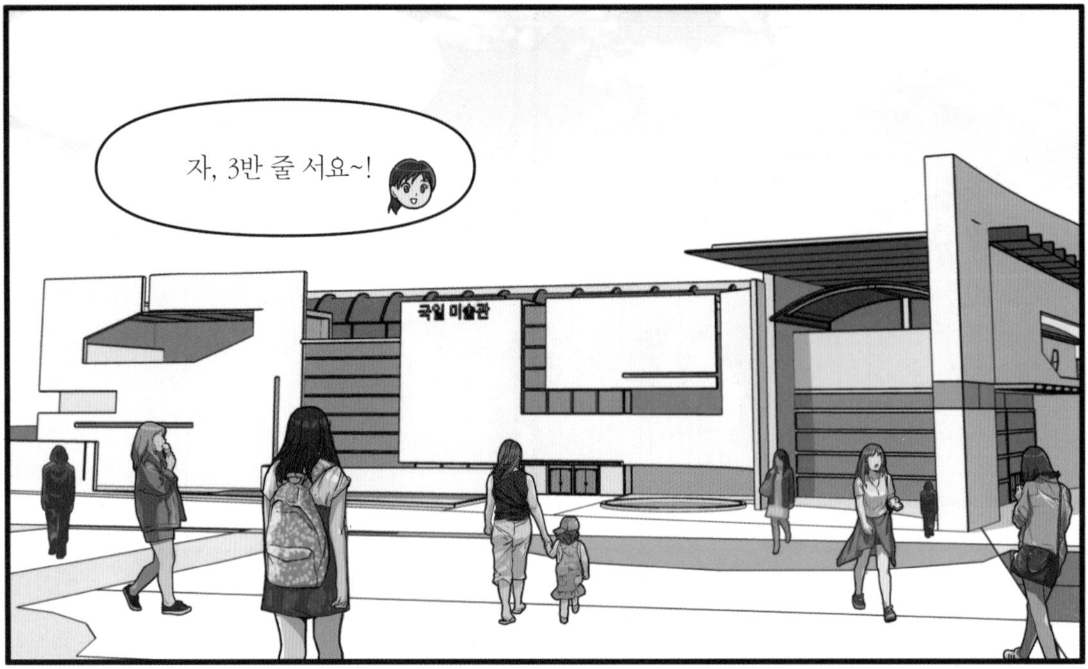
자, 3반 줄 서요~!
국립 미술관

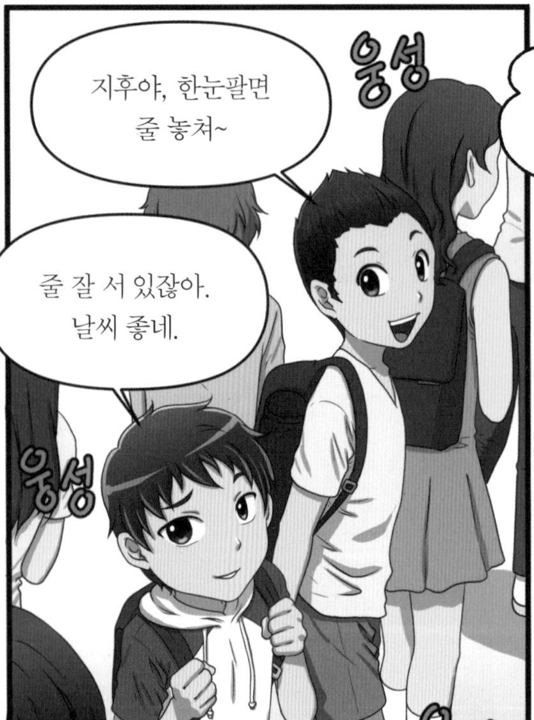
웅성
지후야, 한눈팔면
줄 놓쳐~
줄 잘 서 있잖아.
날씨 좋네.
웅성
웅성

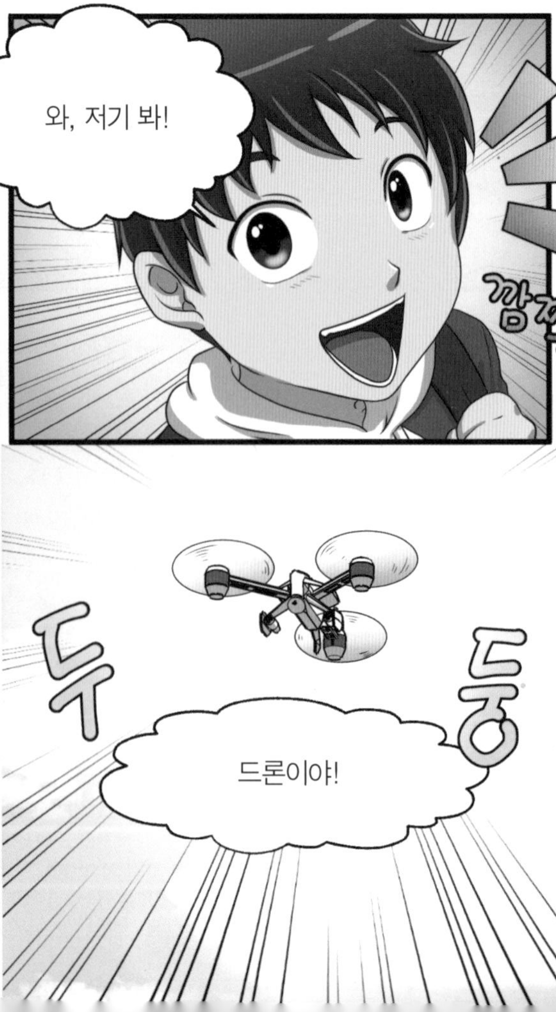
와, 저기 봐!
깜짝!
두
둥
드론이야!

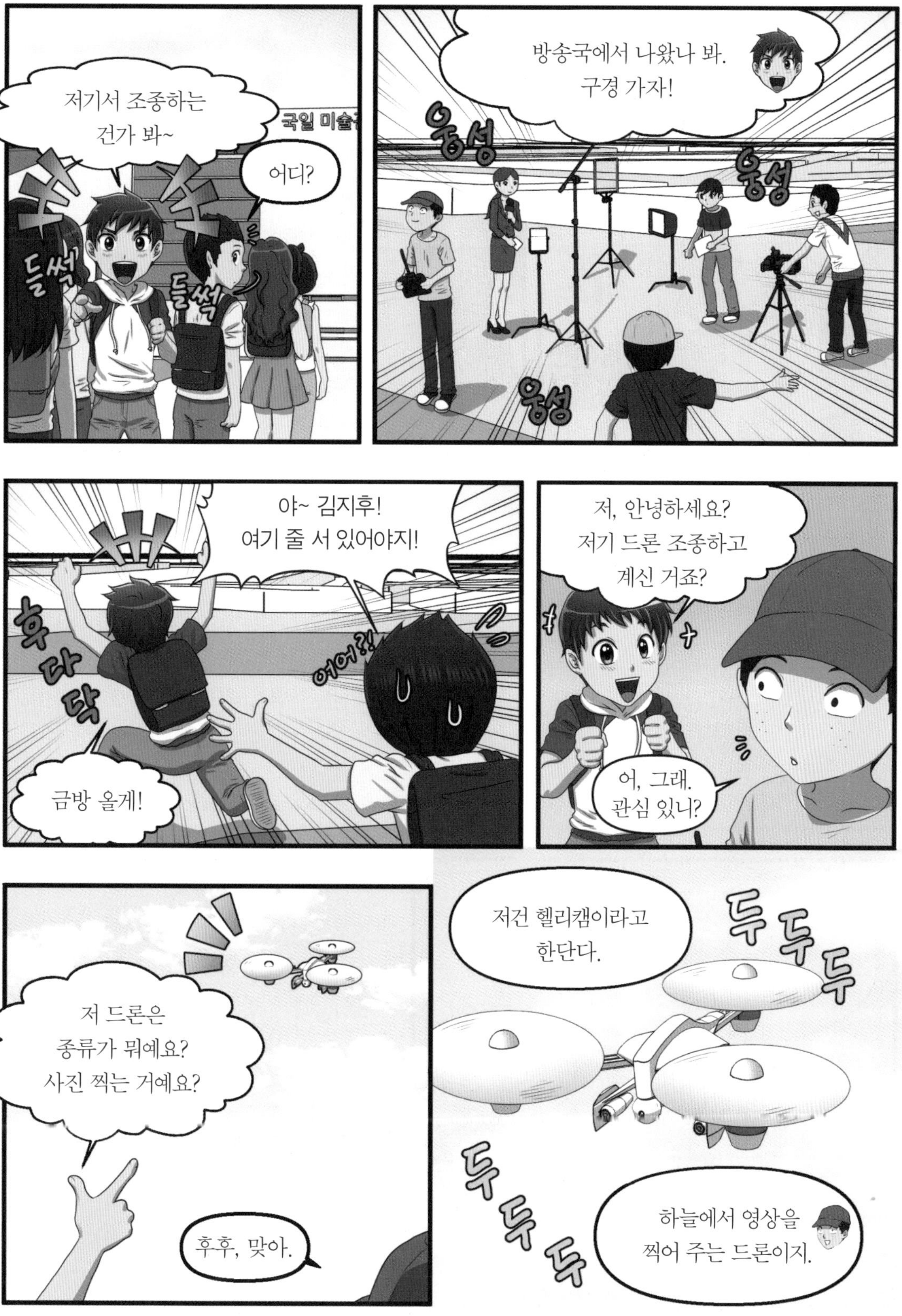
저기서 조종하는 건가 봐~
쑥 쑥
들썩 들썩
국일 미술
어디?
방송국에서 나왔나 봐. 구경 가자!
웅성 웅성 웅성
야~ 김지후! 여기 줄 서 있어야지!
후다닥
어어?!
금방 올게!
저, 안녕하세요? 저기 드론 조종하고 계신 거죠?
어, 그래. 관심 있니?
저 드론은 종류가 뭐예요? 사진 찍는 거예요?
후후, 맞아.
저건 헬리캠이라고 한단다.
두두두 두두두
하늘에서 영상을 찍어 주는 드론이지.

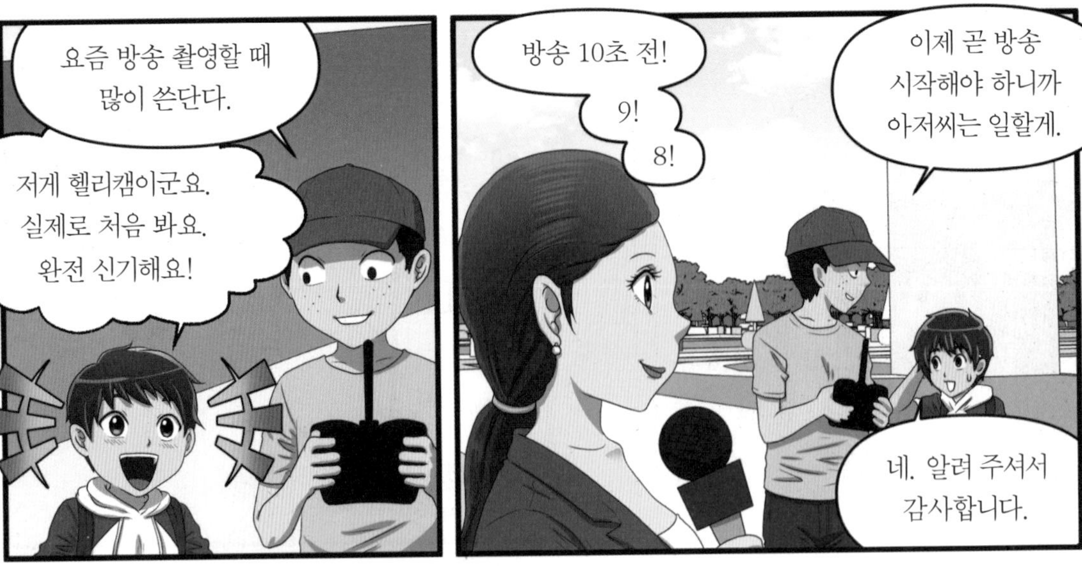
요즘 방송 촬영할 때
많이 쓴단다.
저게 헬리캠이군요.
실제로 처음 봐요.
완전 신기해요!
방송 10초 전!
9!
8!
이제 곧 방송
시작해야 하니까
아저씨는 일할게.
네. 알려 주셔서
감사합니다.

헬리캠이 뭐예요?

텔레비전을 보면 요즘 '헬리캠'이라는 단어가 많이 등장하죠? 헬리캠도 드론의 한 종류랍니다. 헬리캠은 생동감 있는 영상이나 사람이 접근하기 어려운 곳을 촬영하기 위해 소형 무인 헬리콥터에 카메라를 장착한 원격 무선 조종 촬영 장비예요.

고공을 비행하면서 다각도로 촬영을 하므로 생동감 있는 영상을 연출할 수 있어요. 특히 암벽이나 화재, 화공 약품, 방사능 누출 현장 등 사람이 접근하기 어려운 환경에서 촬영해야 할 때 요긴하게 사용된답니다.

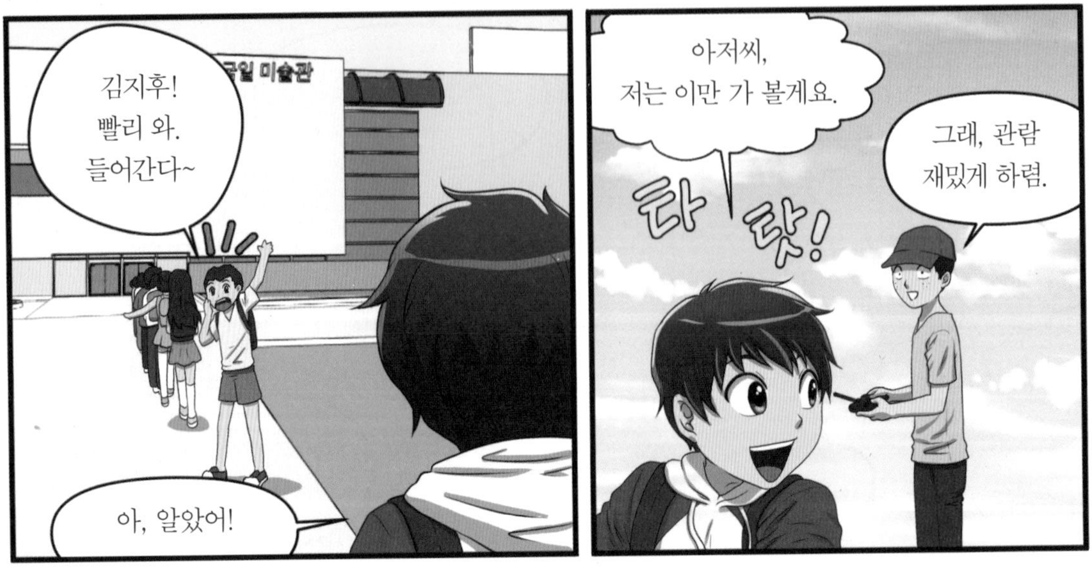
김지후!
빨리 와.
들어간다~
아, 알았어!
아저씨,
저는 이만 가 볼게요.
그래, 관람
재밌게 하렴.
타 탓!

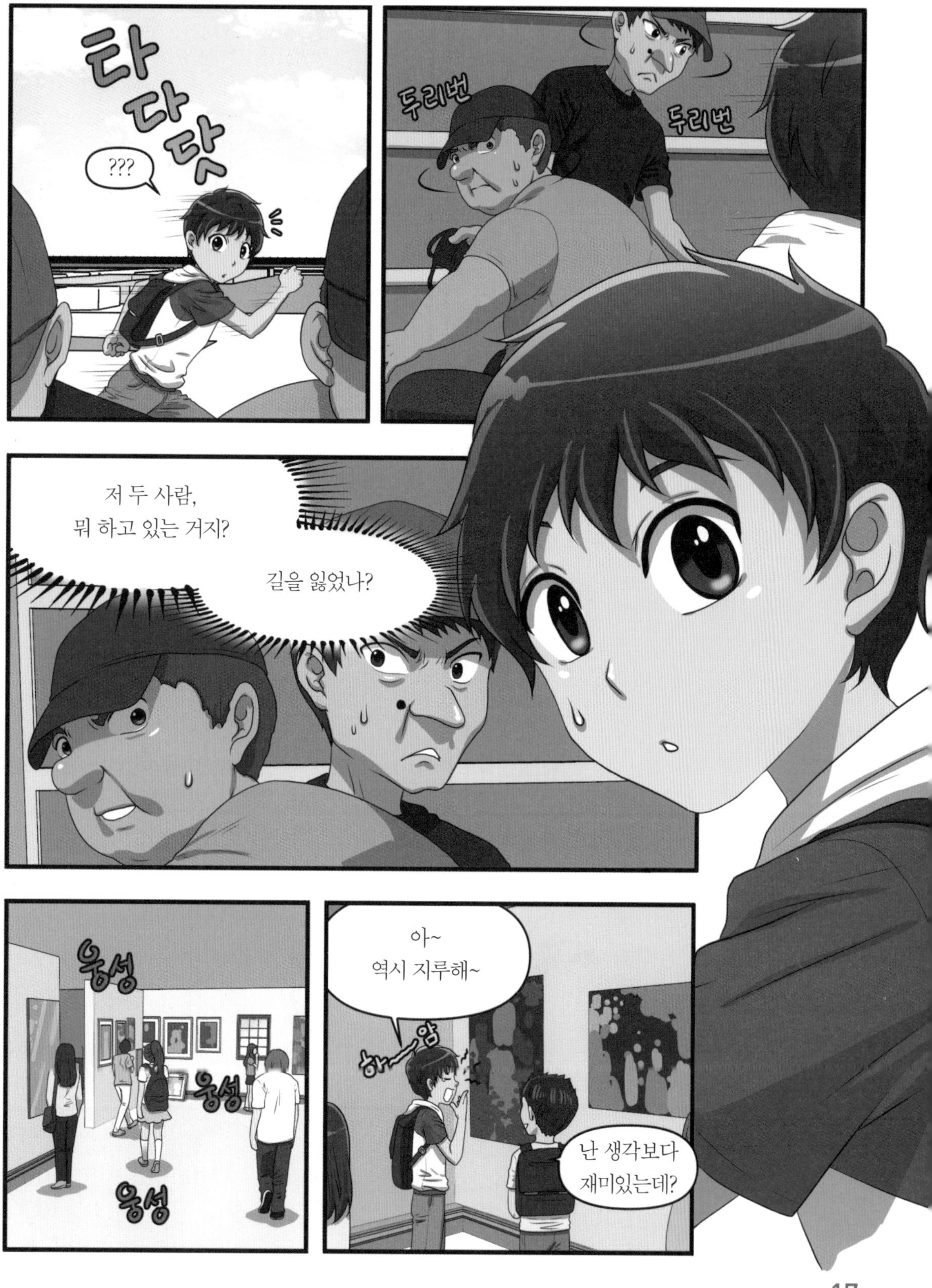
타다닷
???
두리번
두리번
저 두 사람,
뭐 하고 있는 거지?
길을 잃었나?
웅성
웅성
웅성
아~
역시 지루해~
하~암
난 생각보다
재미있는데?

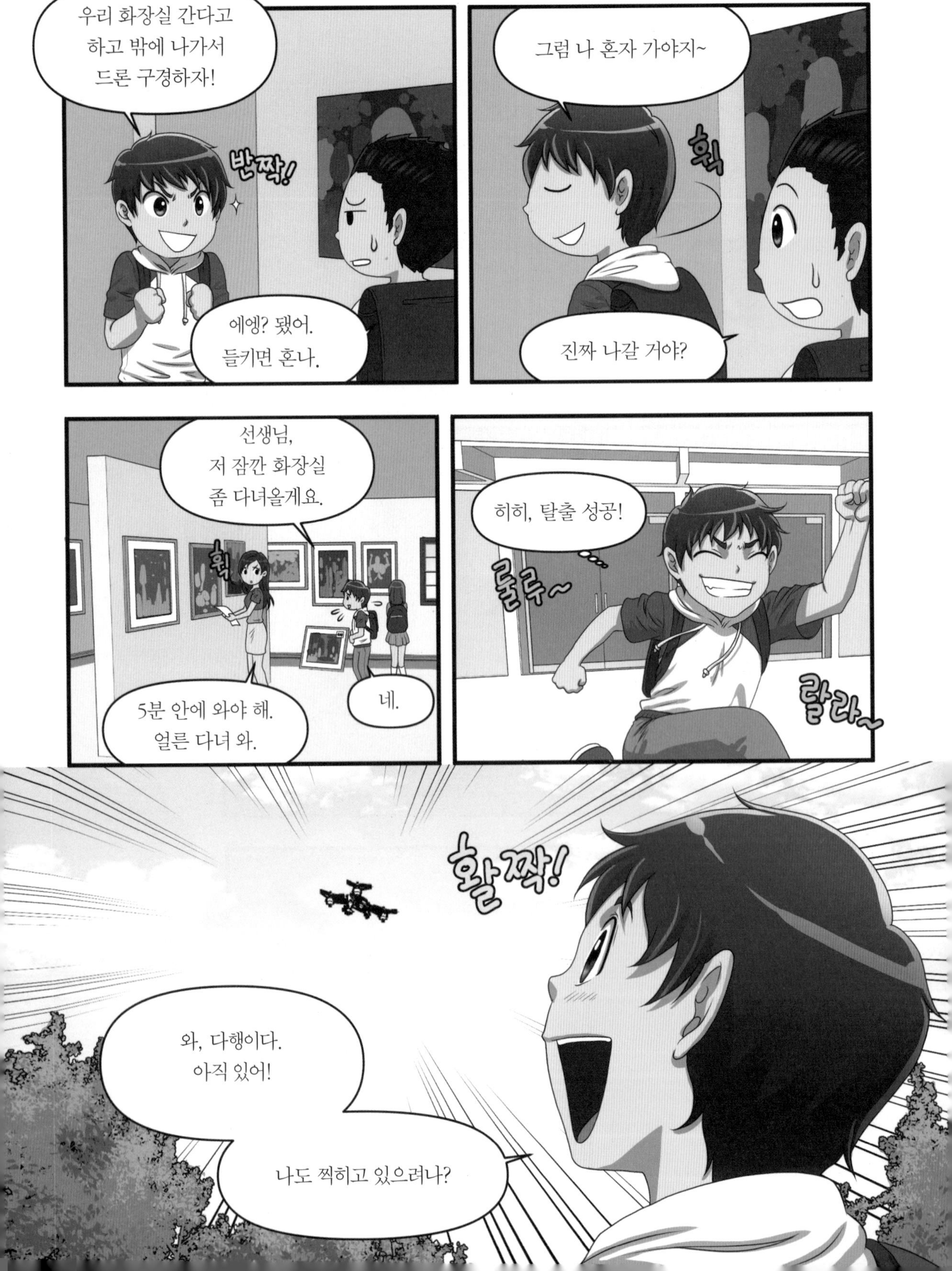

우리 화장실 간다고 하고 밖에 나가서 드론 구경하자!
반짝!
에엥? 됐어. 들키면 혼나.
그럼 나 혼자 가야지~
휙
진짜 나갈 거야?
선생님, 저 잠깐 화장실 좀 다녀올게요.
휙
5분 안에 와야 해. 얼른 다녀 와.
네.
히히, 탈출 성공!
룰루~
랄라~
활짝!
와, 다행이다. 아직 있어!
나도 찍히고 있으려나?

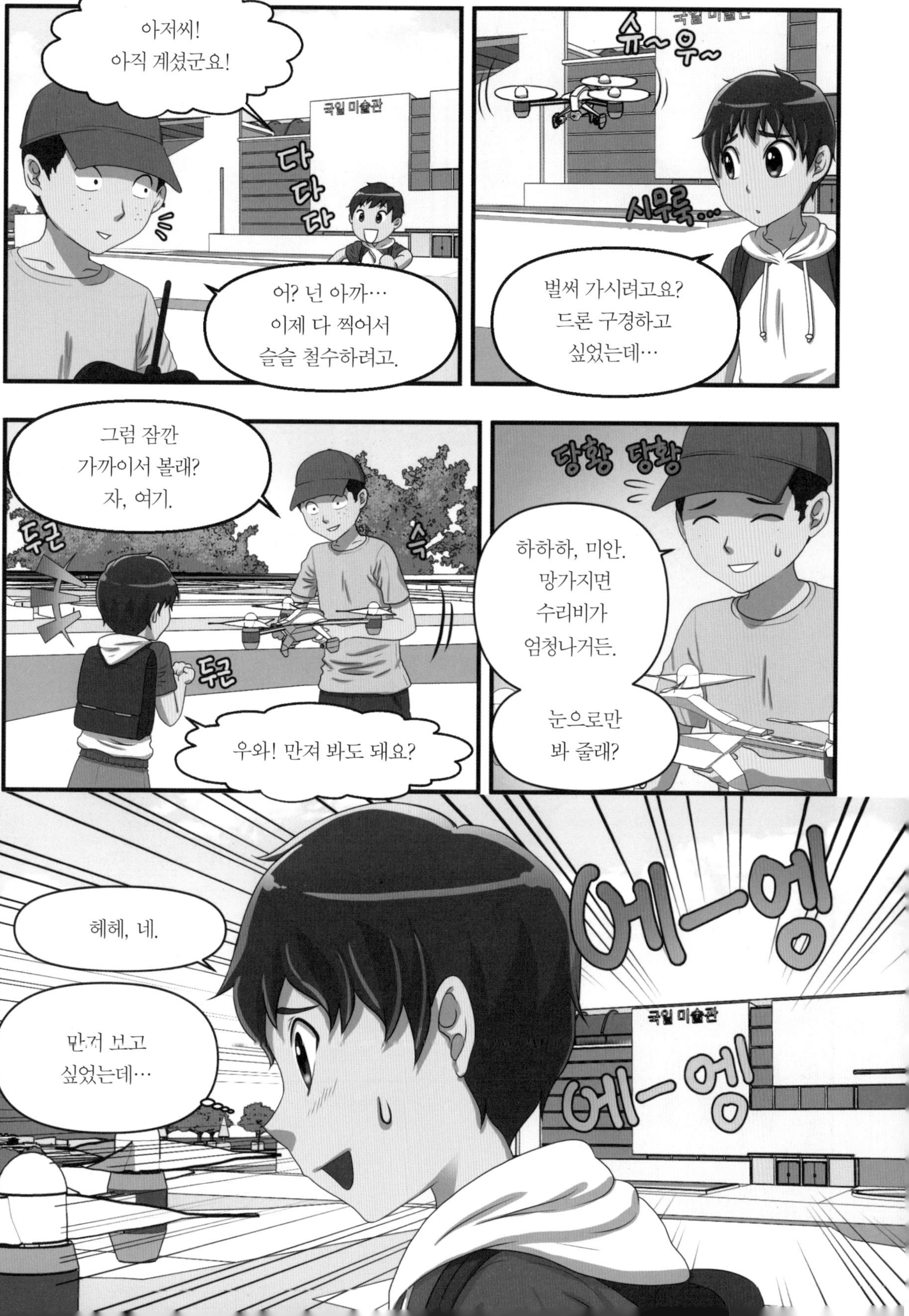
아저씨!
아직 계셨군요!
다다다
어? 넌 아까…
이제 다 찍어서
슬슬 철수하려고.
슈~우~
시무룩…
벌써 가시려고요?
드론 구경하고
싶었는데…
그럼 잠깐
가까이서 볼래?
자, 여기.
두근
두근
슥
우와! 만져 봐도 돼요?
당황 당황
하하하, 미안.
망가지면
수리비가
엄청나거든.
눈으로만
봐 줄래?
헤헤, 네.
만져 보고
싶었는데…
에-엥
에-엥

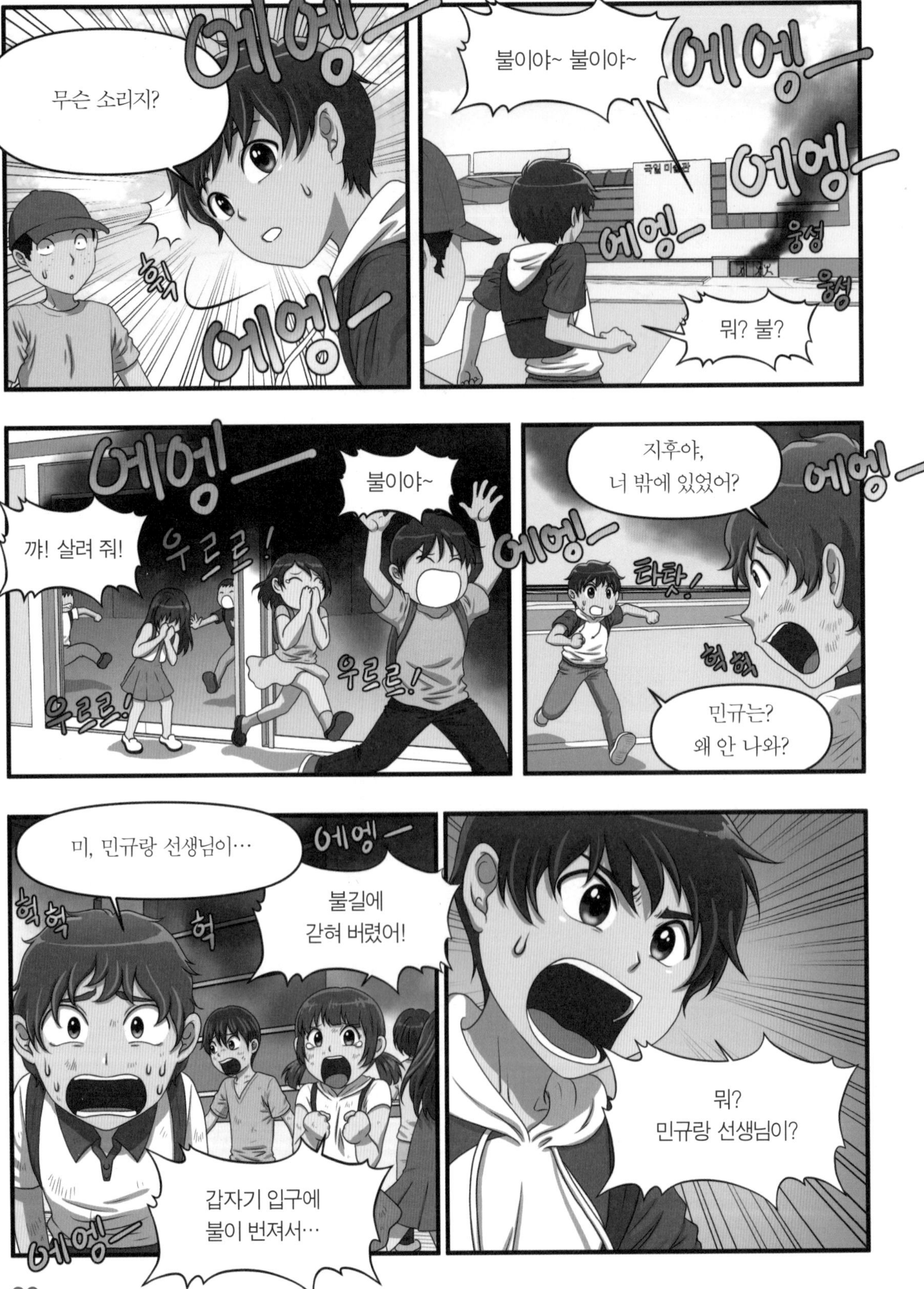
에엥—
무슨 소리지?
헉
에엥—
불이야~ 불이야~
에엥—
에엥—
에엥—
웅성
웅성
뭐? 불?
에엥—
불이야~
꺄! 살려 줘!
우르르!
우르르!
우르르!
지후야,
너 밖에 있었어?
에엥—
에엥—
타탓!
헉헉
민규는?
왜 안 나와?
미, 민규랑 선생님이…
에엥—
헉헉
헉
불길에
갇혀 버렸어!
갑자기 입구에
불이 번져서…
에엥—
뭐?
민규랑 선생님이?

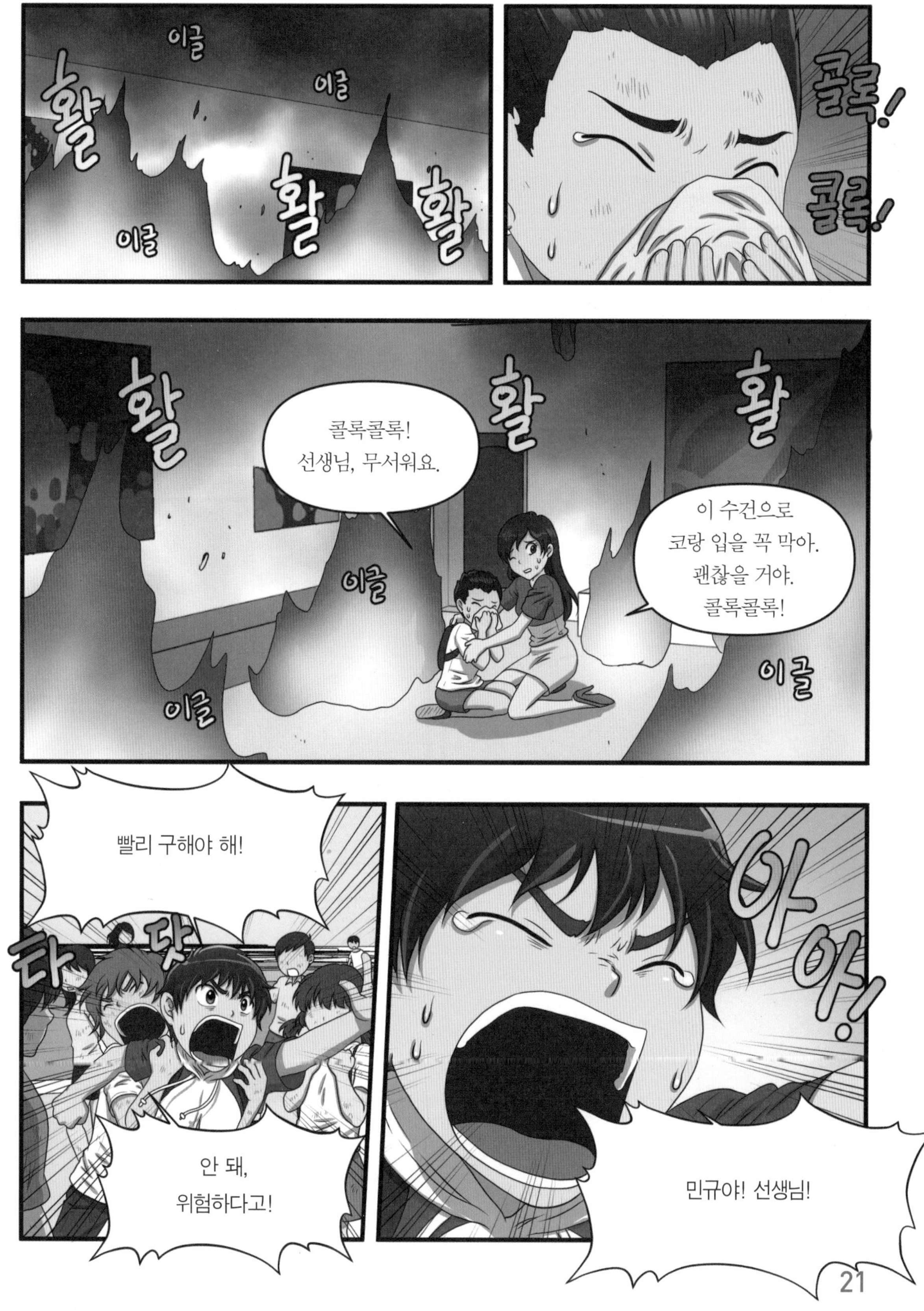

이글
활
이글
활
활
이글
콜록!
콜록!
활
활
활
콜록콜록!
선생님, 무서워요.
이 수건으로
코랑 입을 꼭 막아.
괜찮을 거야.
콜록콜록!
이글
이글
이글
빨리 구해야 해!
타닷
안 돼,
위험하다고!
아아!
민규야! 선생님!

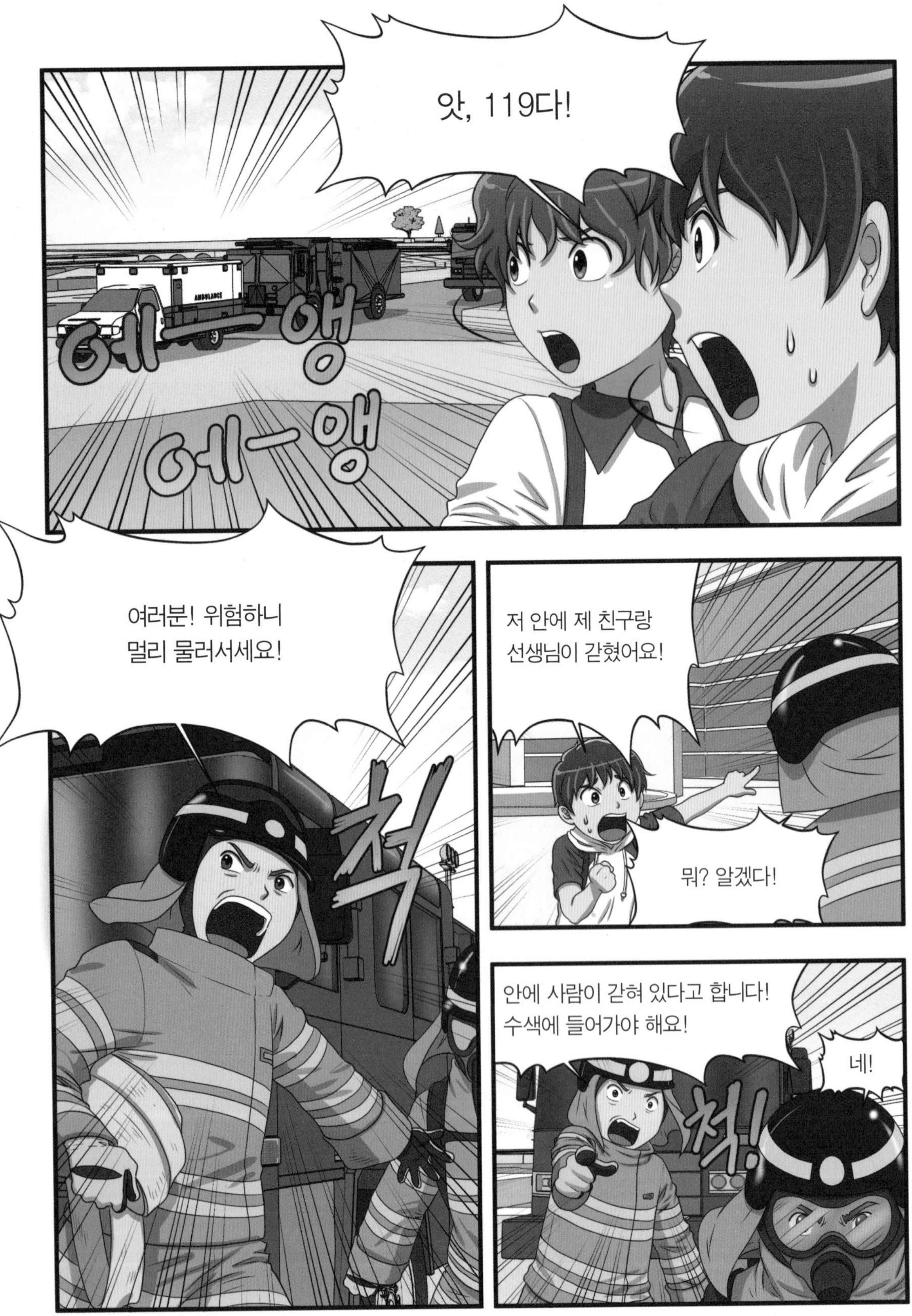
앗, 119다!
에-앵
에-앵
여러분! 위험하니
멀리 물러서세요!
척
저 안에 제 친구랑
선생님이 갇혔어요!
뭐? 알겠다!
안에 사람이 갇혀 있다고 합니다!
수색에 들어가야 해요!
척!
네!

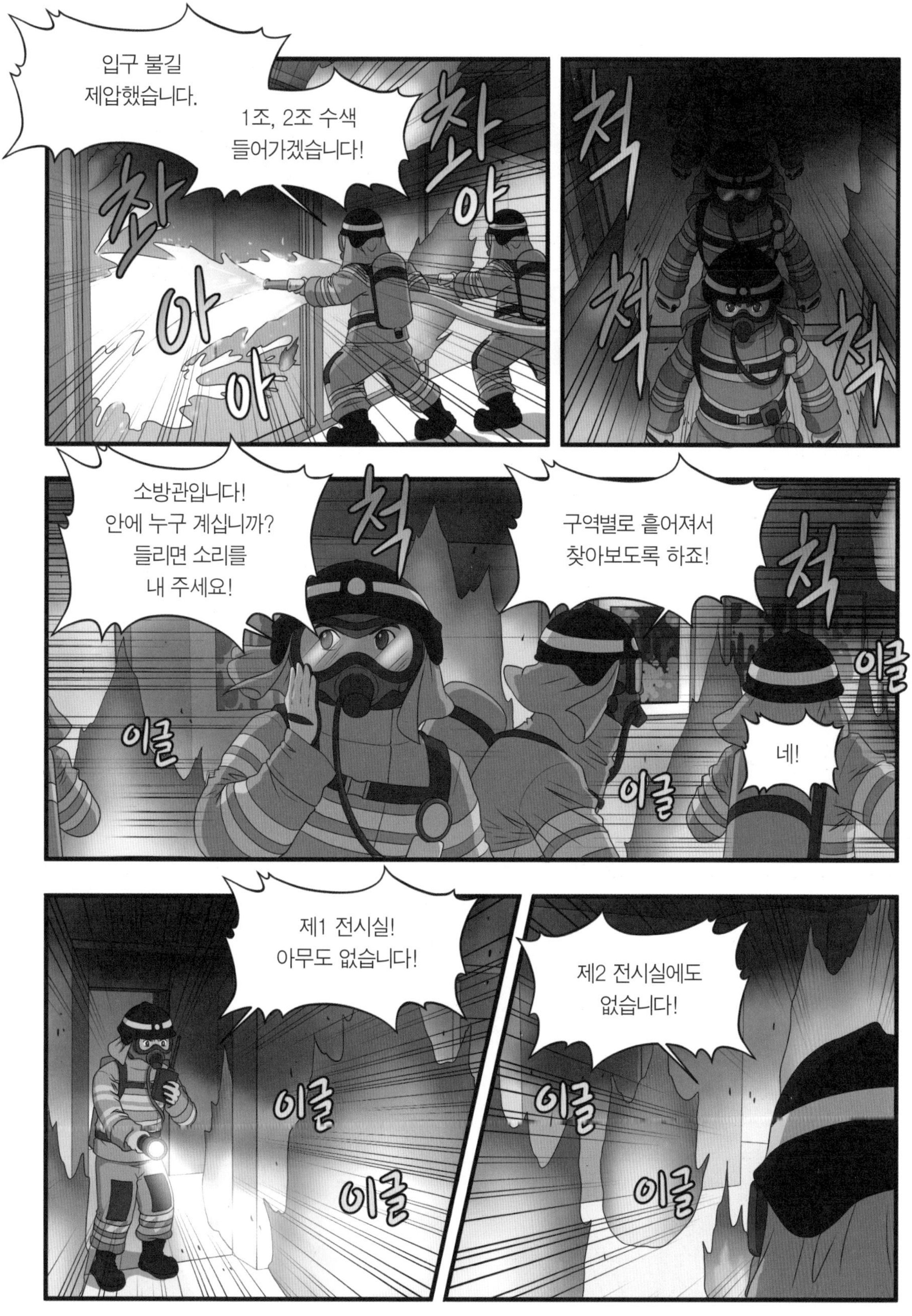
입구 불길
제압했습니다.
1조, 2조 수색
들어가겠습니다!
촤아아
촤아
척
척
척
소방관입니다!
안에 누구 계십니까?
들리면 소리를
내 주세요!
척
구역별로 흩어져서
찾아보도록 하죠!
척
이글
이글
이글
네!
제1 전시실!
아무도 없습니다!
이글
이글
제2 전시실에도
없습니다!
이글
이글

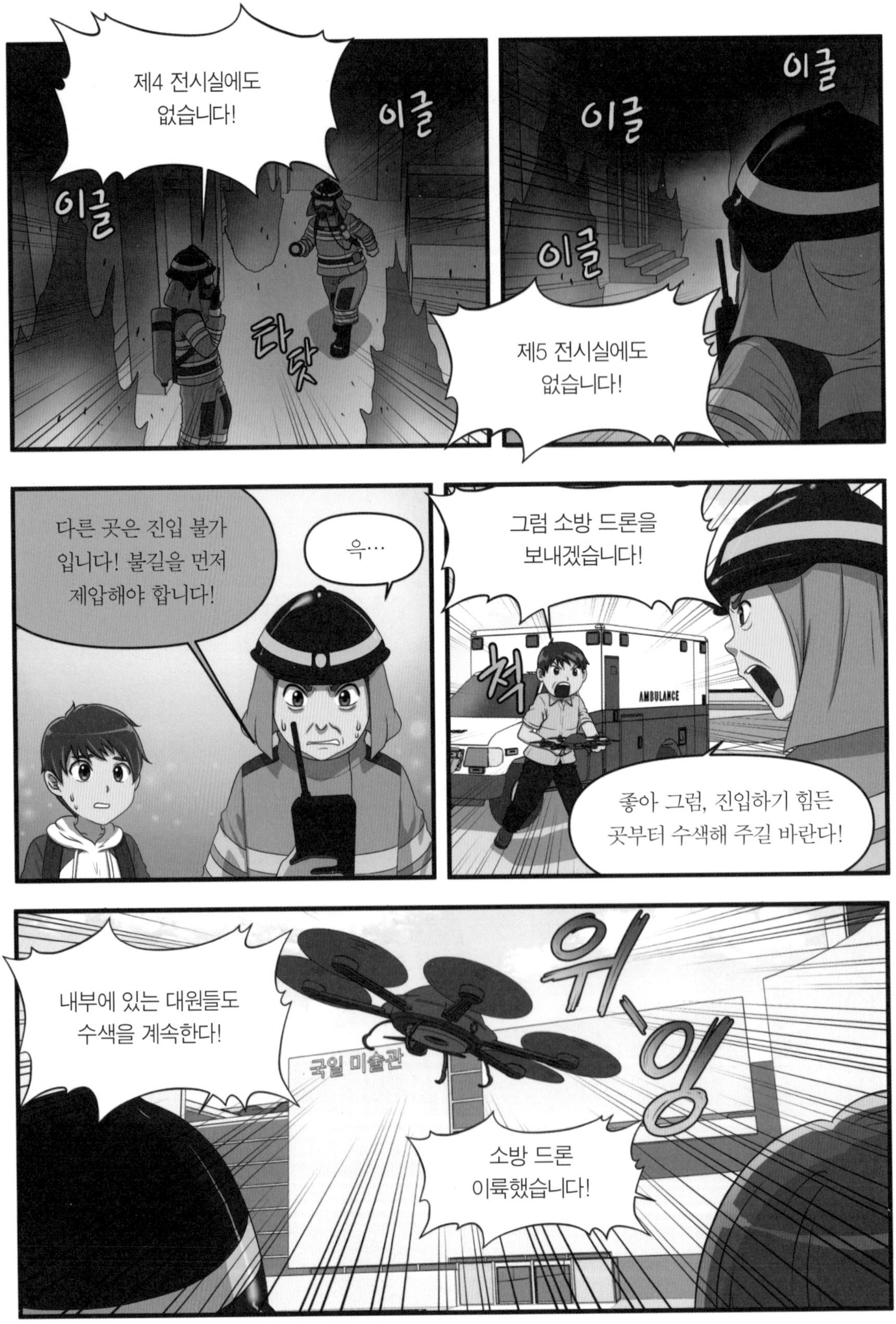
제4 전시실에도
없습니다!
이글
이글
타닷
이글
이글
이글
제5 전시실에도
없습니다!
다른 곳은 진입 불가
입니다! 불길을 먼저
제압해야 합니다!
윽…
그럼 소방 드론을
보내겠습니다!
척
AMBULANCE
좋아 그럼, 진입하기 힘든
곳부터 수색해 주길 바란다!
내부에 있는 대원들도
수색을 계속한다!
위잉
국일 미술관
소방 드론
이륙했습니다!

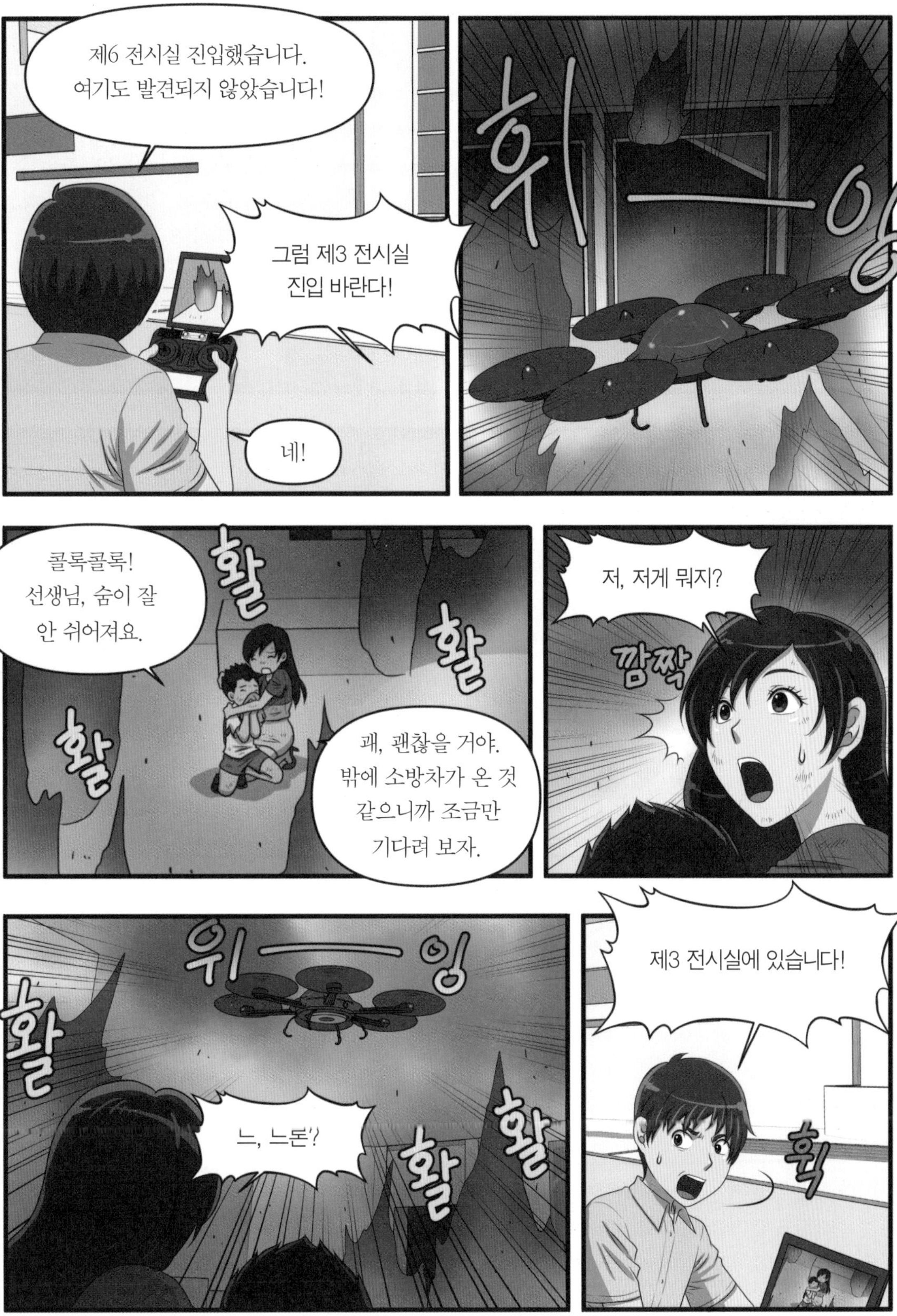
제6 전시실 진입했습니다. 여기도 발견되지 않았습니다!
그럼 제3 전시실 진입 바란다!
네!
휘-잉
콜록콜록! 선생님, 숨이 잘 안 쉬어져요.
활활활
괘, 괜찮을 거야. 밖에 소방차가 온 것 같으니까 조금만 기다려 보자.
저, 저게 뭐지?
깜짝
위-잉
활활활활
느, 느론?
제3 전시실에 있습니다!
휙

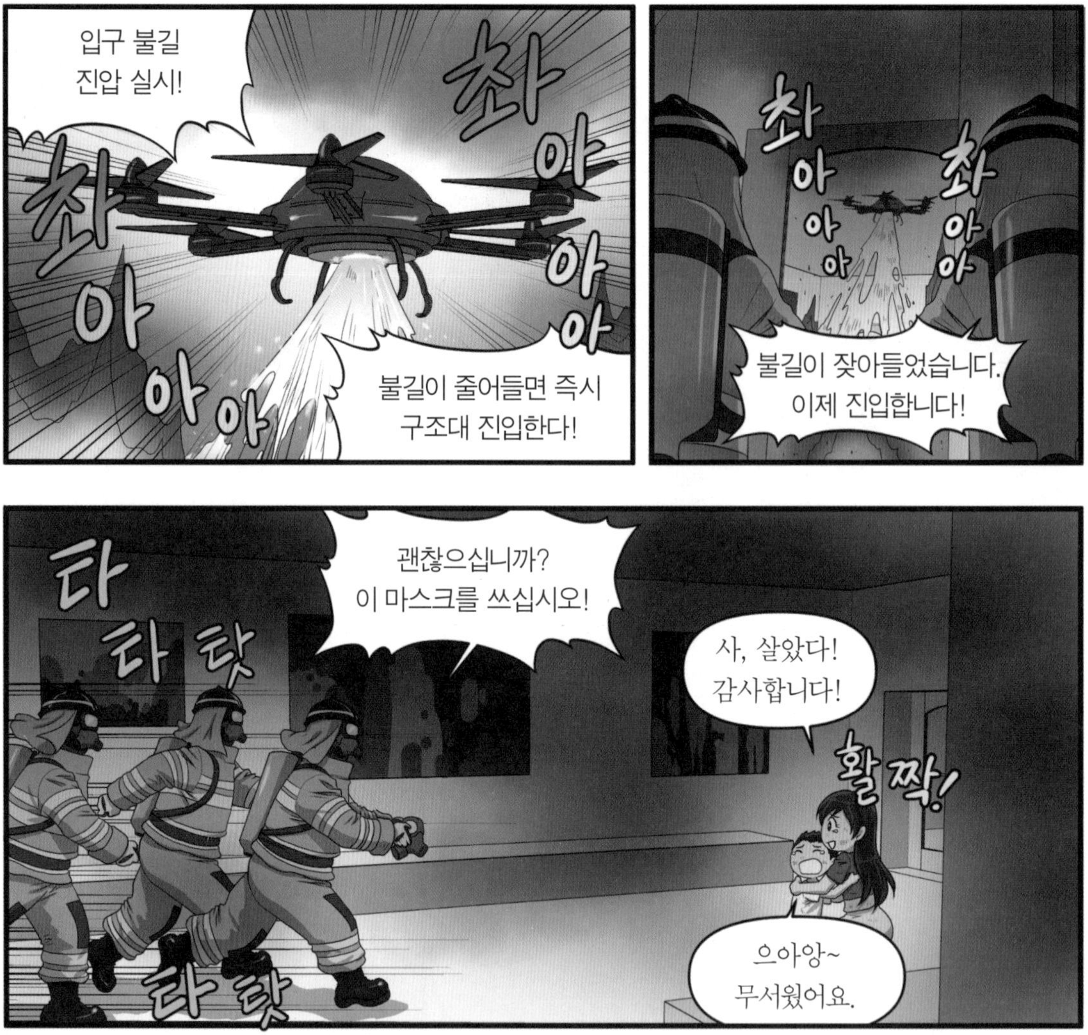
입구 불길
진압 실시!
촤아아아
촤아아아
불길이 줄어들면 즉시
구조대 진입한다!
촤아아아
촤아아아
불길이 잦아들었습니다.
이제 진입합니다!
타타탓
괜찮으십니까?
이 마스크를 쓰십시오!
사, 살았다!
감사합니다!
활짝!
으아앙~
무서웠어요.
타탓

소방 드론은 어떤 일을 하나요?

드론이 소방 업무에 도입되면서 소방의 대응 역량과 영역을 한층 넓혀 주고 있어요. 소방 드론에는 고화질 카메라와 열화상 카메라가 장착되어 있어, 재난 현장을 정확하게 실시간으로 촬영할 수 있어요. 현장 지휘관은 드론이 보내는 촬영 영상을 스마트 기기를 통해 보면서 현장을 입체적으로 평가하고 지휘할 수 있지요. 촬영 영상은 향후 화재 조사를 위한 증거물로도 사용할 수 있어요. 드론은 점점 진화하고 있어요. 단순히 현장을 촬영하는 것을 뛰어넘어 화재를 진압하는 단계에까지 이르렀답니다.

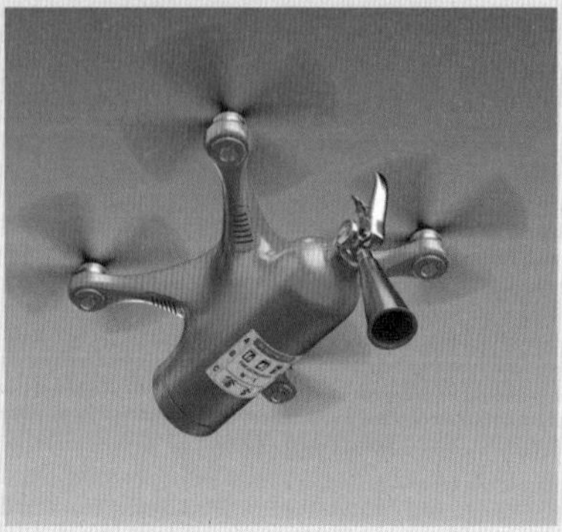

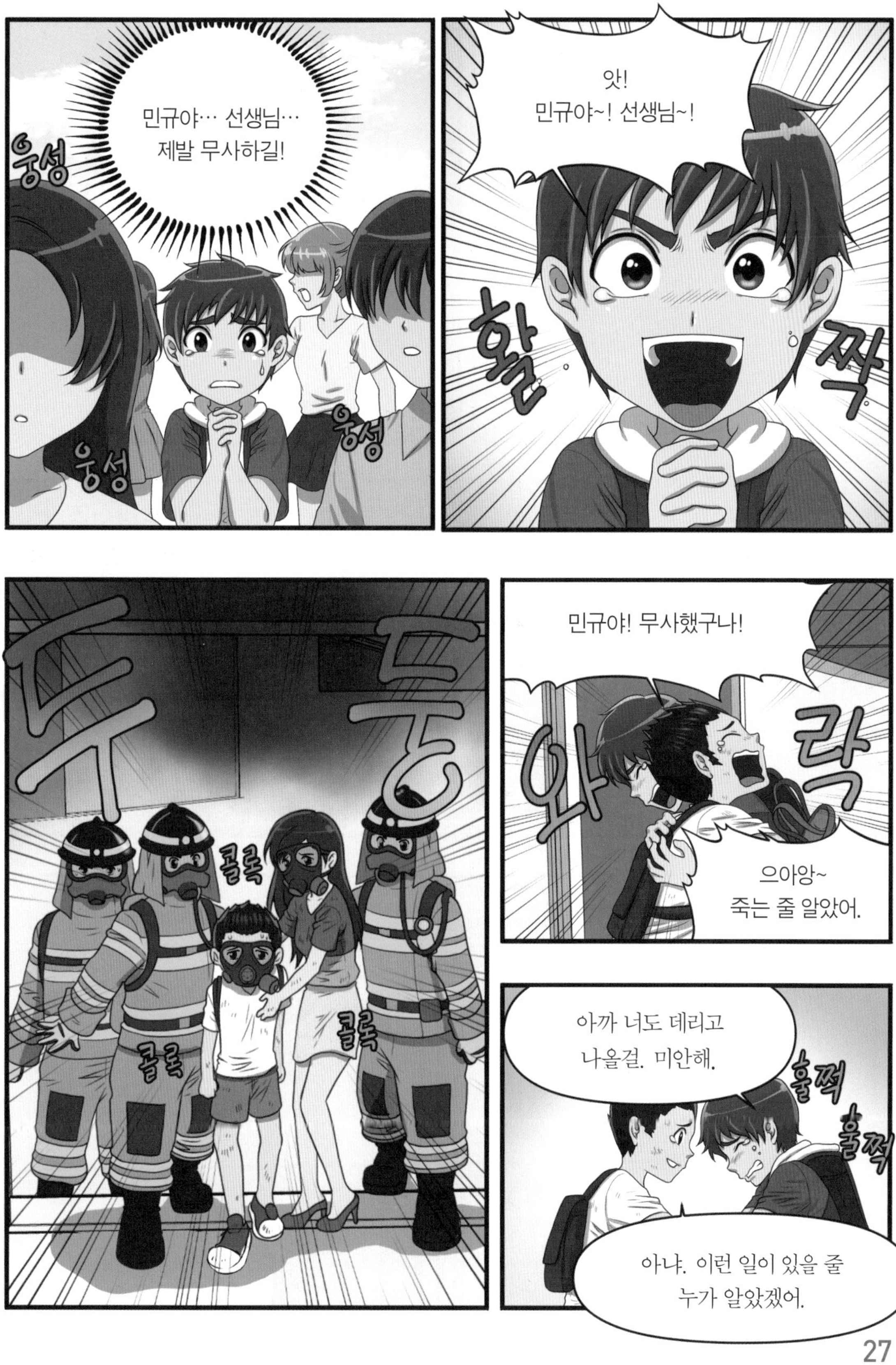
민규야… 선생님…
제발 무사하길!
웅성
웅성
웅성
앗!
민규야~! 선생님~!
활짝
두둥
콜록
콜록
콜록
민규야! 무사했구나!
와락
으아앙~
죽는 줄 알았어.
아까 너도 데리고
나올걸. 미안해.
훌쩍
훌쩍
아냐. 이런 일이 있을 줄
누가 알았겠어.

인명 구조 완료!

물대포로 불길 진화 시작!

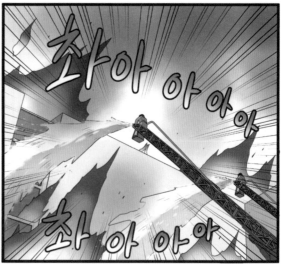

삐뽀—
삐뽀—

불의 진원지는 파악되었나요?

삐뽀—
삐뽀—
삐뽀—

제6 전시실로 예상하고 있습니다.

CCTV를 확인하겠습니다. 미술관 관장님을 불러 주세요.

흠...

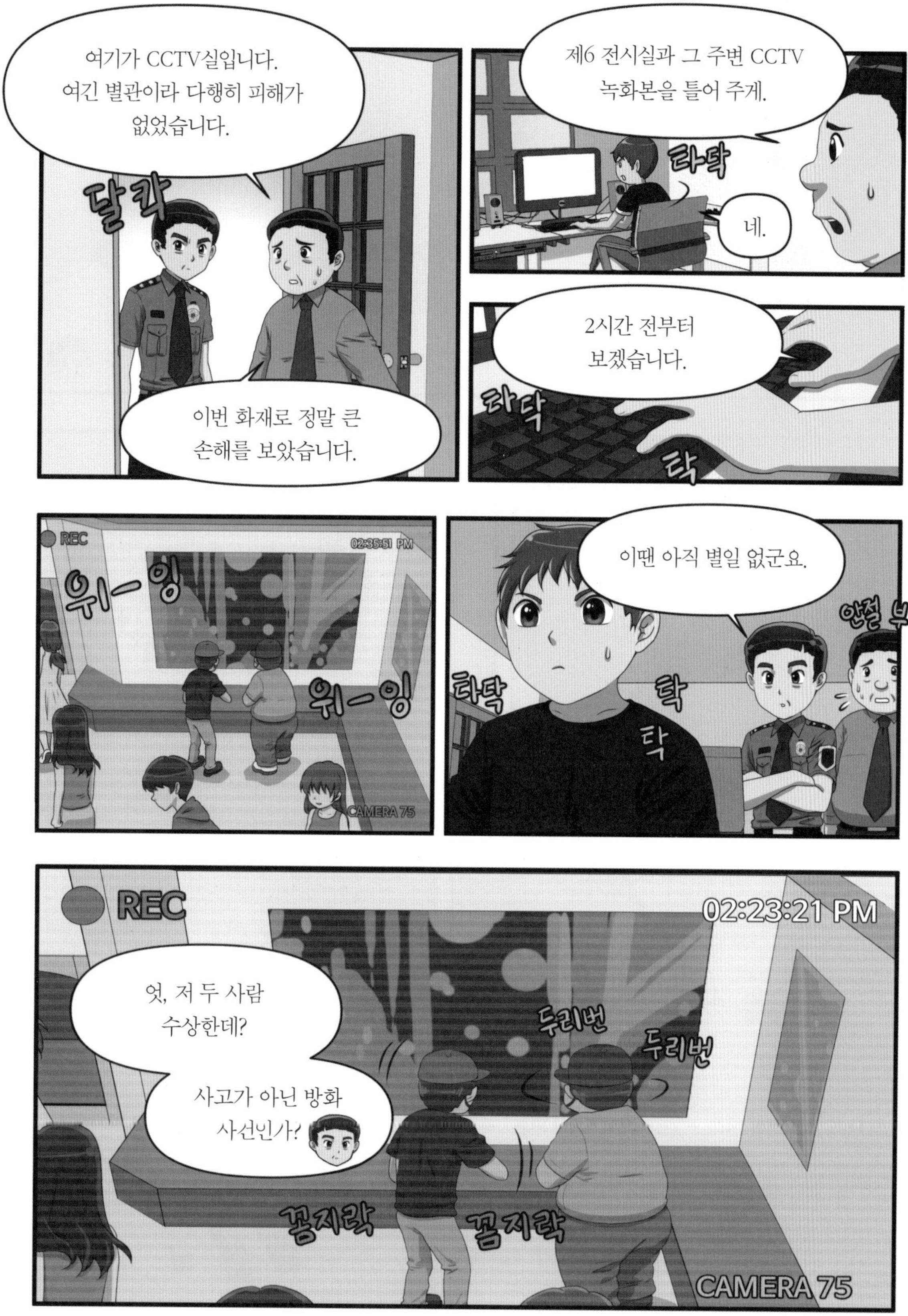
여기가 CCTV실입니다.
여긴 별관이라 다행히 피해가 없었습니다.
달칵
이번 화재로 정말 큰 손해를 보았습니다.
제6 전시실과 그 주변 CCTV 녹화본을 틀어 주게.
타닥
네.
2시간 전부터 보겠습니다.
타닥
탁
REC
02:35:51 PM
위-잉
위-잉
CAMERA 75
이땐 아직 별일 없군요.
안절 부절
타닥
탁
탁
REC
02:23:21 PM
엇, 저 두 사람 수상한데?
사고가 아닌 방화 사건인가?
두리번
두리번
꼼지락
꼼지락
CAMERA 75

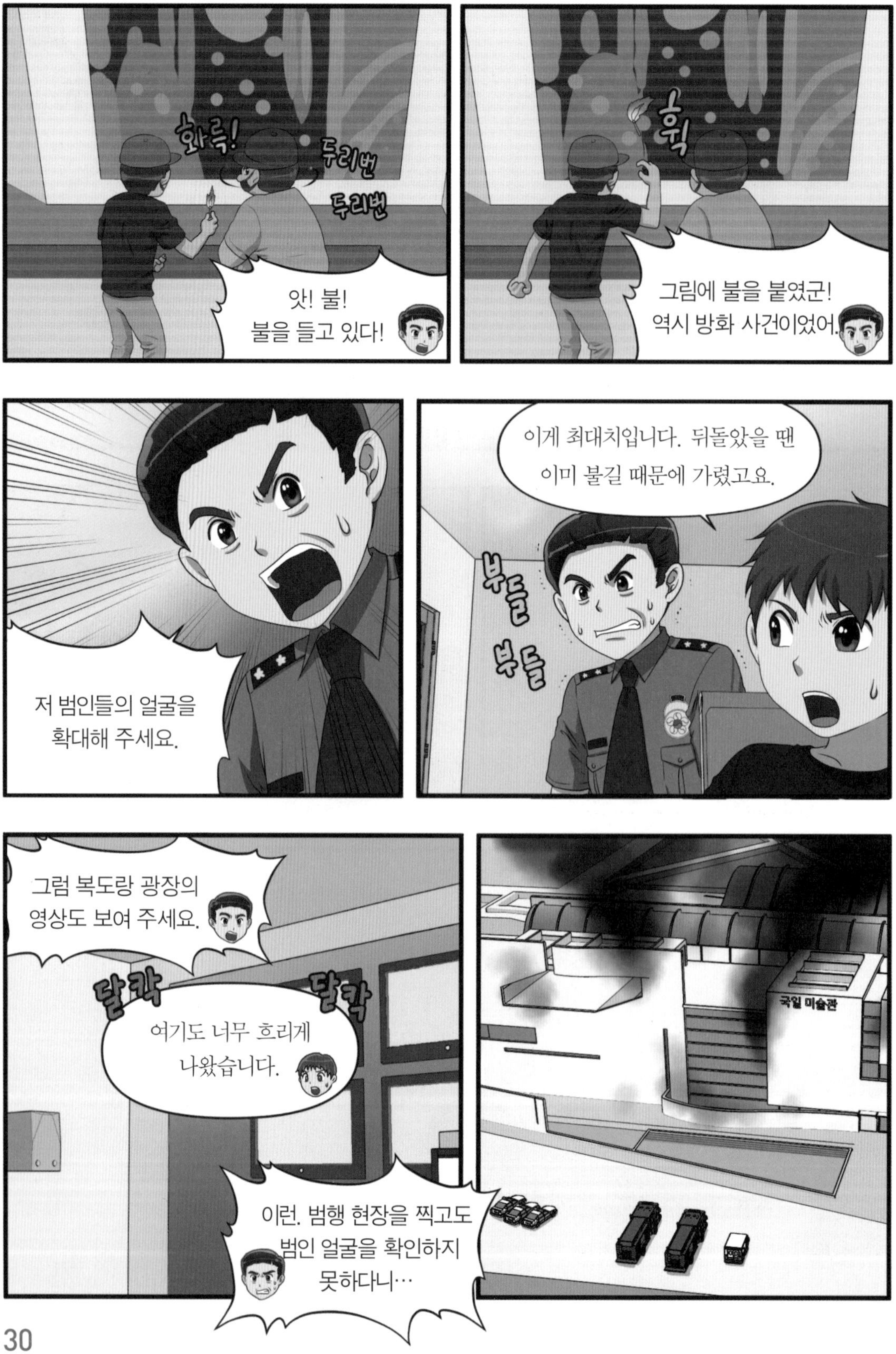
화륵!
두리번
두리번
앗! 불!
불을 들고 있다!
휙
그림에 불을 붙였군!
역시 방화 사건이었어.
저 범인들의 얼굴을
확대해 주세요.
이게 최대치입니다. 뒤돌았을 땐
이미 불길 때문에 가렸고요.
부들
부들
그럼 복도랑 광장의
영상도 보여 주세요.
달칵
달칵
여기도 너무 흐리게
나왔습니다.
국일 미술관
이런. 범행 현장을 찍고도
범인 얼굴을 확인하지
못하다니…

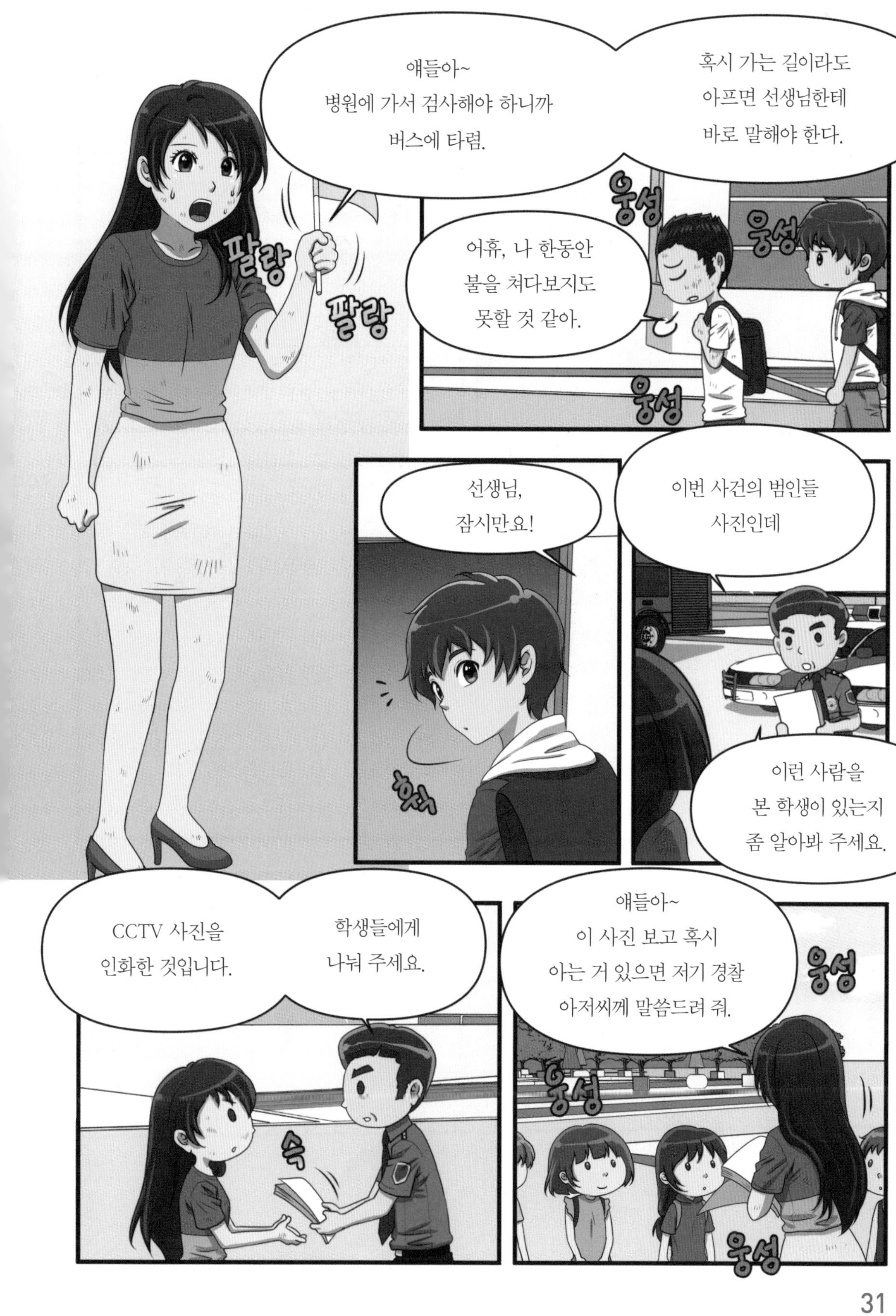
얘들아~
병원에 가서 검사해야 하니까
버스에 타렴.
혹시 가는 길이라도
아프면 선생님한테
바로 말해야 한다.
팔랑
팔랑
웅성
웅성
어휴, 나 한동안
불을 쳐다보지도
못할 것 같아.
웅성
선생님,
잠시만요!
홱
이번 사건의 범인들
사진인데
이런 사람을
본 학생이 있는지
좀 알아봐 주세요.
CCTV 사진을
인화한 것입니다.
학생들에게
나눠 주세요.
슥
얘들아~
이 사진 보고 혹시
아는 거 있으면 저기 경찰
아저씨께 말씀드려 줘.
웅성
웅성
웅성

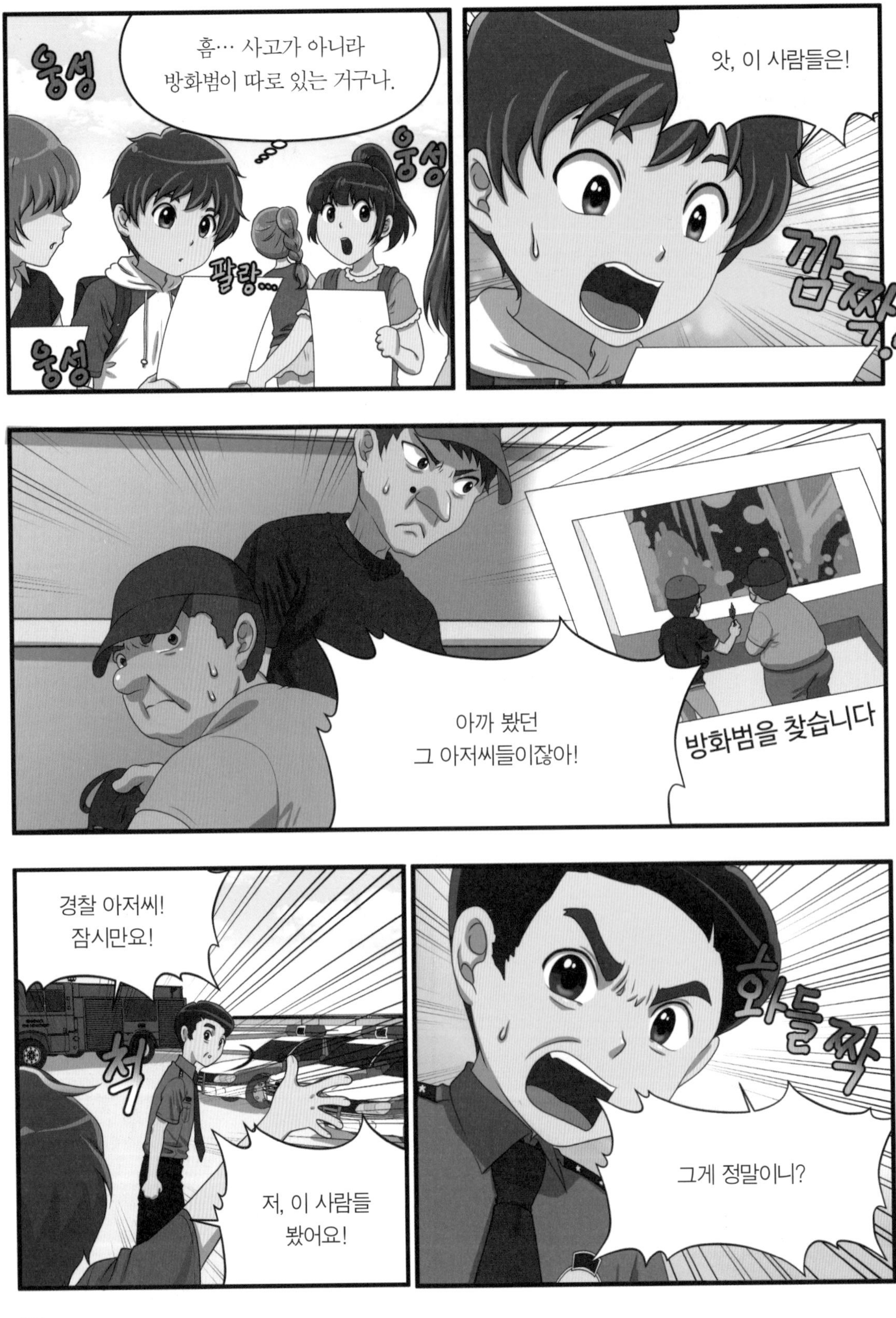

웅성
흠… 사고가 아니라
방화범이 따로 있는 거구나.
웅성
팔랑…
웅성
앗, 이 사람들은!
깜짝!
아까 봤던
그 아저씨들이잖아!
방화범을 찾습니다
경찰 아저씨!
잠시만요!
척
저, 이 사람들
봤어요!
화들짝
그게 정말이니?

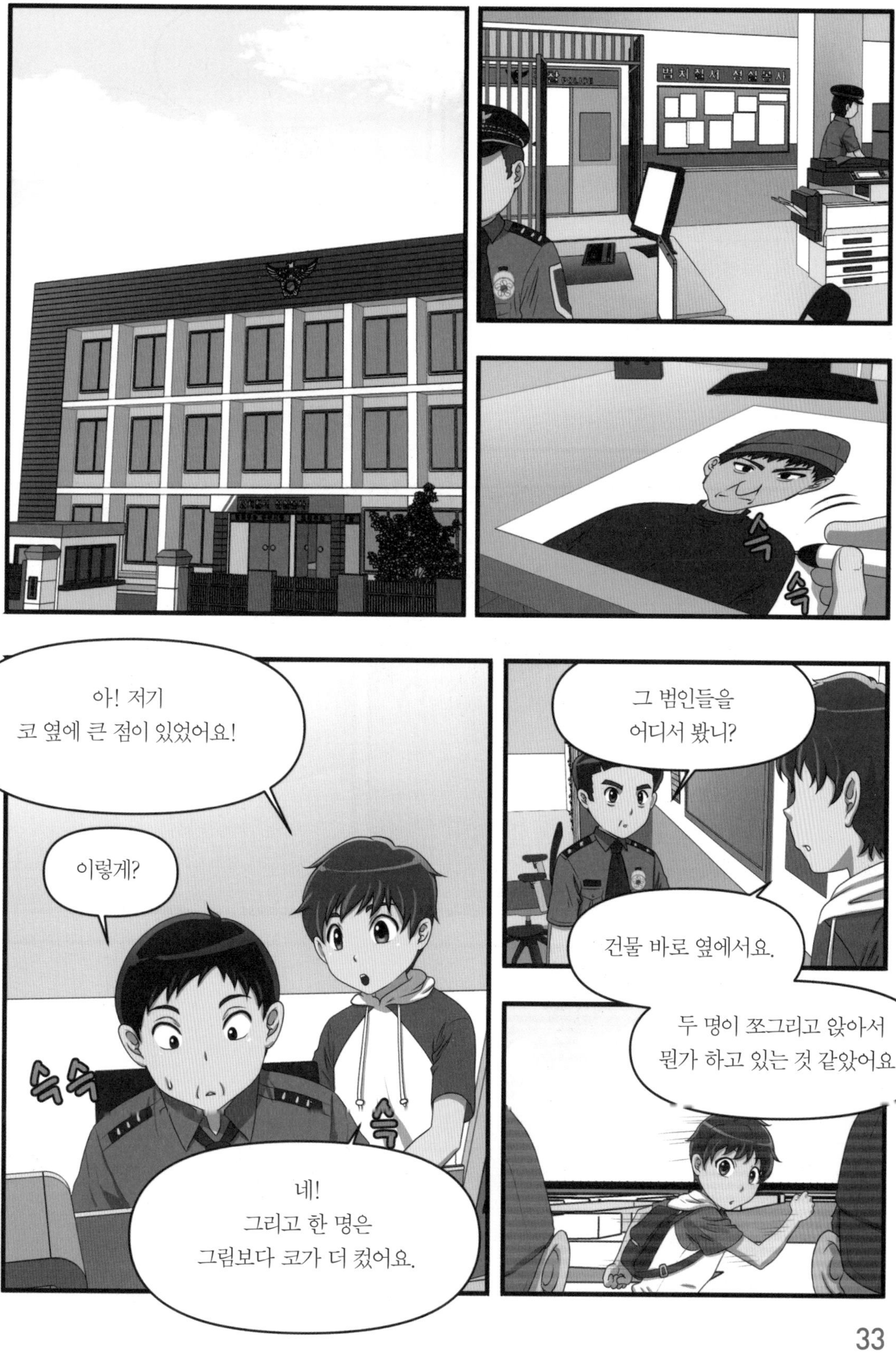
슥
슥
아! 저기 코 옆에 큰 점이 있었어요!
이렇게?
슥슥
슥
네! 그리고 한 명은 그림보다 코가 더 컸어요.
그 범인들을 어디서 봤니?
건물 바로 옆에서요.
두 명이 쪼그리고 앉아서 뭔가 하고 있는 것 같았어요.

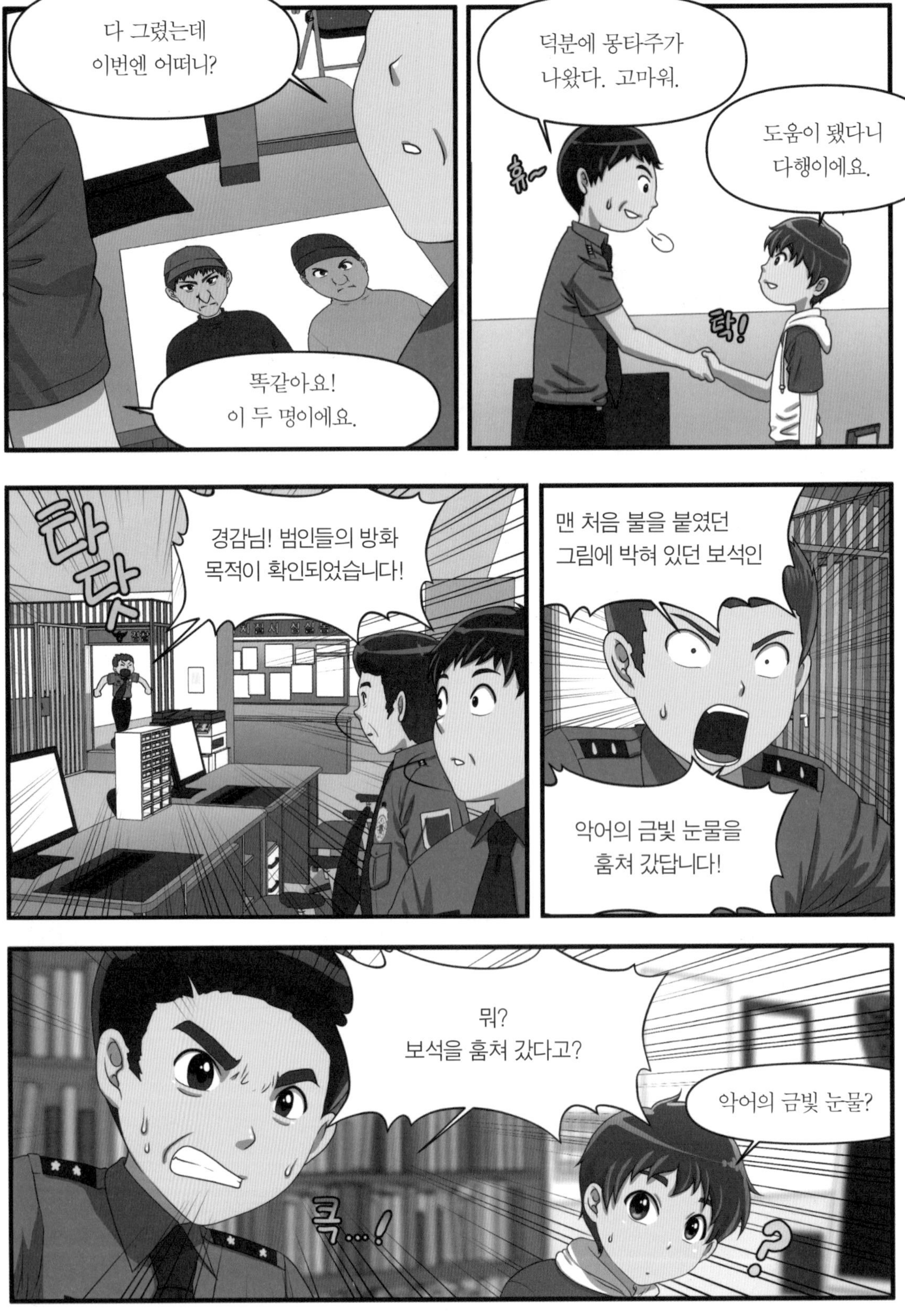
다 그랬는데
이번엔 어떠니?
똑같아요!
이 두 명이에요.
덕분에 몽타주가
나왔다. 고마워.
휴~
도움이 됐다니
다행이에요.
탁!
타닷
경감님! 범인들의 방화
목적이 확인되었습니다!
맨 처음 불을 붙였던
그림에 박혀 있던 보석인
악어의 금빛 눈물을
훔쳐 갔답니다!
뭐?
보석을 훔쳐 갔다고?
악어의 금빛 눈물?
큭...!
?

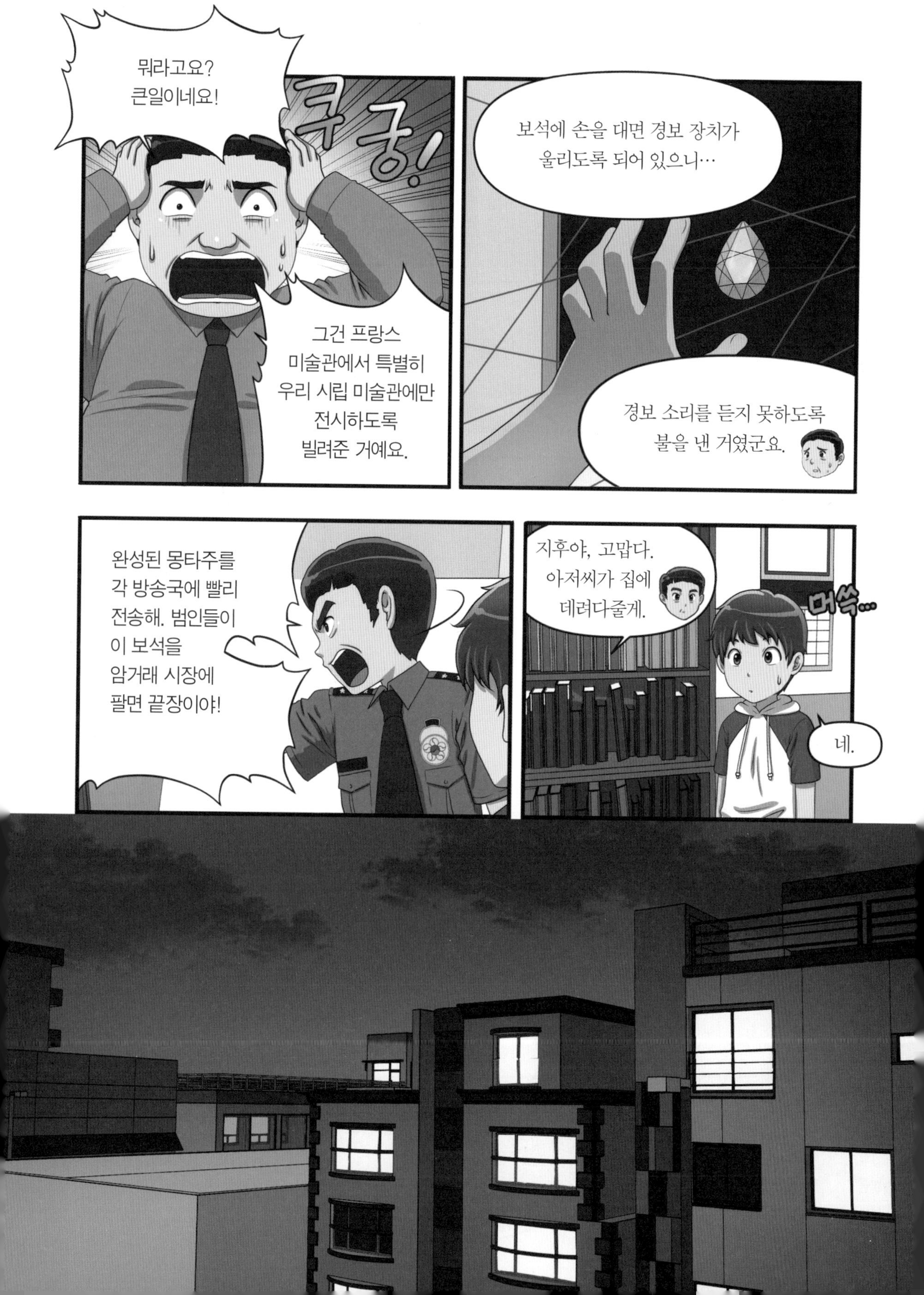
뭐라고요?
큰일이네요!
쿠궁!
그건 프랑스 미술관에서 특별히 우리 시립 미술관에만 전시하도록 빌려준 거예요.
보석에 손을 대면 경보 장치가 울리도록 되어 있으니…
경보 소리를 듣지 못하도록 불을 낸 거였군요.
완성된 몽타주를 각 방송국에 빨리 전송해. 범인들이 이 보석을 암거래 시장에 팔면 끝장이야!
지후야, 고맙다. 아저씨가 집에 데려다줄게.
머쓱…
네.

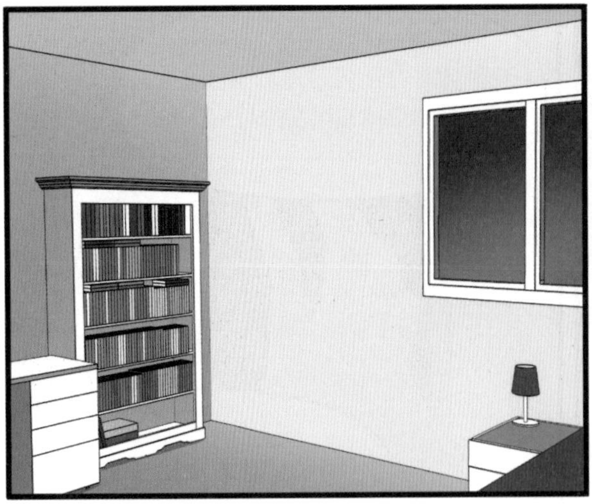

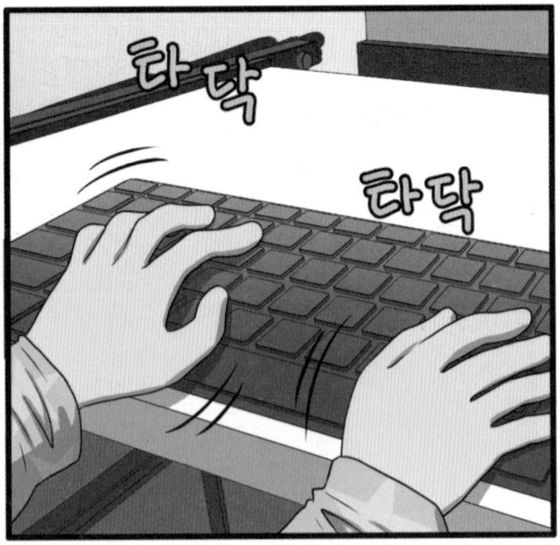
타닥
타닥

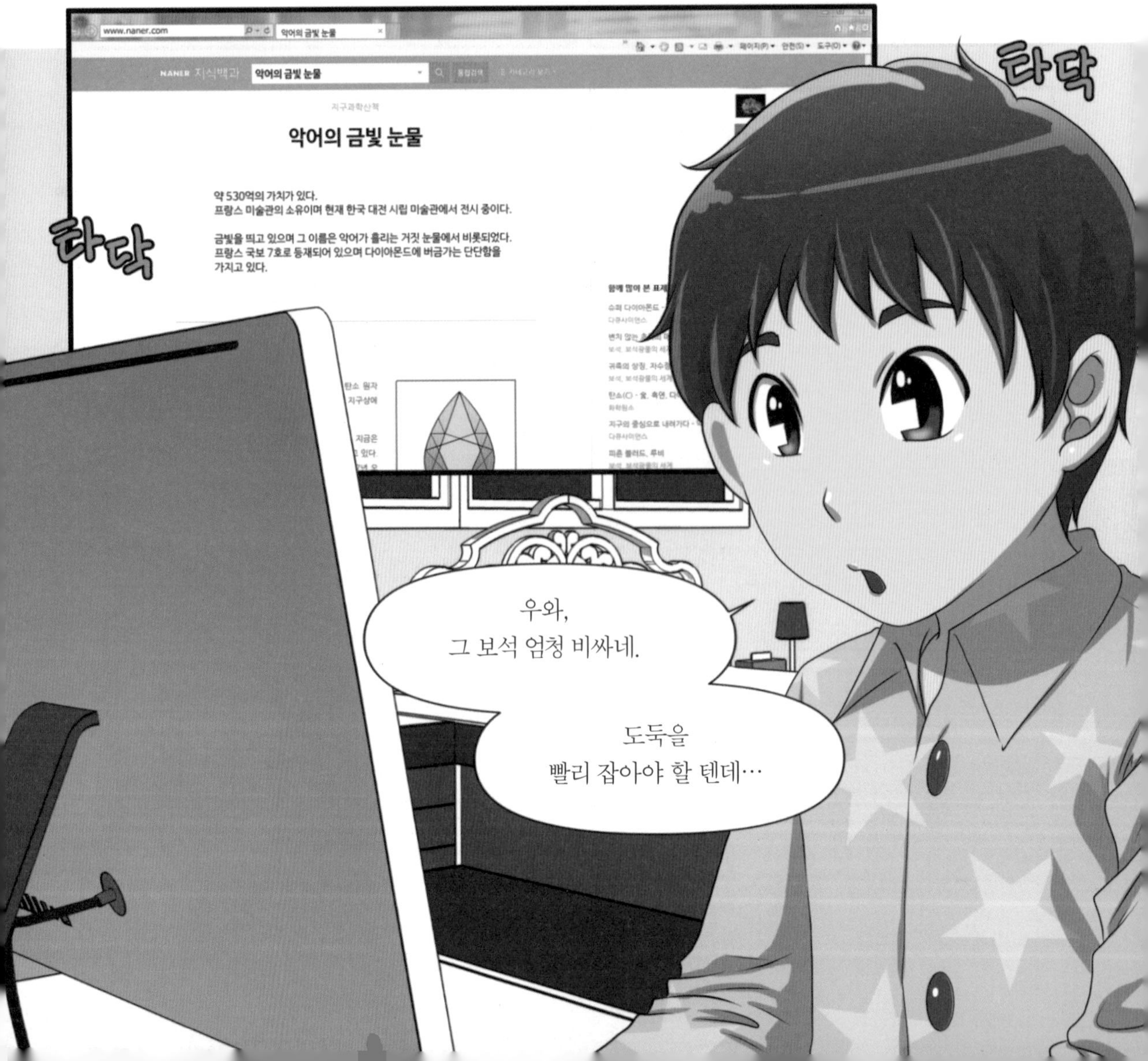
www.naner.com
악어의 금빛 눈물
NANER 지식백과
악어의 금빛 눈물
지구과학산책
악어의 금빛 눈물
약 530억의 가치가 있다.
프랑스 미술관의 소유이며 현재 한국 대전 시립 미술관에서 전시 중이다.
금빛을 띠고 있으며 그 이름은 악어가 흘리는 거짓 눈물에서 비롯되었다.
프랑스 국보 7호로 등재되어 있으며 다이아몬드에 버금가는 단단함을
가지고 있다.
타닥
타닥
우와,
그 보석 엄청 비싸네.
도둑을
빨리 잡아야 할 텐데…

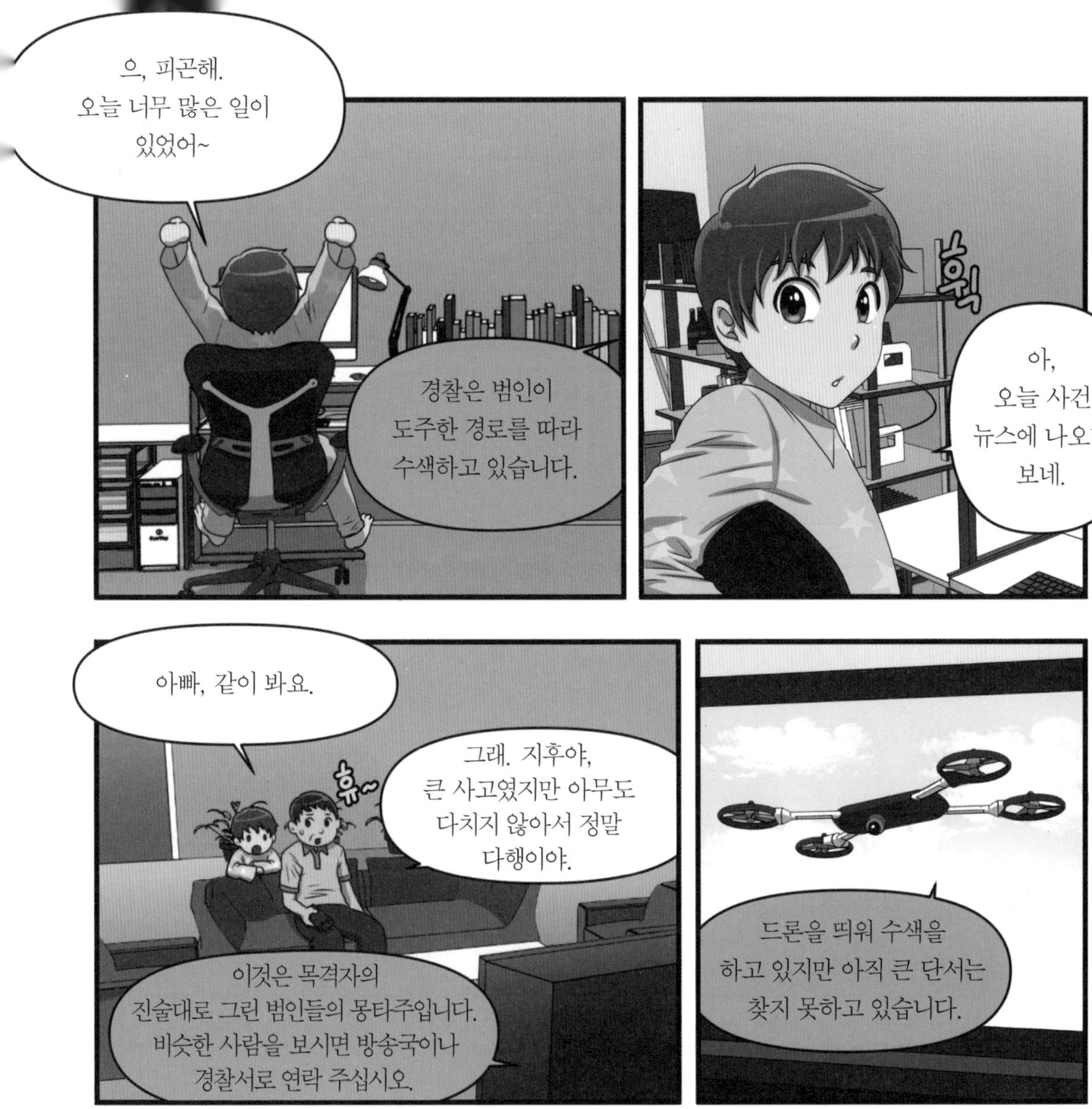
으, 피곤해. 오늘 너무 많은 일이 있었어~
경찰은 범인이 도주한 경로를 따라 수색하고 있습니다.
휙
아, 오늘 사건 뉴스에 나오나 보네.
아빠, 같이 봐요.
휴~
그래. 지후야, 큰 사고였지만 아무도 다치지 않아서 정말 다행이야.
이것은 목격자의 진술대로 그린 범인들의 몽타주입니다. 비슷한 사람을 보시면 방송국이나 경찰서로 연락 주십시오.
드론을 띄워 수색을 하고 있지만 아직 큰 단서는 찾지 못하고 있습니다.

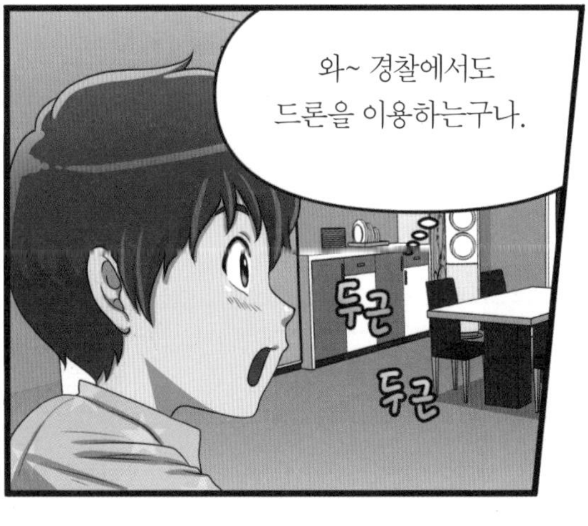
와~ 경찰에서도 드론을 이용하는구나.
두근
두근

경찰 드론

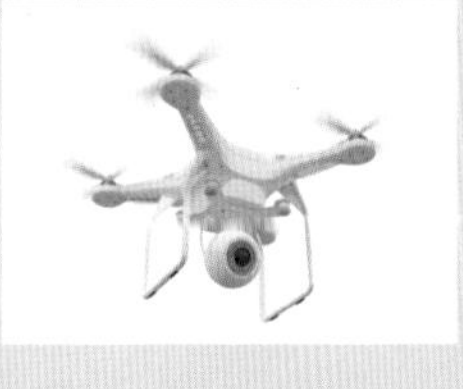

경찰 드론은 우범 지역 순찰, 범인 추적, 실종자 수색, 교통 상황 분석 등의 임무를 수행해요. 앞으로는 수사 업무에 드론을 전문으로 활용하는 드론 수사 전문가가 늘어나 국민 안전에 이바지할 거예요.

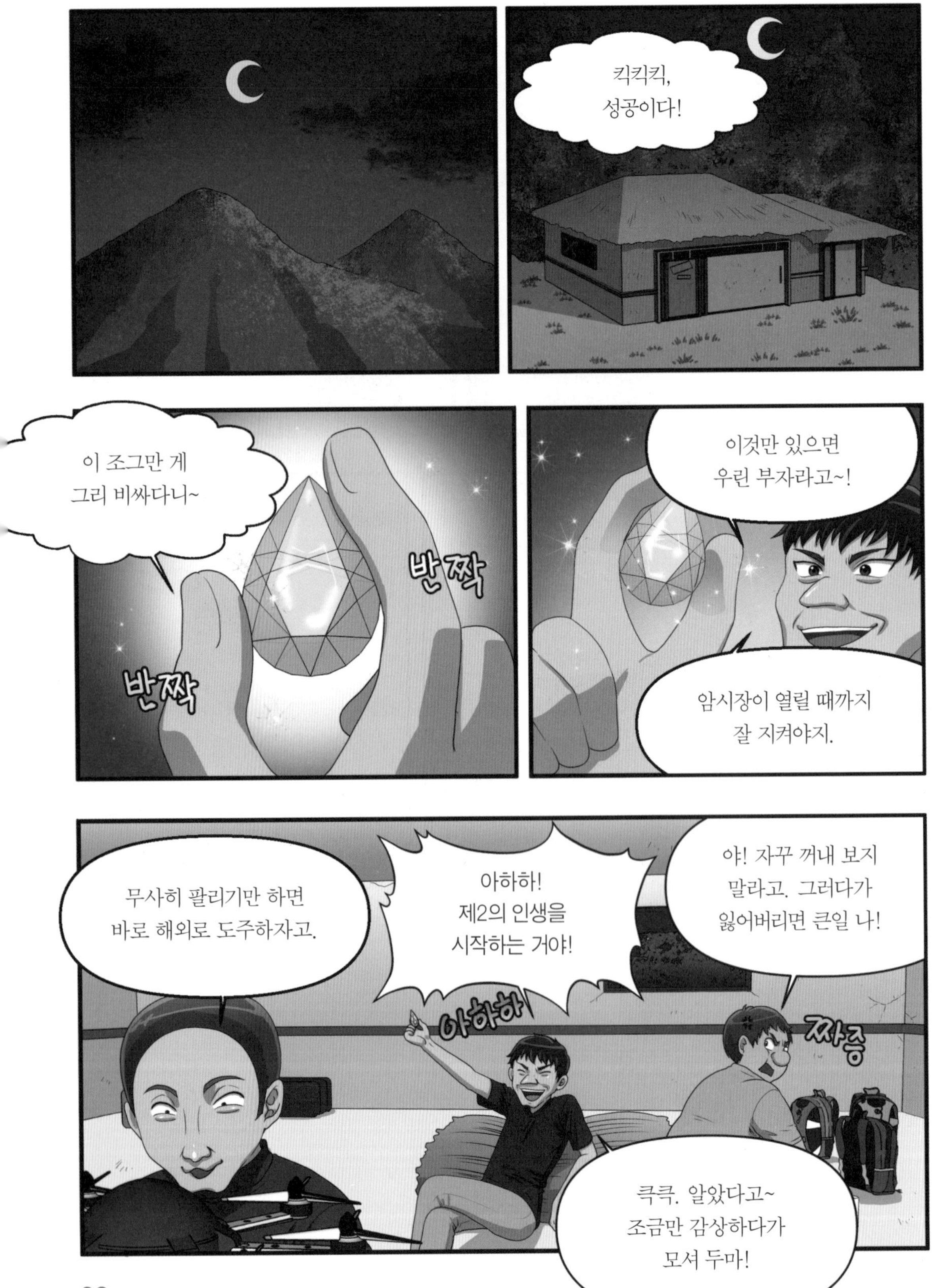

킥킥킥,
성공이다!
이 조그만 게
그리 비싸다니~
반짝
반짝
이것만 있으면
우린 부자라고~!
암시장이 열릴 때까지
잘 지켜야지.
무사히 팔리기만 하면
바로 해외로 도주하자고.
아하하!
제2의 인생을
시작하는 거야!
야! 자꾸 꺼내 보지
말라고. 그러다가
잃어버리면 큰일 나!
아하하
짜증
큭큭. 알았다고~
조금만 감상하다가
모셔 두마!

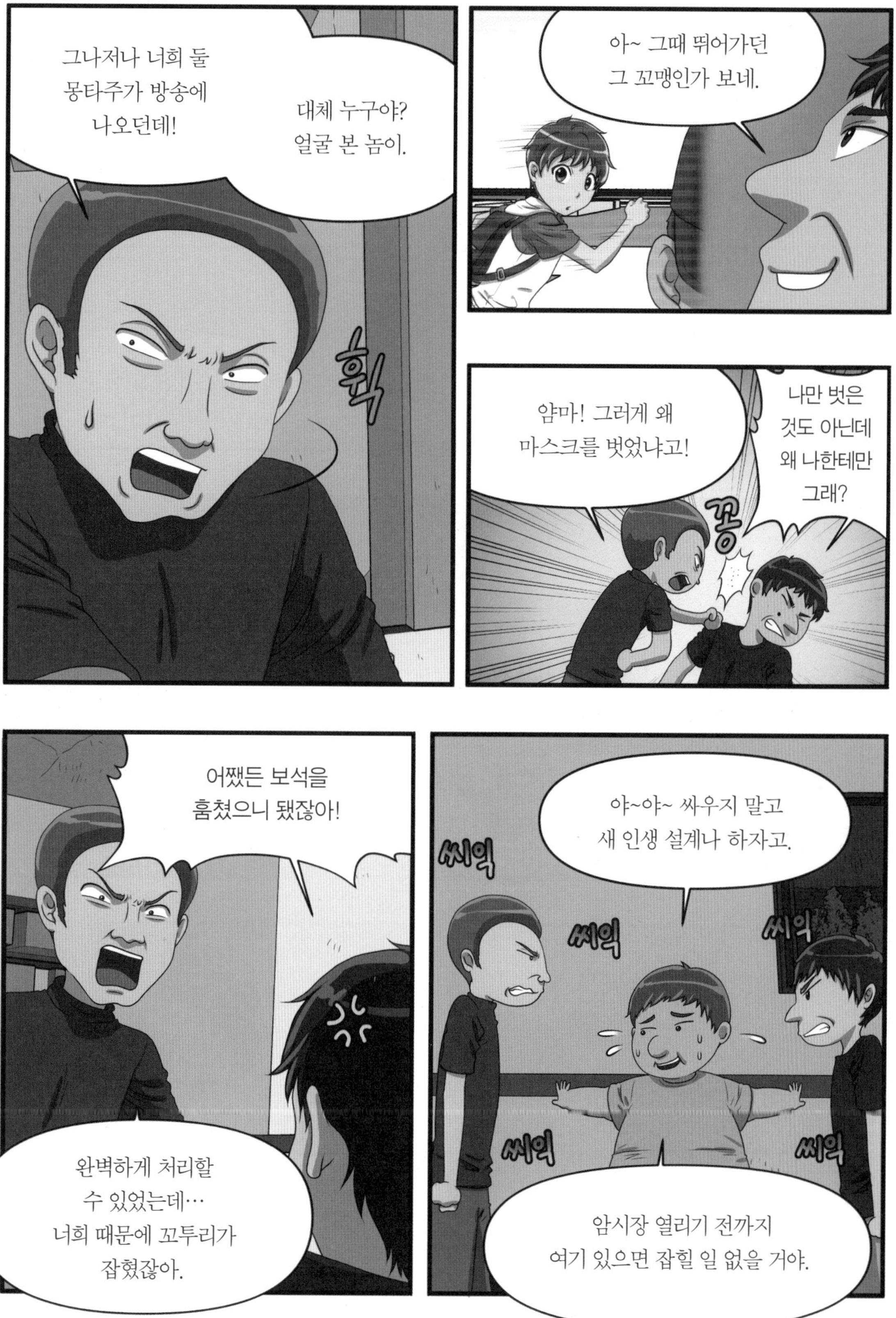
그나저나 너희 둘 몽타주가 방송에 나오던데!
대체 누구야? 얼굴 본 놈이.
휙
아~ 그때 뛰어가던 그 꼬맹인가 보네.
얌마! 그러게 왜 마스크를 벗었냐고!
나만 벗은 것도 아닌데 왜 나한테만 그래?
꽁
어쨌든 보석을 훔쳤으니 됐잖아!
완벽하게 처리할 수 있었는데… 너희 때문에 꼬투리가 잡혔잖아.
야~야~ 싸우지 말고 새 인생 설계나 하자고.
씨익
씨익
씨익
씨익
씨익
암시장 열리기 전까지 여기 있으면 잡힐 일 없을 거야.

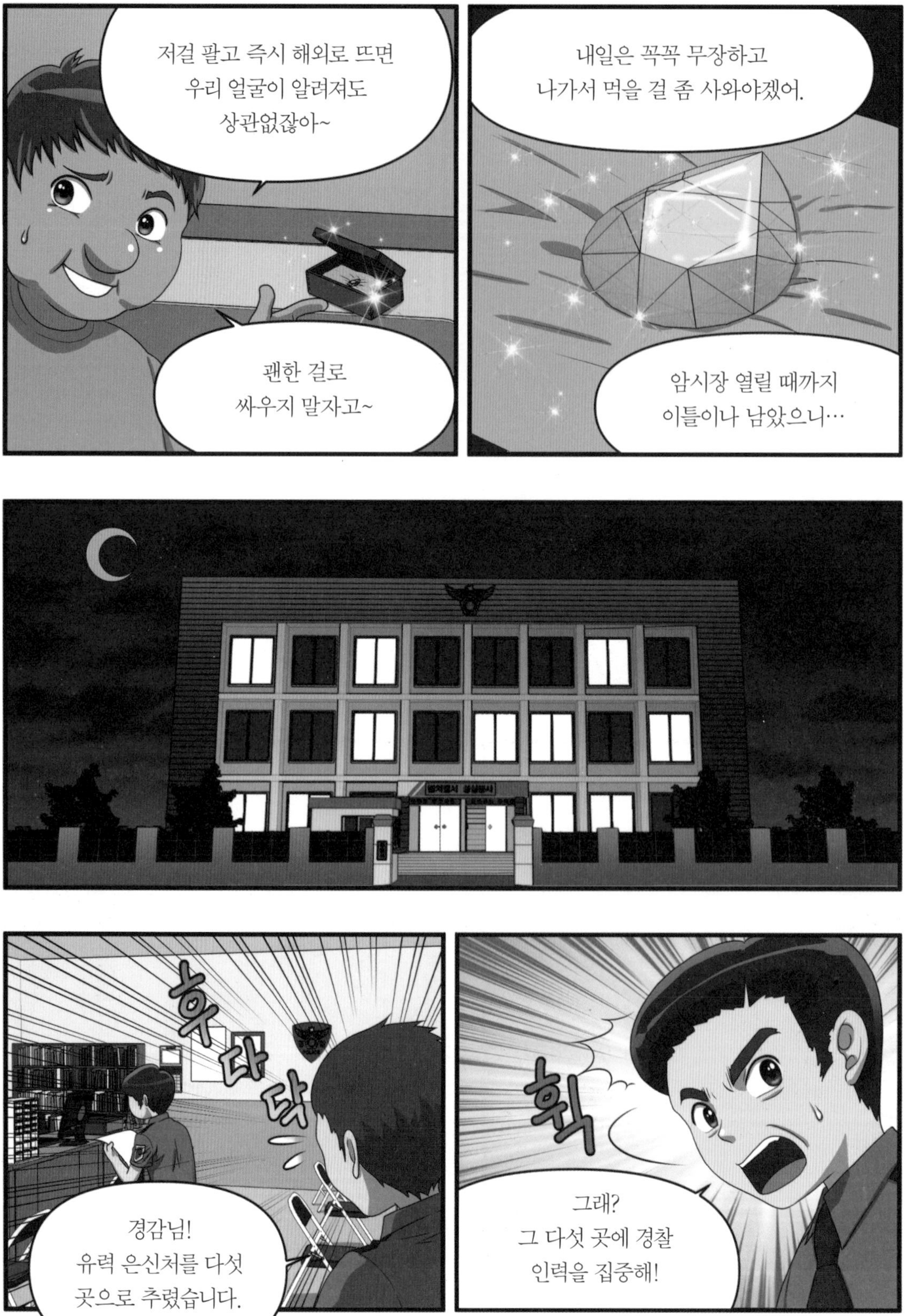

저걸 팔고 즉시 해외로 뜨면
우리 얼굴이 알려져도
상관없잖아~
괜한 걸로
싸우지 말자고~
내일은 꼭꼭 무장하고
나가서 먹을 걸 좀 사와야겠어.
암시장 열릴 때까지
이틀이나 남았으니…
후다닥
경감님!
유력 은신처를 다섯
곳으로 추렸습니다.
휙
그래?
그 다섯 곳에 경찰
인력을 집중해!

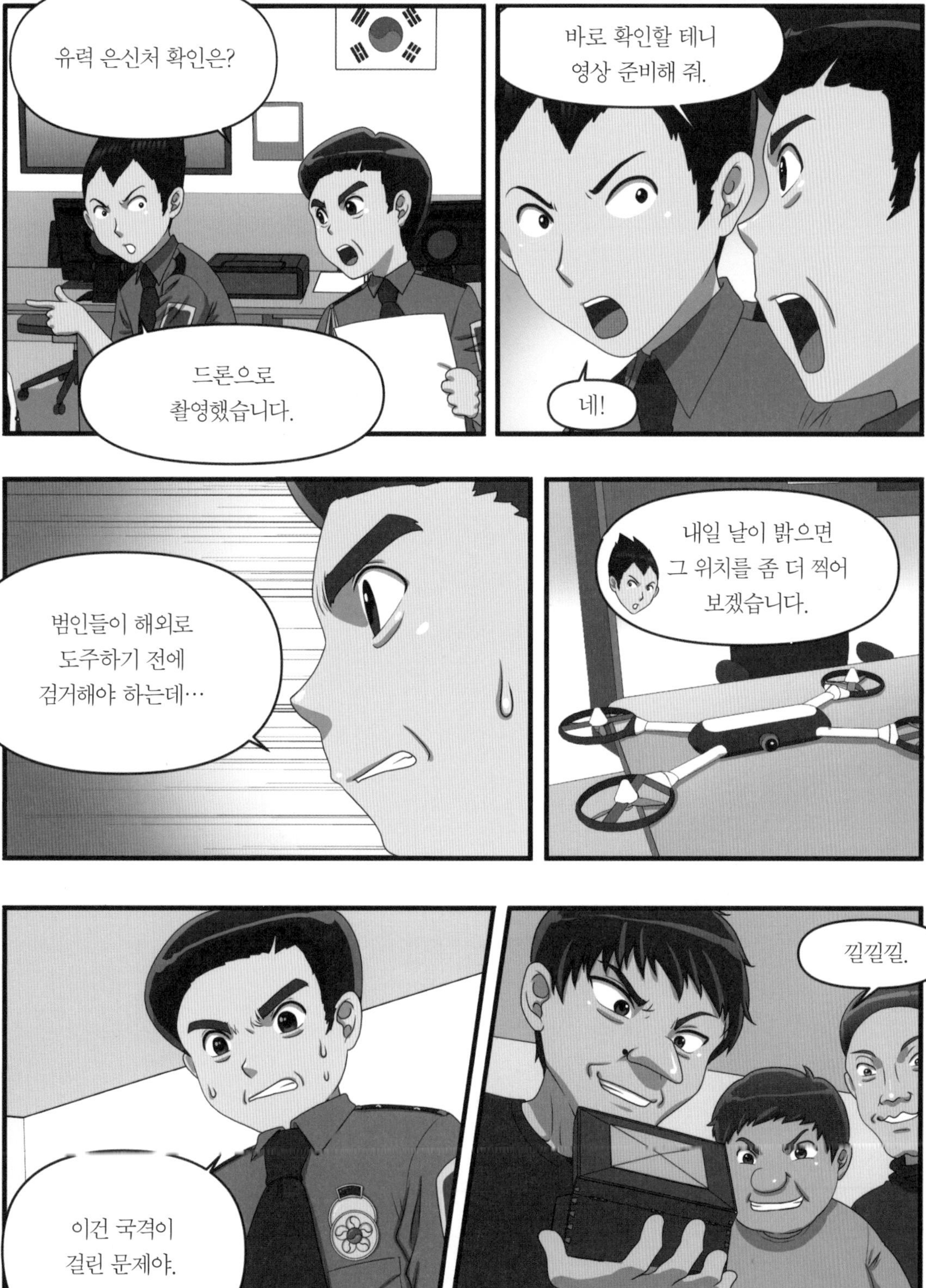
유력 은신처 확인은?
드론으로 촬영했습니다.
바로 확인할 테니 영상 준비해 줘.
네!
범인들이 해외로 도주하기 전에 검거해야 하는데…
내일 날이 밝으면 그 위치를 좀 더 찍어 보겠습니다.
이건 국격이 걸린 문제야.
낄낄낄.

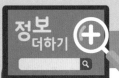

드론의 탄생과 역사

드론은 무선 전파로 조종할 수 있는 무인 항공기예요. 크기와 무게가 매우 다양하고 카메라, 센서, 통신 시스템 등이 탑재되어 있죠. 드론은 어떻게 분류 하느냐에 따라 시초가 달라져요.

★ 무인기로 분류
1849년 오스트리아에서 개발된 '바밍 바이 발로(Bombing by Ballo)'예요. 열기구에 폭 탄을 실어 떨어뜨리는 방식으로 베니스 전쟁에서 사용되었어요.

★ 쿼드 콥터(프로펠러 4개)로 분류
1907년 프랑스 비행기 디자이너 샤를르브레게가 최초로 멀티콥터를 만들었어요. 처 음에는 땅에서 몇십 센티미터 정도밖에 뜨지 못했지만 그 이후 1920년대에는 360m~1㎞ 비행에 성공했지요.

★ 무인 비행기 개념으로 분류
1900년대 초반, 사람이 타지 않는 무인 비행기의 기초 이론을 설립한 천재 과학자 테 슬라는 레이더와 무선 통신 원리를 적용하여, 원격 조종이 가능한 무인 비행기를 만 들면 공중전에서 조종사의 인명 피해를 줄일 수 있다고 생각하였어요. 이를 바탕으 로 미국 정부는 1918년 동체 폭탄으로 목표물을 타격하는 무인 비행기 '케터링 버그 (Kettering Bug)'를 개발했지요.

• 1915년: 테슬라의 무인 비행기 개념을 바탕으로 만든 정찰기인 '영국 육군 항공대(Royal Flying Corps)'가 독일군 진영을 촬영했어요. 당시 1,500매가 넘는 촬영 사진을 이용해 철도 상황을 파악하고 전략 수행에 활용했어요.

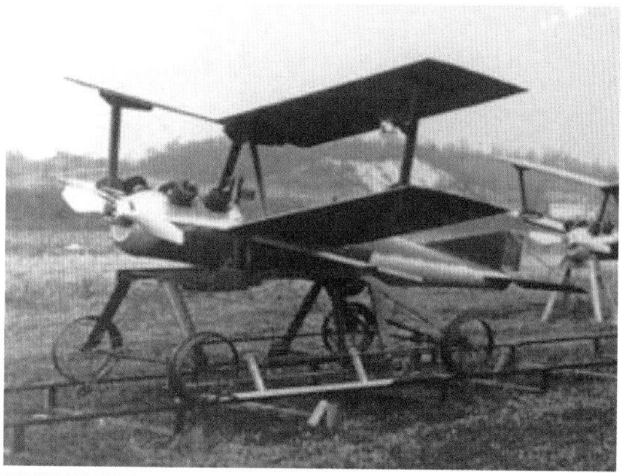

무인 비행기_케터링 버그

• 1917년: 미국이 개발한 최초의 군사용 드론인 '스페리 에어리얼 토페도(Sperry Aerials Topedo)'는 100kg이 넘는 폭탄을 싣고 비행하는 임무를 수행했어요.

• 1918년: 나무로 만든 일회용 무인기 비행기인 '케터링 버그(Kettering Bug)'는 80km를 날아가 동체 폭탄으로 목표물을 타격하였어요.

• 1930년: 'DH-82 퀸비'는 현재 드론의 실질적 원조로 보는 비행체로, 영국에서 개발했어요. 재사용할 수 있는 최초의 드론으로, 포격용 타깃으로 400대 가량 생산되었지요.

• 1939년: 최고 시속 137km로 날 수 있는 '라디오 플레인(Radio Plane)'은 제2차 세계대전이 끝날 때까지 무려 1만 5,000대 이상이 만들어졌어요.

- 1951년: 미국에서 개발한 '라이언 파이어비(Ryan Firebee)'는 최초의 제트 엔진 드론으로, 대량으로 생산된 표적기예요.

- 1989년: 미국의 이스라엘 이민자 에이브러햄 카렘은 'Gnat-750'을 개발했어요. Gnat-750은 50시간 이상 연속 비행을 달성해 군 관계자의 큰 관심을 끌었어요.

- 1994년: 'MQ-1 프레데터'는 미국의 중저고도 다목적 무인기로, 1995년부터 운용되기 시작했어요. 2001년에는 아프가니스탄에 투입됐고 이후 코소보, 보스니아, 이라크 등 분쟁 지역에서 활약했어요.

- 1998년: 'RQ-4B 글로벌 호크'는 미국에서 정찰기로 사용하는 무인기로, 전체 길이 14.5m, 너비 40m로 현재 무인기 중 최대 크기를 자랑해요.

- 2001년: 'MQ-9 리퍼'는 14시간이라는 장시간 동안 15㎞의 고고도 체공을 하는 무인기예요. 현재 미국 공군뿐만 아니라 국토안보부와 나사(NASA) 같은 비군사 조직에서도 활용되고 있어요.

- 2007년: 'RQ-170 센티넬'은 미국 공군의 무인 정찰기로, 스텔스 기능을 갖추고 정찰 활동을 해요. 오사마 빈 라덴 사살 작전 때 백악관에 영상을 실시간 중계하며 큰 역할을 했지요.

- **현재:** 독일 운송 회사 DHL은 '파슬콥터(Parcelcopter)'라는 물품 배달 드론을 만들어 2014년 9월에 12㎞ 떨어진 섬까지 배달하는 데 성공했어요.

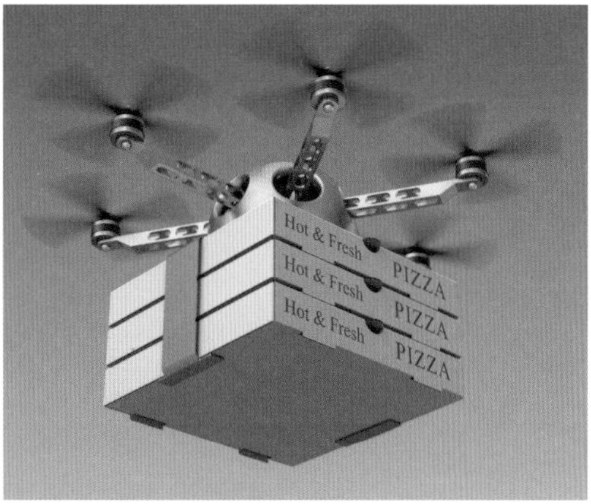
Hot & Fresh
PIZZA
Hot & Fresh
PIZZA
Hot & Fresh
PIZZA

도미노피자는 '도미콥터(Domicopter)'를 통해 드론을 활용한 피자 배달 사업에 뛰어들었고, 소니 역시 로봇 기업 ZMP와 공동으로 산업용 드론 업체 '에어로센스(Aerosense)'를 설립했어요. 차나 배가 들어갈 수 없는 장소에 고성능 드론을 이용해 의약품 및 통신기기 등을 운송할 예정이라고 해요.

아마존 역시 2013년 12월 드론을 통한 물류 배송 '프라임 에어(Prime Air)'를 선보이며 드론 물류 배송에 적극 나서고 있답니다.

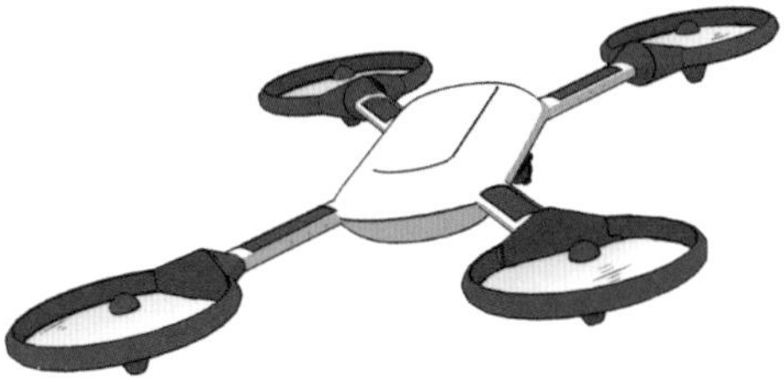

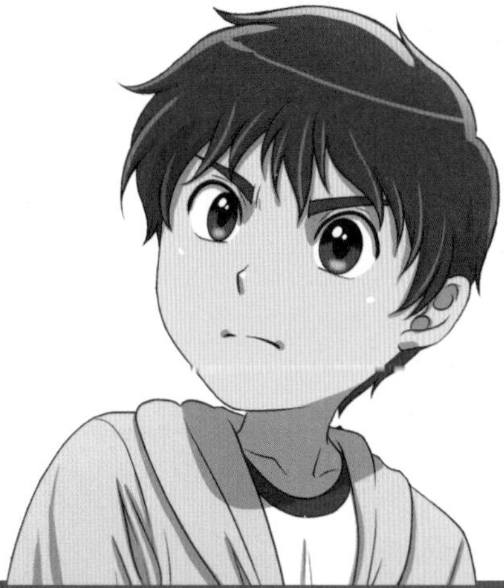

드론을 날려 봐요!

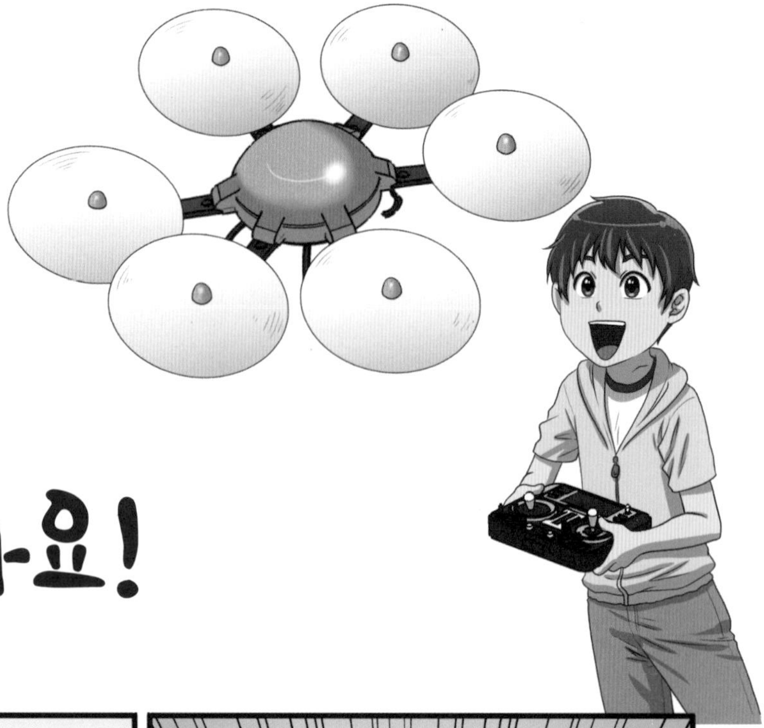

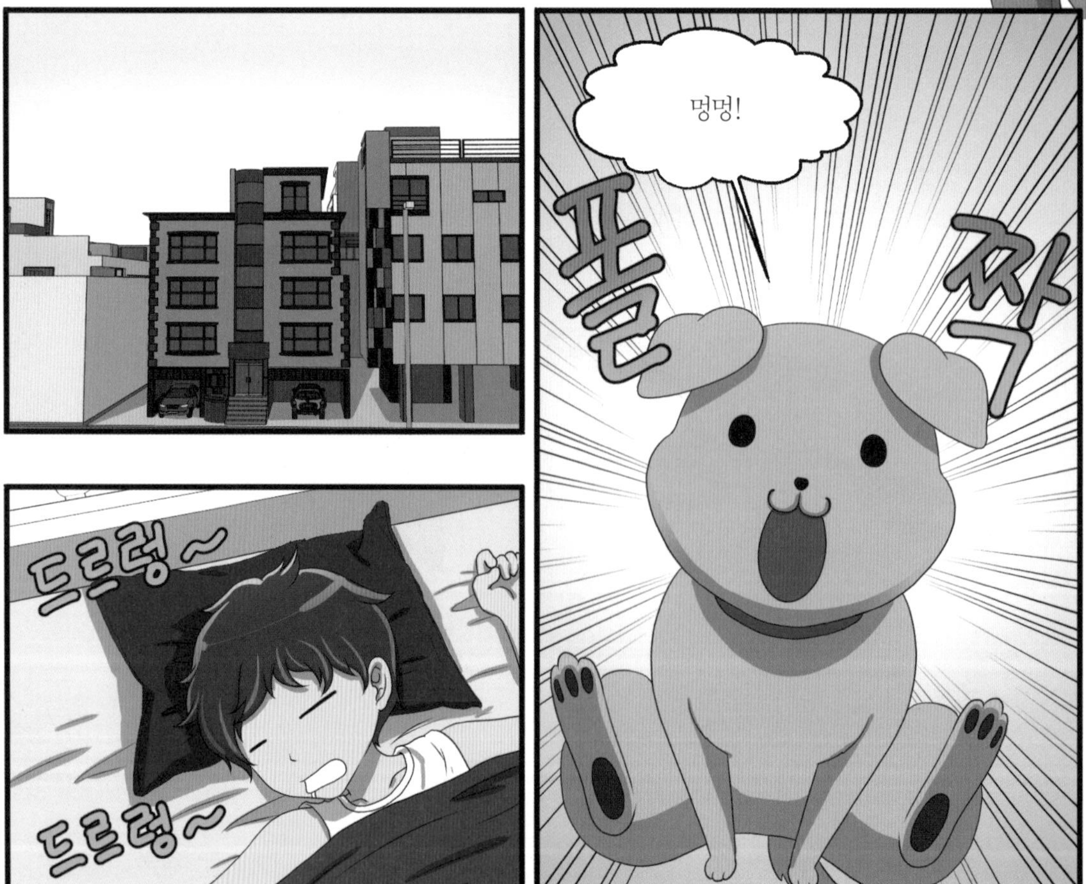
드르렁~
드르렁~
멍멍!
폴짝

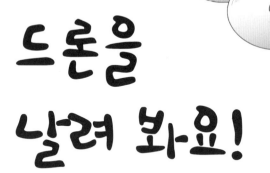

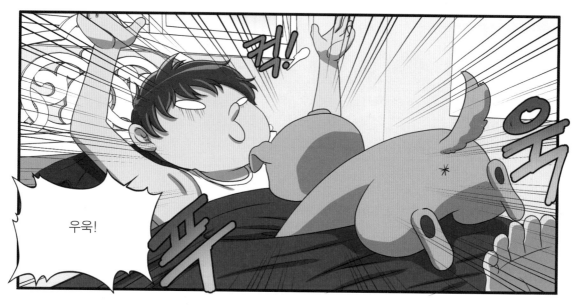

우욱!

쫑아! 형아가 배 위로 뛰어 오르지 말랬잖아.

헥헥, 멍!

살랑 살랑

얼른 쫑이랑 산책 다녀와~ 토요일 오전 산책은 지후 네 담당이잖아!

쫑이가 아까부터 기다리고 있었어.

헥 헥

엄마~ 30분만 더 자고 갈게요~

또르르

산책 시간 지키겠다고 해서 강아지 키우는 거 허락해 준 거잖아.

으아아~ 알았다고요~!

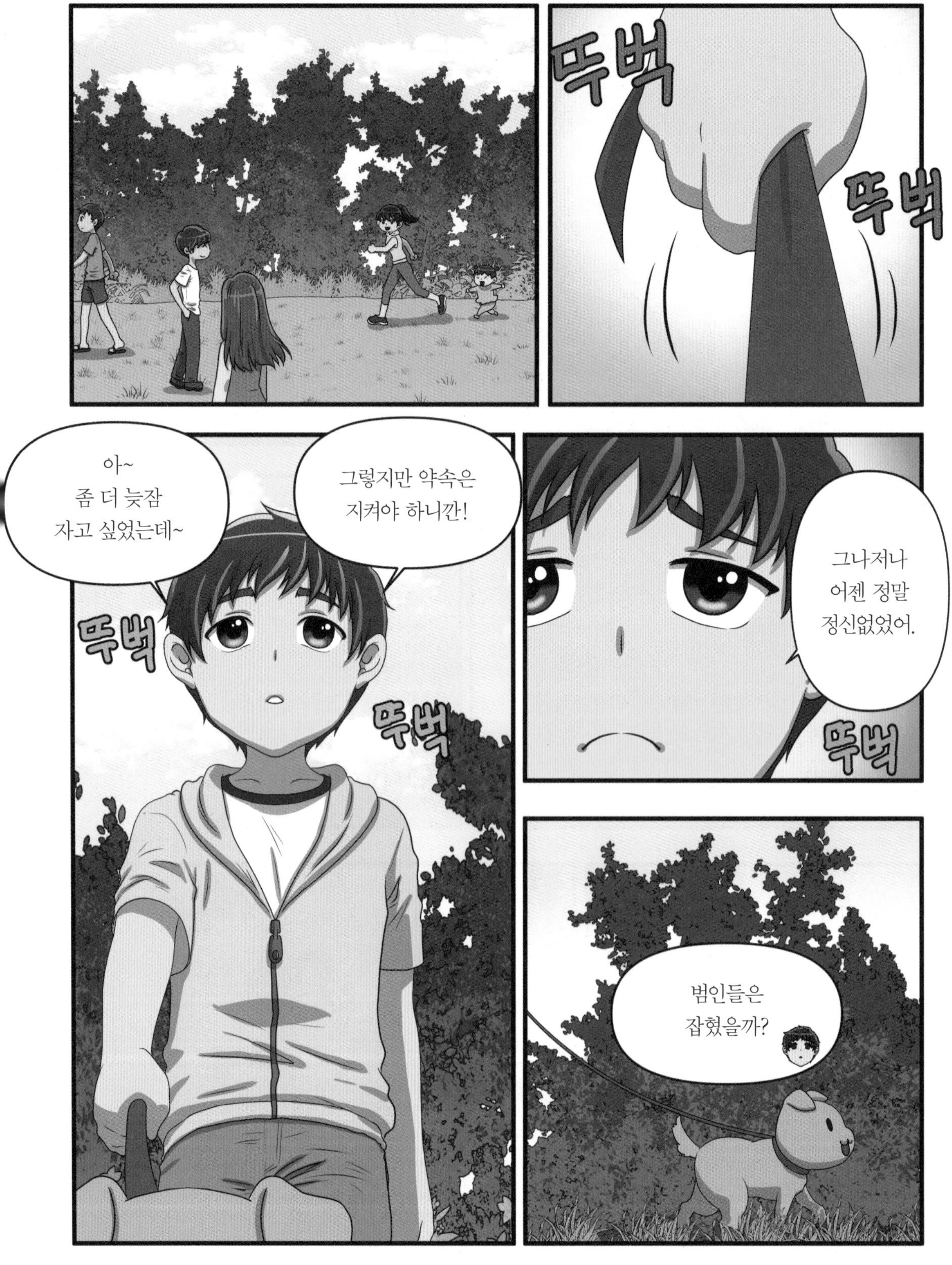
뚜벅
뚜벅
아~ 좀 더 늦잠 자고 싶었는데~
그렇지만 약속은 지켜야 하니깐!
뚜벅
뚜벅
그나저나 어젠 정말 정신없었어.
뚜벅
범인들은 잡혔을까?

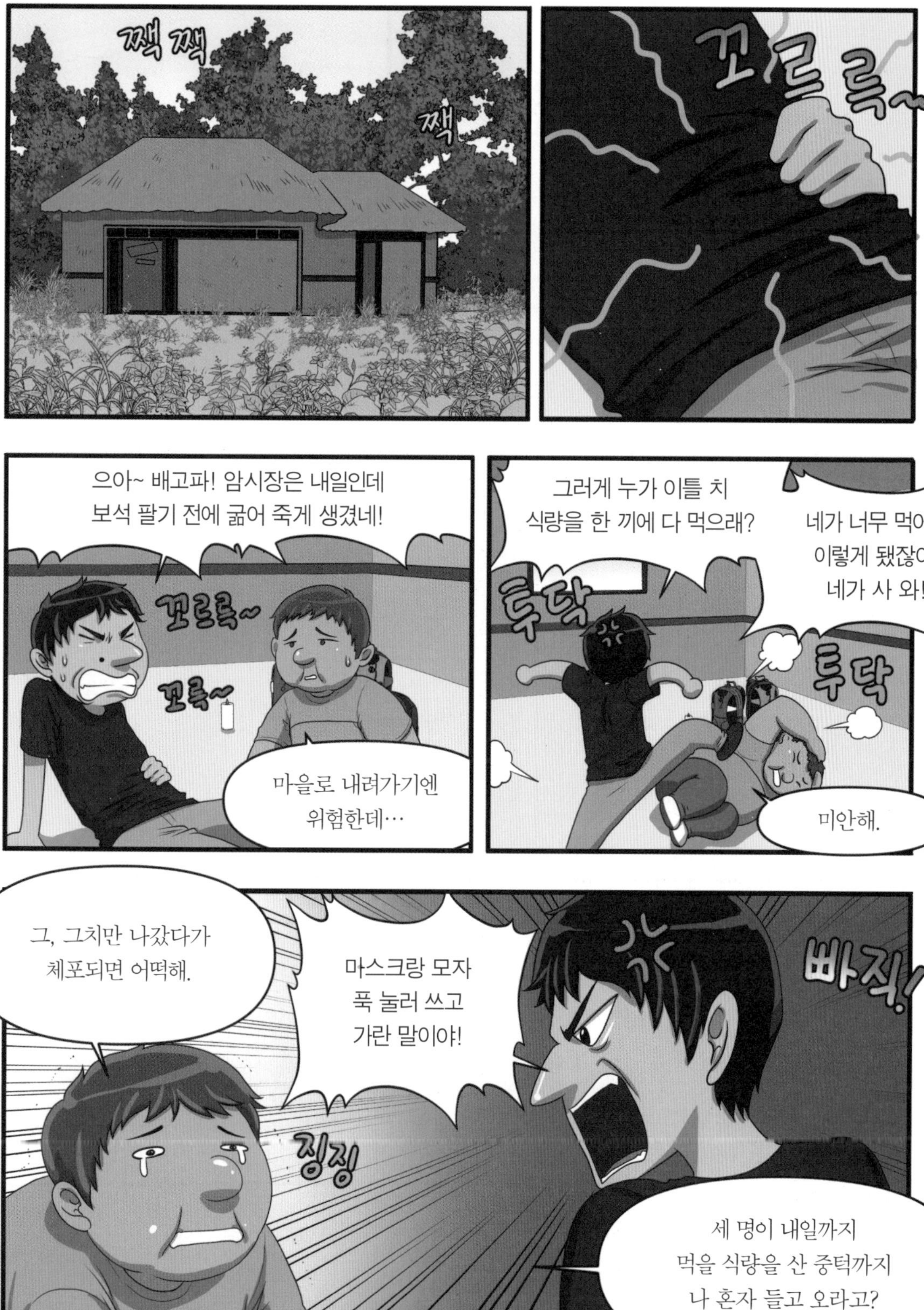

짹 짹
짹
꼬르륵~
으아~ 배고파! 암시장은 내일인데
보석 팔기 전에 굶어 죽게 생겼네!
꼬르륵~
꼬륵~
마을로 내려가기엔
위험한데…
그러게 누가 이틀 치
식량을 한 끼에 다 먹으래?
네가 너무 먹어서
이렇게 됐잖아.
네가 사 와!
투닥
투닥
미안해.
그, 그치만 나갔다가
체포되면 어떡해.
마스크랑 모자
푹 눌러 쓰고
가란 말이야!
빠직!
징징
세 명이 내일까지
먹을 식량을 산 중턱까지
나 혼자 들고 오라고?

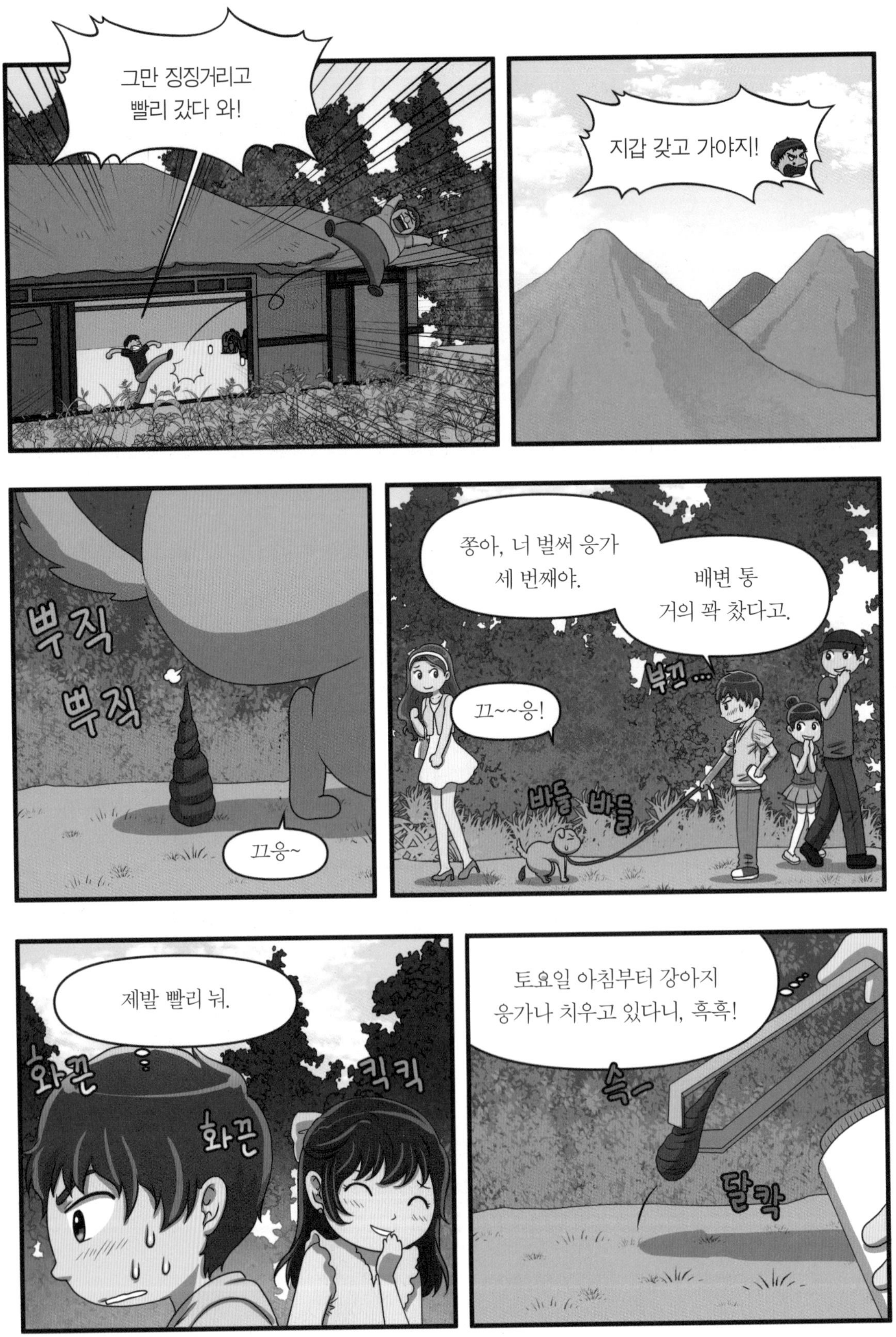
그만 징징거리고
빨리 갔다 와!
지갑 갖고 가야지!
뿌직
뿌직
끄응~
좋아, 너 벌써 응가
세 번째야.
배변 통
거의 꽉 찼다고.
부끄...
끄~~응!
바들
바들
제발 빨리 눠.
화끈
화끈
킥킥
토요일 아침부터 강아지
응가나 치우고 있다니, 흑흑!
쓱~
달칵

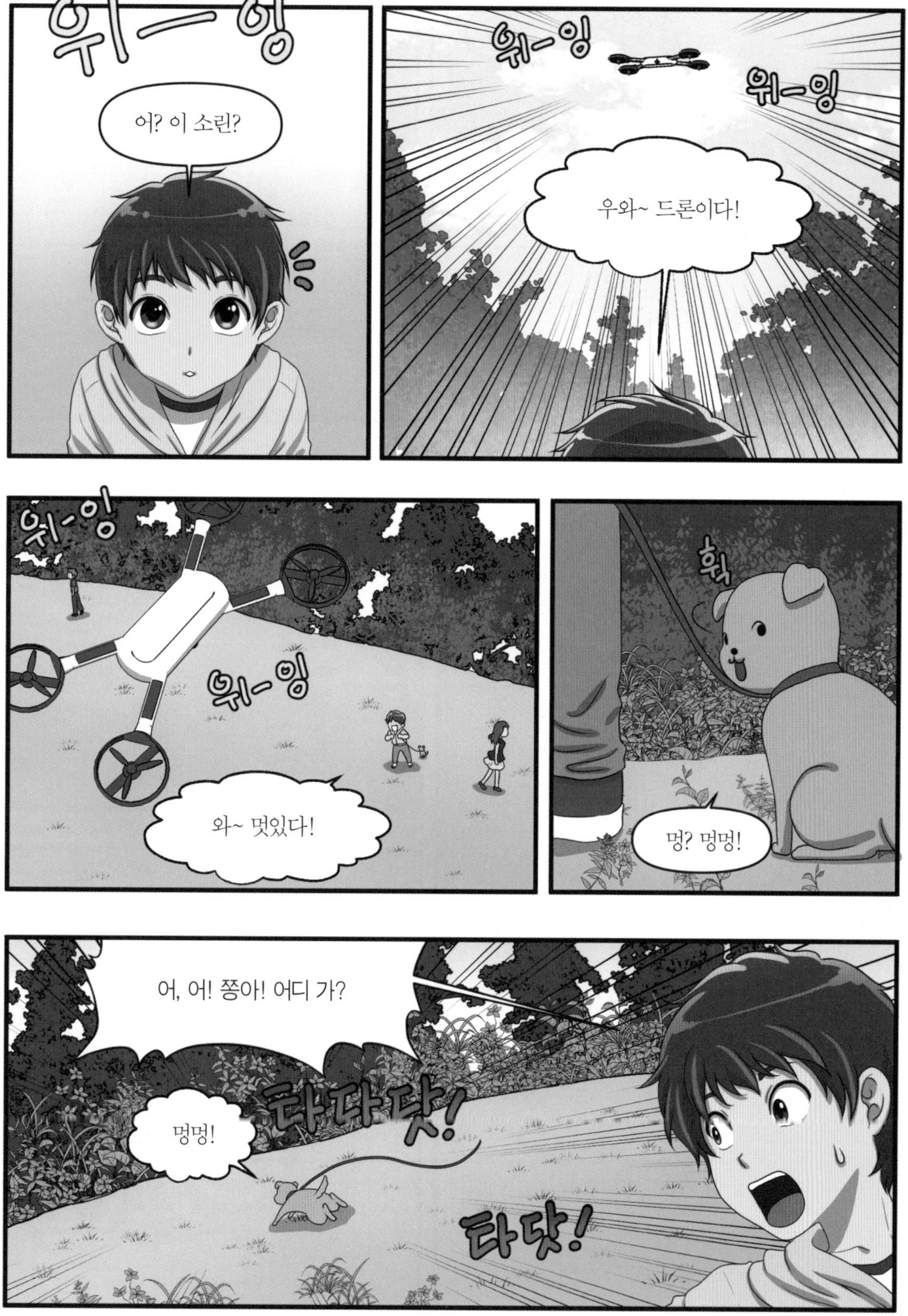
위ㅡ잉
어? 이 소린?
위-잉
위-잉
우와~ 드론이다!
위-잉
위-잉
와~ 멋있다!
훽
멍? 멍멍!
어, 어! 쫑아! 어디 가?
멍멍!
타다닷!
타닷!

쫑아!
혼자 가면 위험해!

같이 가~

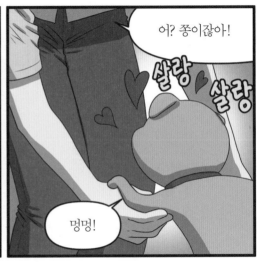

어? 쫑이잖아!

멍멍!

와, 지후야,
오랜만이다!

어? 도훈 삼촌!
오랜만이에요!

추석에 큰집에도
안 오시고.
요즘 바쁘세요?

아하하!
일이 좀
많아서 말이야.
별일 없었지?

네. 삼촌!
손에 든 거 혹시
드론 조종기
아니에요?

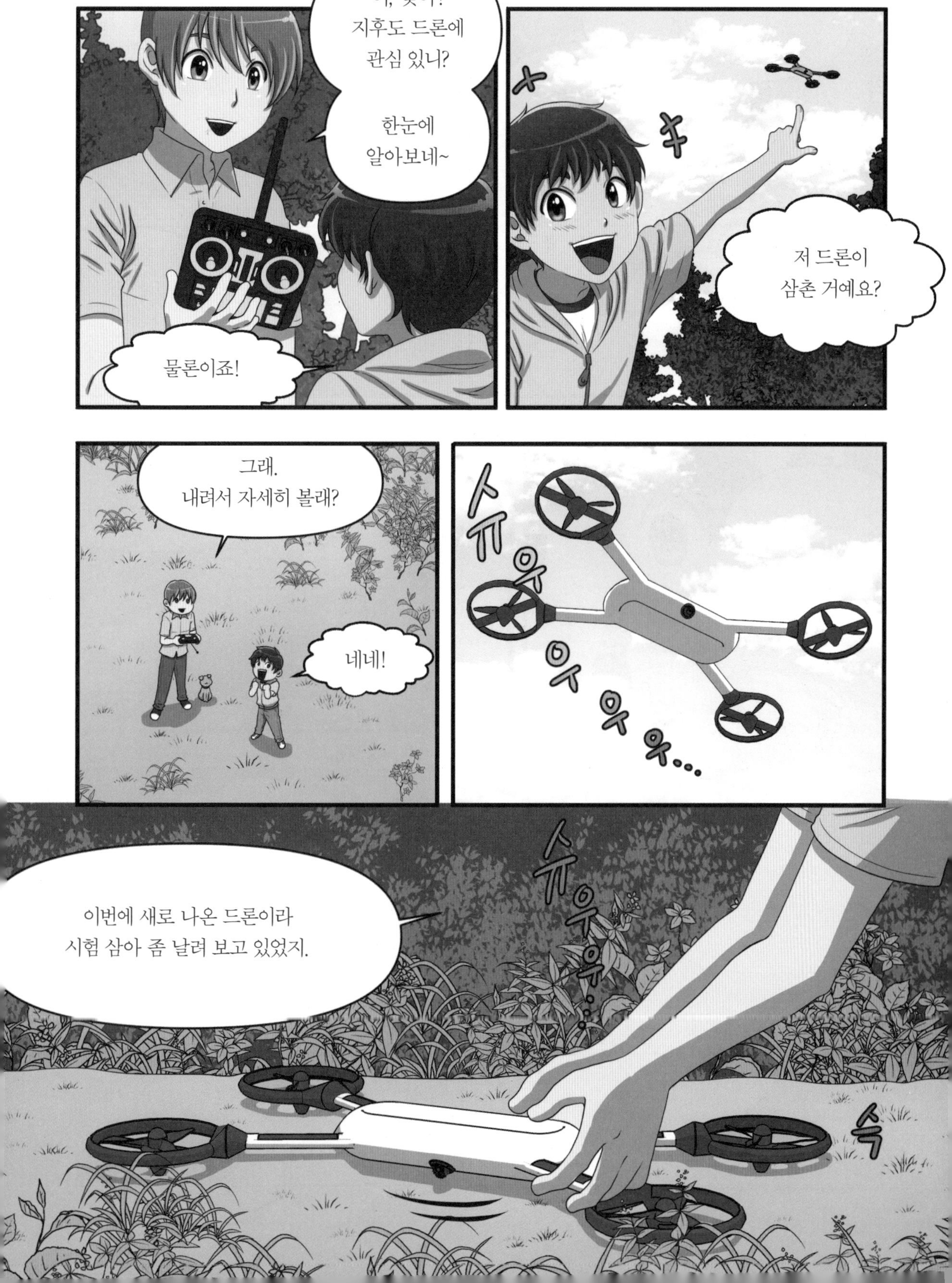
어, 맞아!
지후도 드론에
관심 있니?
한눈에
알아보네~
물론이죠!
저 드론이
삼촌 거예요?
그래.
내려서 자세히 볼래?
네네!
슈웅우우웅…
이번에 새로 나온 드론이라
시험 삼아 좀 날려 보고 있었지.
슈웅우웅…
슥

저도 한 번만 만져 봐도 돼요?

조심해서 만질게요~ 네?

그래. 대신 떨어뜨리면 안 돼~

와, 생각보다 무겁네요!

그렇지? 이 드론은 전문가용이라 좀 무거워.

전문가용? 전문가용이 따로 있어요?

무거울 테니 삼촌이 다시 들고 있을게.

응. 드론은 목적에 따라 급이 여러 가지가 있단다.

네.

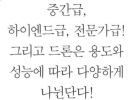

중간급, 하이엔드급, 전문가급! 그리고 드론은 용도와 성능에 따라 다양하게 나뉜단다!

완구용, 레이싱용, 촬영용, 군사용…

우와, 정말요? 드론은 다 똑같은 줄 알았는데

종류가 엄청 많네요~

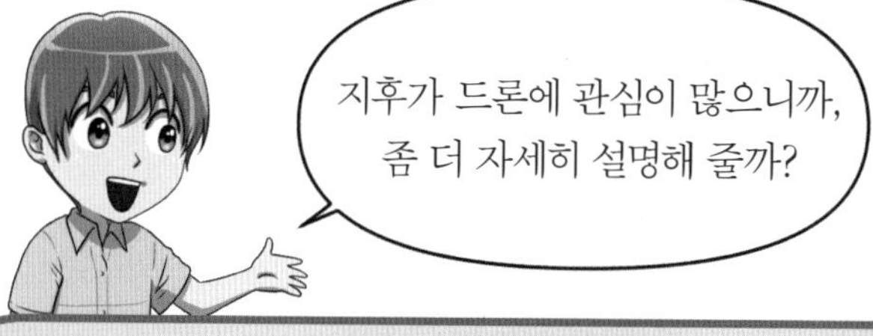

지후가 드론에 관심이 많으니까, 좀 더 자세히 설명해 줄까?

드론의 종류를 알아봐요

드론은 용도와 성능에 따라 다양하게 나뉘어요. 예를 들어 완구용, 레이싱용, 촬영용, 군사용, 수송용 등으로 나뉜답니다. 사용 목적에 따라 선택의 폭이 매우 커요. 간단하게 카메라가 장착되어 있느냐, 없느냐에 따라 나눌 수 있고 GPS 기능이 있느냐, 없느냐에 따라서도 나눌 수 있답니다.

용도	특징
완구용	마트나 문방구, 온라인 쇼핑몰 등에서 쉽게 구입할 수 있어요. 크기도 손바닥만 한 것부터 직경 30cm까지 다양해요. 각종 센서가 없어 오로지 조종 실력으로 날려야 해요.
레이싱용	레이싱 드론은 초보자가 쉽게 접근하기 어려워요. 상당한 연습이 필요하고 드론에 관한 전문적인 지식, 기술 등이 필요해요.
촬영용	촬영용 드론은 여러 개의 로터로 구성된 멀티 콥터를 이용해요. 카메라가 장착되어 있어 스마트폰이나 태블릿 PC로 전송되는 영상을 보며 비행과 촬영을 제어할 수 있어요.
군사용	카메라가 있어 정찰 상황을 바로 확인할 수 있을 뿐만 아니라 항공 역학, 스텔스 기술, 자동화 기술 등 많은 기술이 탑재되어 있답니다.
수송용	수송용 드론은 고정익기 형태로 체공 시간이 길어요. 특히 의료 분야의 활용도가 크지요. 설정에 따라 GPS 좌표를 따라가며 자동 비행을 해요.

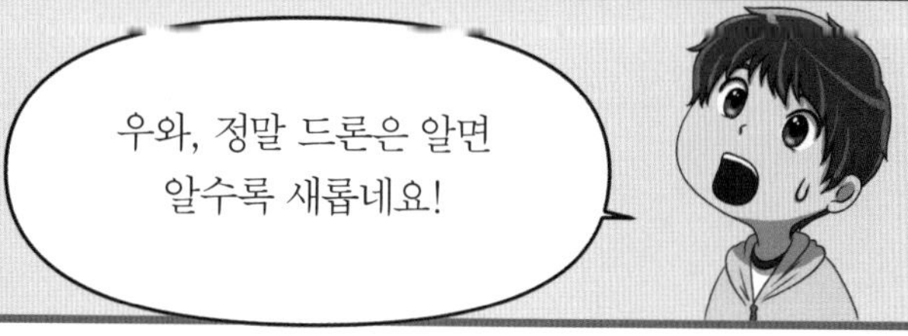

우와, 정말 드론은 알면 알수록 새롭네요!

저도 그 드론 날려 봐도 돼요? 조종법 가르쳐 주세요~
반짝
반짝
아, 미안. 이건 면허가 있는 사람만 조종할 수 있는 거야~
하하
헉!
면허요?
12kg 이상의 드론은 면허를 따야 조종이 가능해.
빠
밤!
무인비행장치 조종 자격증
정말요? 몰랐어요!
에이… 그럼 전 삼촌이 조종하는 거 구경만 할게요.
시무룩…
아… 지후가 실망했구나.

드론을 날리려면 면허가 필요해요?

취미 생활을 목적으로 하는 12kg 미만의 드론은 면허가 없어도 조종할 수 있지만, 그 이상이라면 법적 규정에 따라 자격증을 취득해야 해요. 특히, 산업용 드론을 다루기 위해서는 반드시 국가에서 인정하는 면허가 필요해요. 드론 조종 면허의 정식 명칭은 '초경량 비행장치 조종자'이며 한국교통안전공단에서 주관하고 있답니다.
시험은 필기시험과 실기시험으로 나뉘어요. 필기시험은 항공법규, 항공기상, 비행이론과 운용 등의 내용으로 이뤄지며, 총 40문항이에요. 필기시험 합격 후에는 지정된 기관에서 20시간의 비행시간을 이수한 다음에 실기시험에 응시할 수 있어요. 실기시험은 지상 활주, 공중 조작, 착륙 조작, 비행 후 점검 등이 있어요.

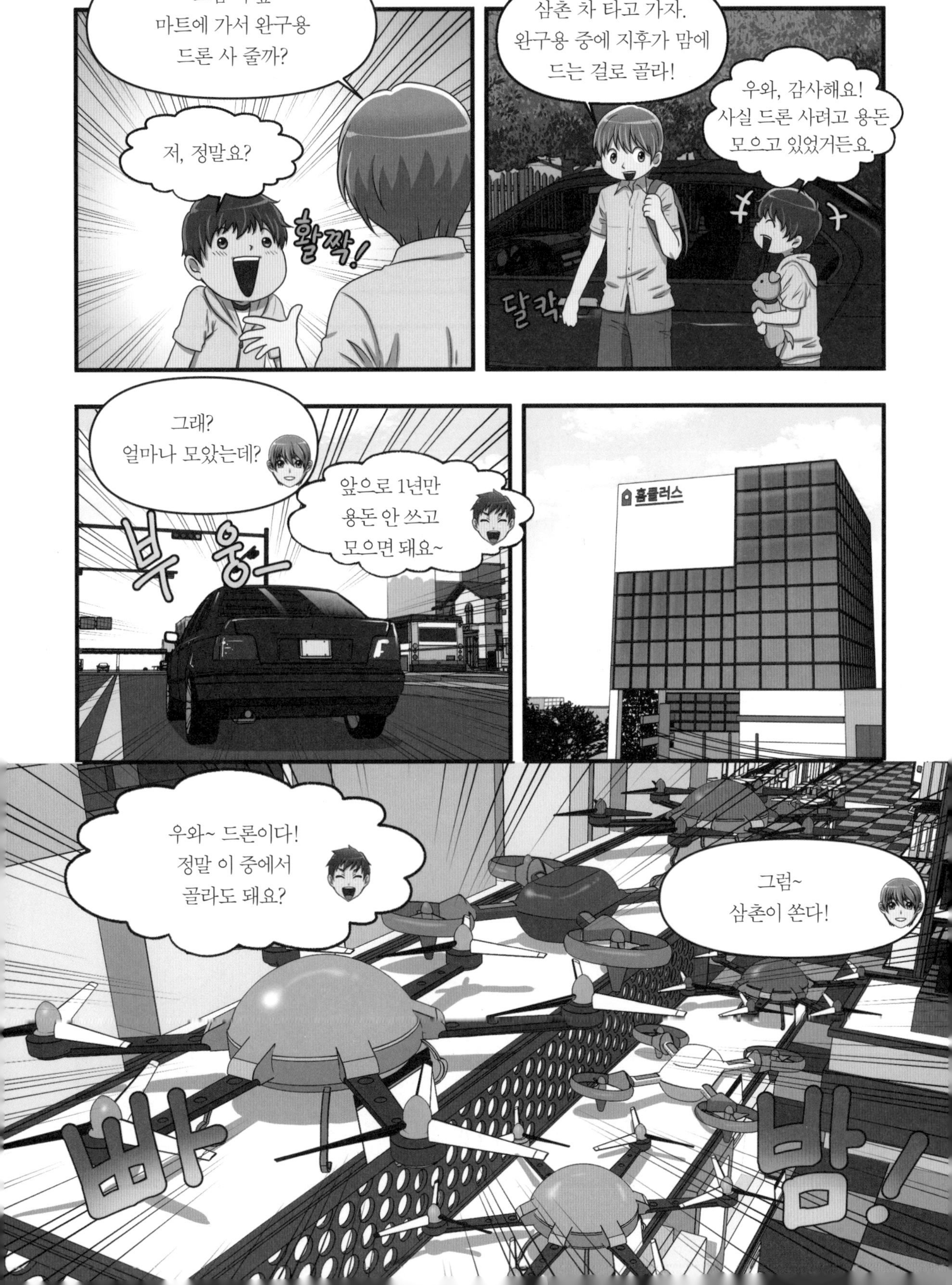
그럼 저 앞 마트에 가서 완구용 드론 사 줄까?
저, 정말요?
활짝!
삼촌 차 타고 가자. 완구용 중에 지후가 맘에 드는 걸로 골라!
우와, 감사해요! 사실 드론 사려고 용돈 모으고 있었거든요.
달칵
그래? 얼마나 모았는데?
앞으로 1년만 용돈 안 쓰고 모으면 돼요~
부웅~
홈플러스
우와~ 드론이다! 정말 이 중에서 골라도 돼요?
그럼~ 삼촌이 쏜다!
빠밤!

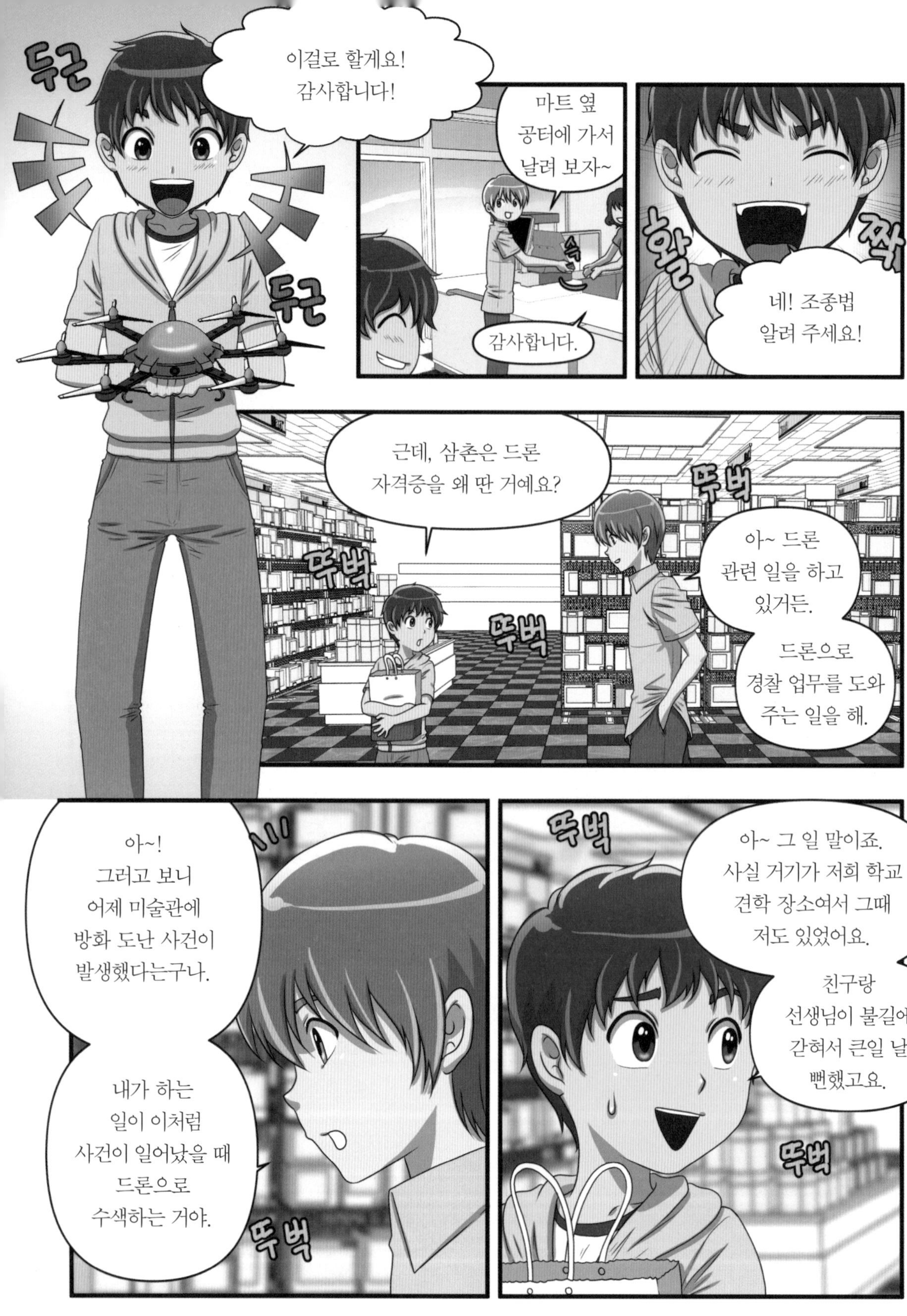
두근
두근
이걸로 할게요! 감사합니다!
마트 옆 공터에 가서 날려 보자~
슥
감사합니다.
활짝
네! 조종법 알려 주세요!
근데, 삼촌은 드론 자격증을 왜 딴 거예요?
뚜벅
뚜벅
뚜벅
아~ 드론 관련 일을 하고 있거든.
드론으로 경찰 업무를 도와 주는 일을 해.
아~! 그러고 보니 어제 미술관에 방화 도난 사건이 발생했다는구나.
내가 하는 일이 이처럼 사건이 일어났을 때 드론으로 수색하는 거야.
뚜벅
뚜벅
아~ 그 일 말이죠. 사실 거기가 저희 학교 견학 장소여서 그때 저도 있었어요.
친구랑 선생님이 불길에 갇혀서 큰일 날 뻔했고요.
뚜벅

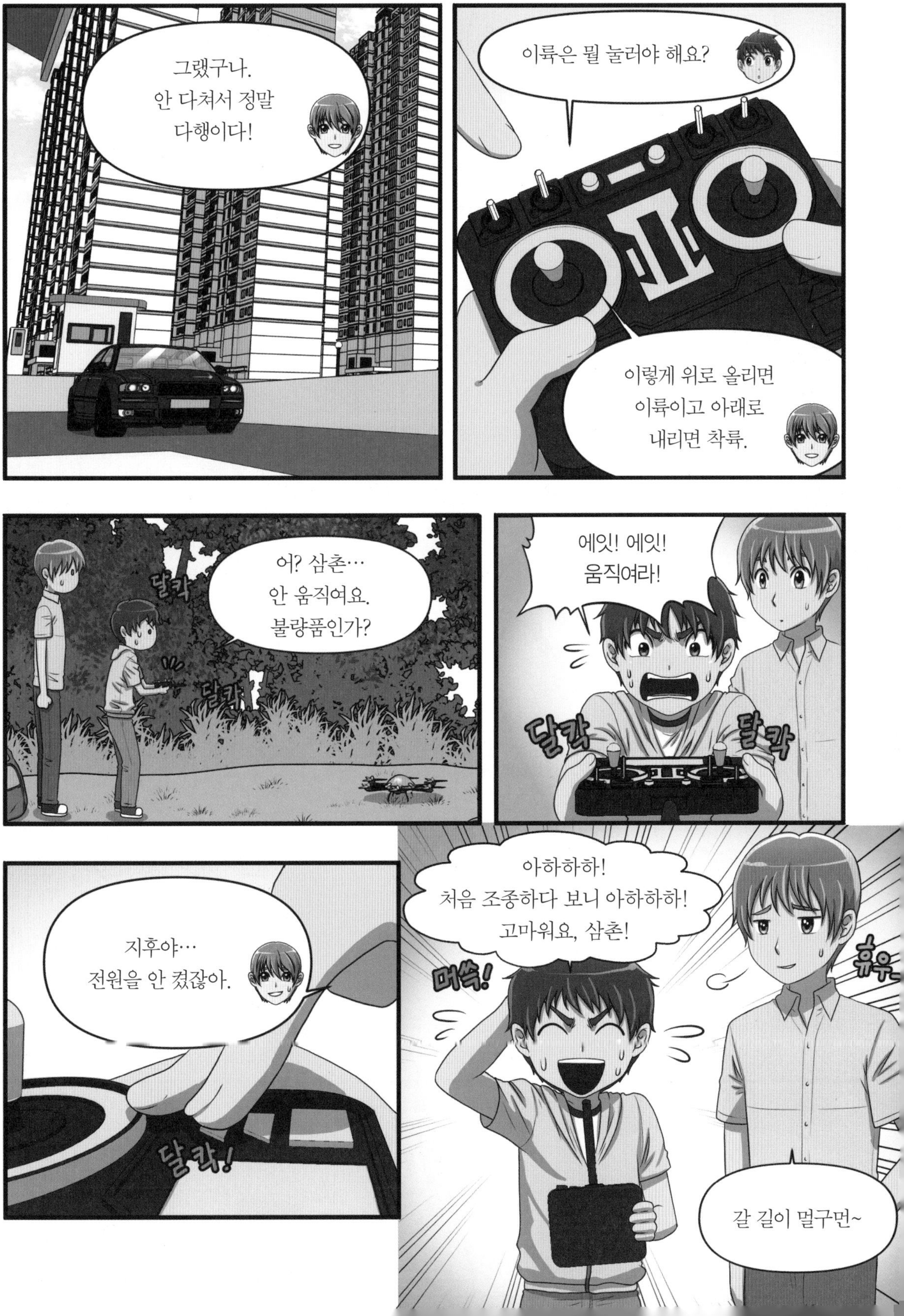
그랬구나.
안 다쳐서 정말
다행이다!
이륙은 뭘 눌러야 해요?
이렇게 위로 올리면
이륙이고 아래로
내리면 착륙.
달칵
어? 삼촌…
안 움직여요.
불량품인가?
달칵
에잇! 에잇!
움직여라!
달칵
달칵
지후야…
전원을 안 켰잖아.
달칵!
아하하하!
처음 조종하다 보니 아하하하!
고마워요, 삼촌!
머쓱!
휴우
갈 길이 멀구먼~

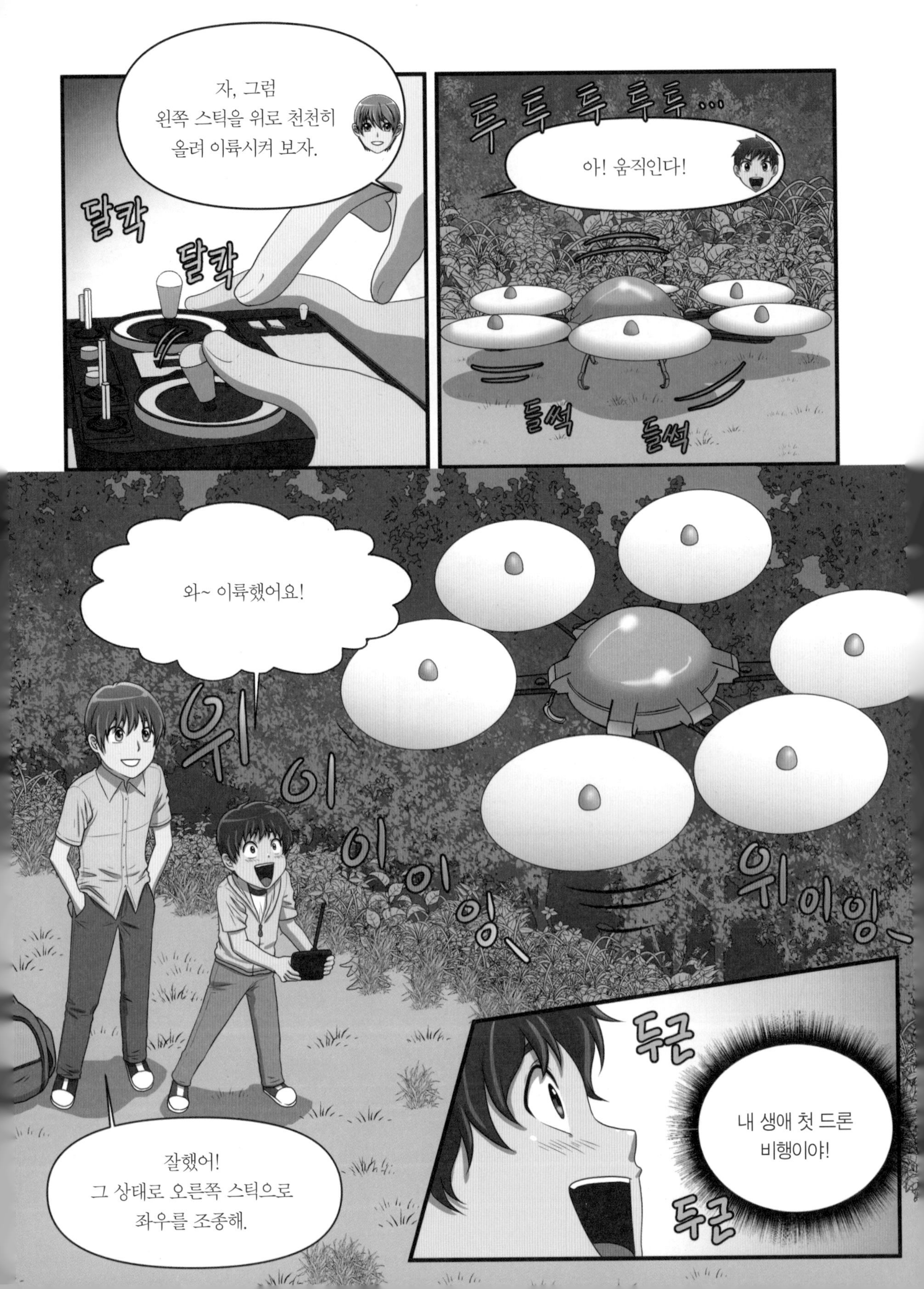

자, 그럼 왼쪽 스틱을 위로 천천히 올려 이륙시켜 보자.
달칵
달칵
투투 투 투투…
아! 움직인다!
들썩
들썩
와~ 이륙했어요!
위이이이잉
위이잉
잘했어! 그 상태로 오른쪽 스틱으로 좌우를 조종해.
두근
내 생애 첫 드론 비행이야!
두근

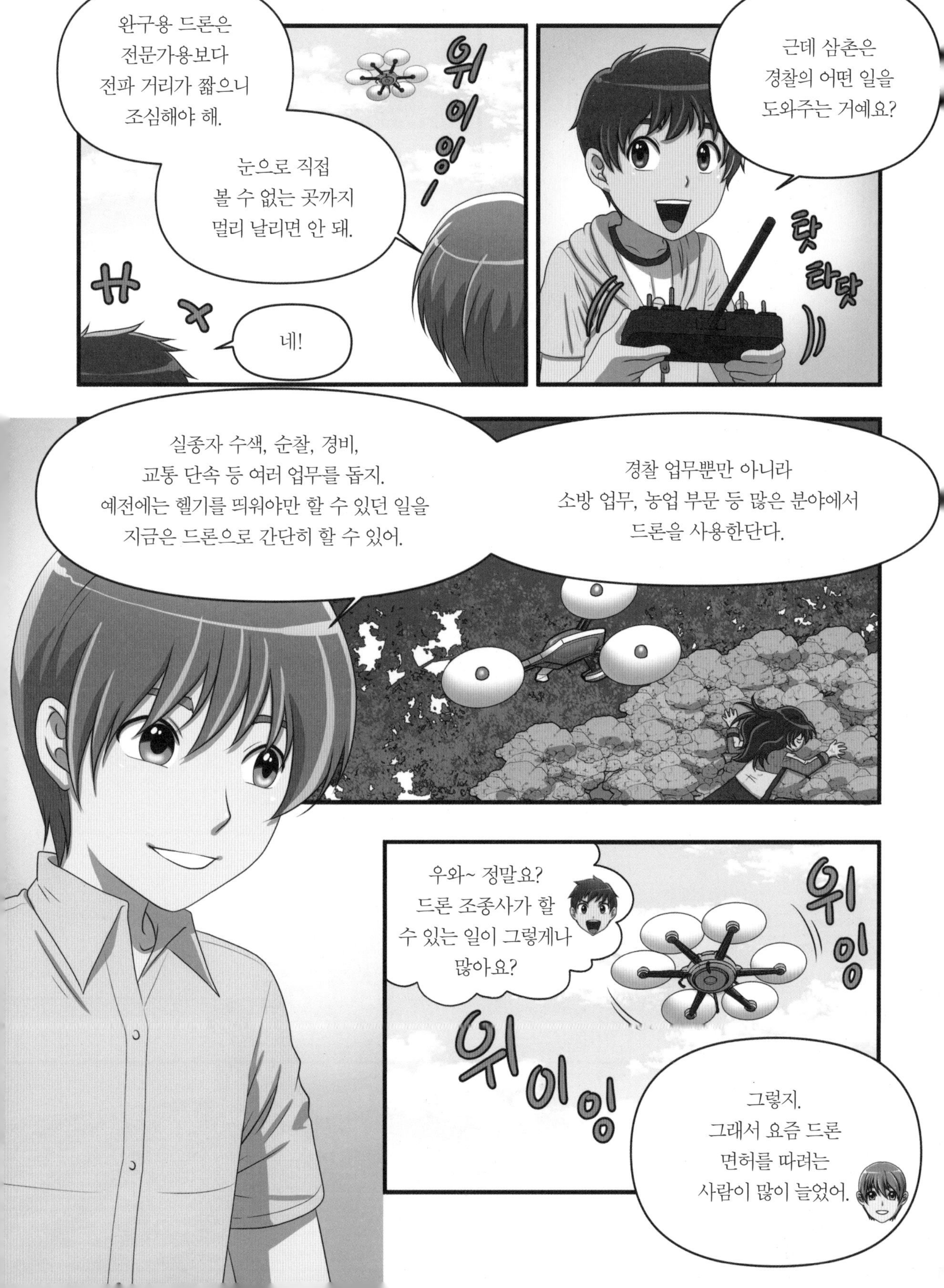
완구용 드론은
전문가용보다
전파 거리가 짧으니
조심해야 해.
위이잉~
눈으로 직접
볼 수 없는 곳까지
멀리 날리면 안 돼.
네!
근데 삼촌은
경찰의 어떤 일을
도와주는 거예요?
탓 타닷
실종자 수색, 순찰, 경비,
교통 단속 등 여러 업무를 돕지.
예전에는 헬기를 띄워야만 할 수 있던 일을
지금은 드론으로 간단히 할 수 있어.
경찰 업무뿐만 아니라
소방 업무, 농업 부문 등 많은 분야에서
드론을 사용한단다.
우와~ 정말요?
드론 조종사가 할
수 있는 일이 그렇게나
많아요?
위잉
위이잉
그렇지.
그래서 요즘 드론
면허를 따려는
사람이 많이 늘었어.

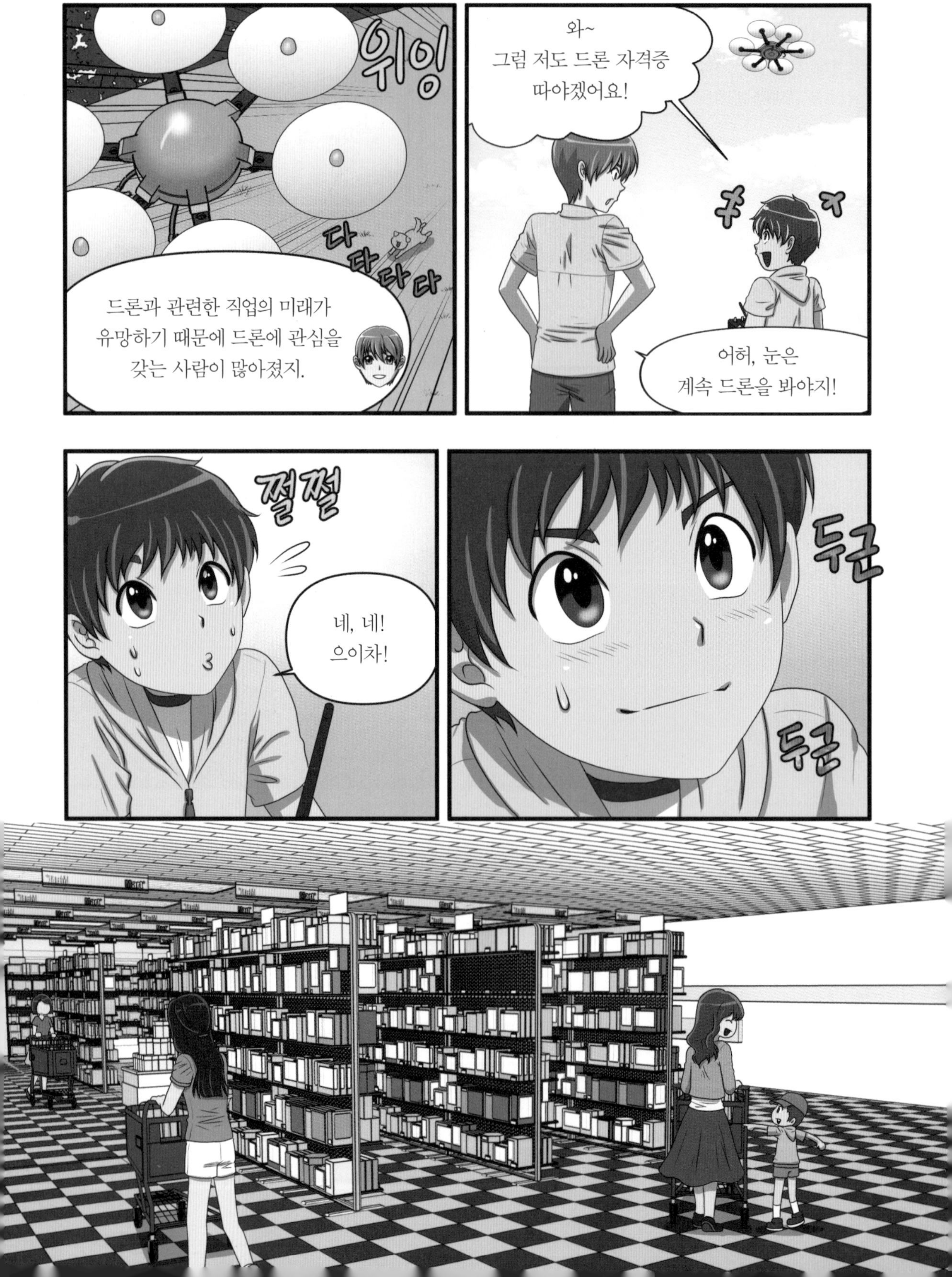
위잉
다다다다다
드론과 관련한 직업의 미래가 유망하기 때문에 드론에 관심을 갖는 사람이 많아졌지.
와~ 그럼 저도 드론 자격증 따야겠어요!
어허, 눈은 계속 드론을 봐야지!
쩔쩔
네, 네! 으이차!
두근
두근

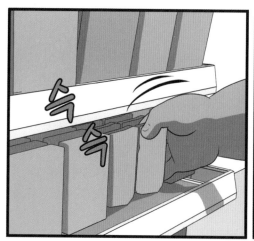

하아… 편의점은 오늘 왜 문을 안 연 거야!

두리번

주섬 주섬

두리번

이런 대형 마트는 피하려고 했는데…

이 마스크 너무 작아!

깡 깡

답답해 죽겠네!

포인트 적립하시겠어요?

삑 삑

얼른 나가서 잠깐이라도 벗어야지.

삑 삑

아뇨, 괜찮습니다.

으, 무거워. 이걸 들고 산까지 어떻게 올라가지?

끙~

두

둥

미술관 방화 및 도둑 용의자

현상금 20,000,000 원

헉! 얼른 나가자!

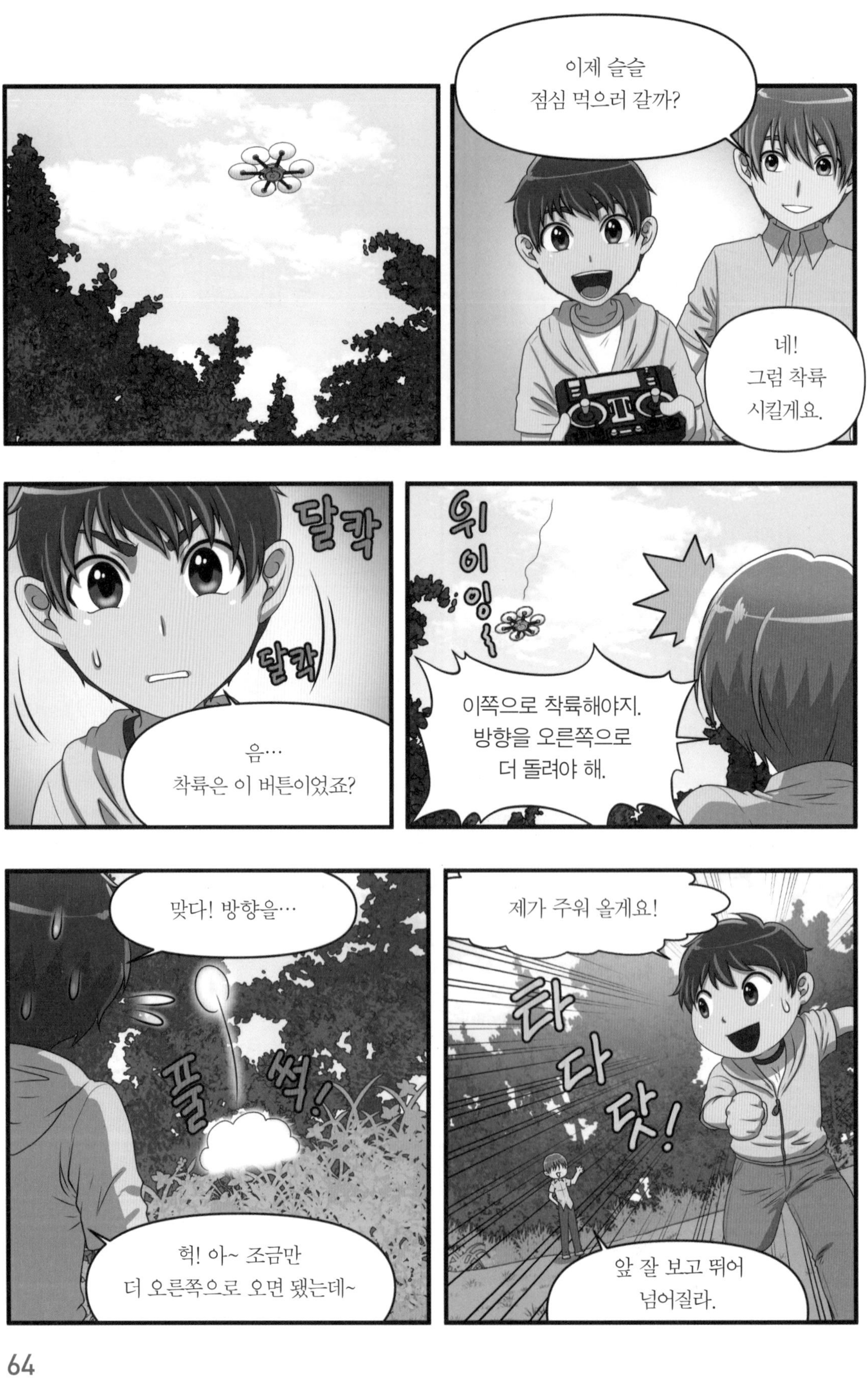
이제 슬슬
점심 먹으러 갈까?
네!
그럼 착륙
시킬게요.
달칵
달칵
음…
착륙은 이 버튼이었죠?
위이잉~
이쪽으로 착륙해야지.
방향을 오른쪽으로
더 돌려야 해.
맞다! 방향을…
풀썩!
헉! 아~ 조금만
더 오른쪽으로 오면 됐는데~
제가 주워 올게요!
타다닷!
앞 잘 보고 뛰어
넘어질라.

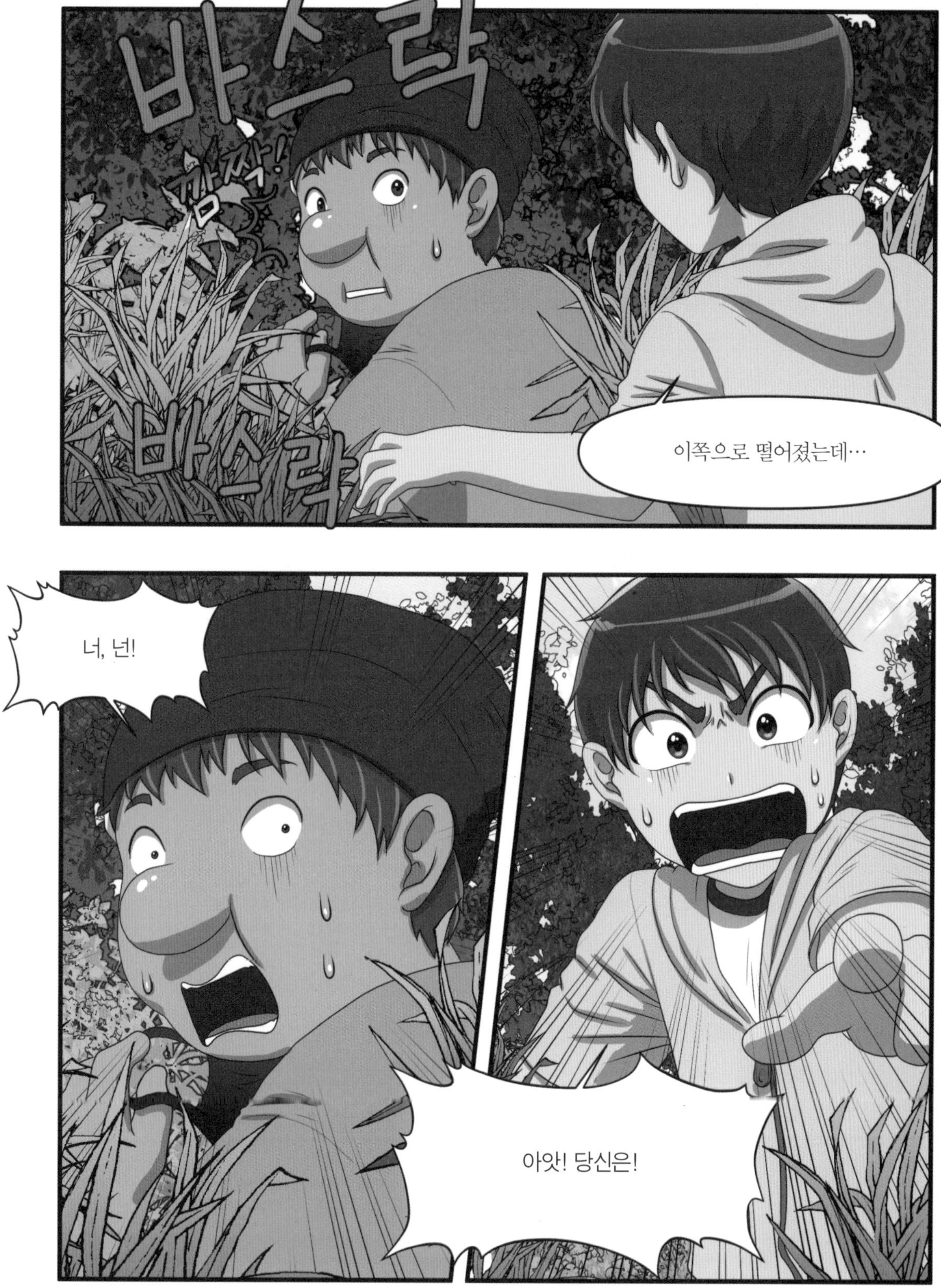
바스락
깜짝!
바스락
이쪽으로 떨어졌는데…
너, 넌!
아앗! 당신은!

정보 더하기

드론의 구동 형태에 따른 분류

드론은 구동 형태에 따라 날개가 기체에 수평으로 붙어 있는 고정익형과 헬리콥터와 같이 로터(회전 날개)를 이용하는 회전익형, 로터를 기울일 수 있는 혼합형(틸트로터)으로 나뉘어요.

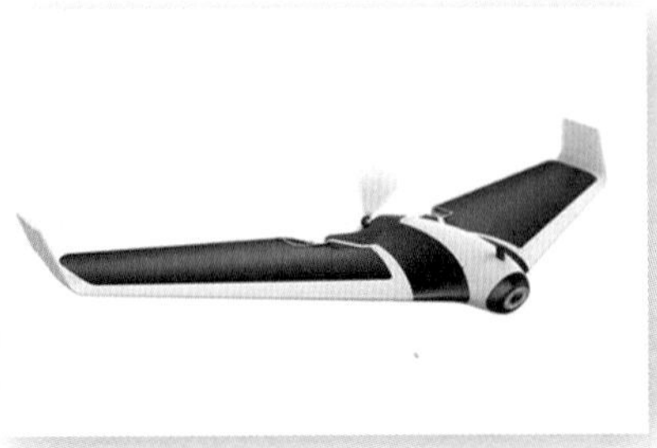

★ 고정익형

일반 비행기처럼 생겼으며 고정된 날개에서 발생하는 양력으로 비행해요. 장거리 비행이 필요한 군사 분야와 산업 시설 점검 등의 분야에 사용해요.

● 장점

① 오랜 시간 비행할 수 있어요. ② 높은 고도에서 비행할 수 있어요.
③ 비행 속도가 빨라요. ④ 넓은 지역을 촬영할 수 있어요.

● 단점

① 활주로가 필요해요. ② 항공 촬영 시 해상도가 떨어져요.

★ 회전익형

단일 로터와 로터가 2개 이상인 멀티 로터로 나뉘어요. 안정적으로 비행하기 위해서는 최소한 4개의 로터가 필요하며, 로터가 6개 달린 헥사로터와 로터가 8개 달린 옥타로터가 있어요. 수색 및 구조, 산불 감시, 소형 물품 배달, 동영상 촬영 등에 이용해요.

- 장점
  ① 수직으로 이착륙이 가능하여 직선으로 고도 상승이 가능해요.
  ② 방향 전환을 자유롭게 할 수 있으며 좁은 공간에서 정교한 비행이 가능해요.
  ③ 정확한 호버링을 하여 영상 촬영하는 데 가장 적합해요.

- 단점
  ① 적재 중량이 적어요.   ② 30분 이내로 비행시간이 짧아요.

★ 혼합형
회전 날개를 기울일 수 있도록 고안했어요. 군용, 감시 장치, 통신 중계용으로 사용해요.

- 장점
  ① 수평 상태에서 고정익처럼 고속으로 비행하며 비행 능력이 우수해요.
  ② 수직 상태에서 회전익의 헬기처럼 수직 이착륙이 가능해요.

- 단점
  ① 조종 및 운용이 복잡해요.
  ② 고정익형, 회전익형 드론에 비해 제작비가 많이 들어요.

드론으로 도둑을 추격하라!

너, 넌 그때 그 꼬맹이!

후다닥

보석 도둑!

첫!

타

닷!

앗! 거기 서!

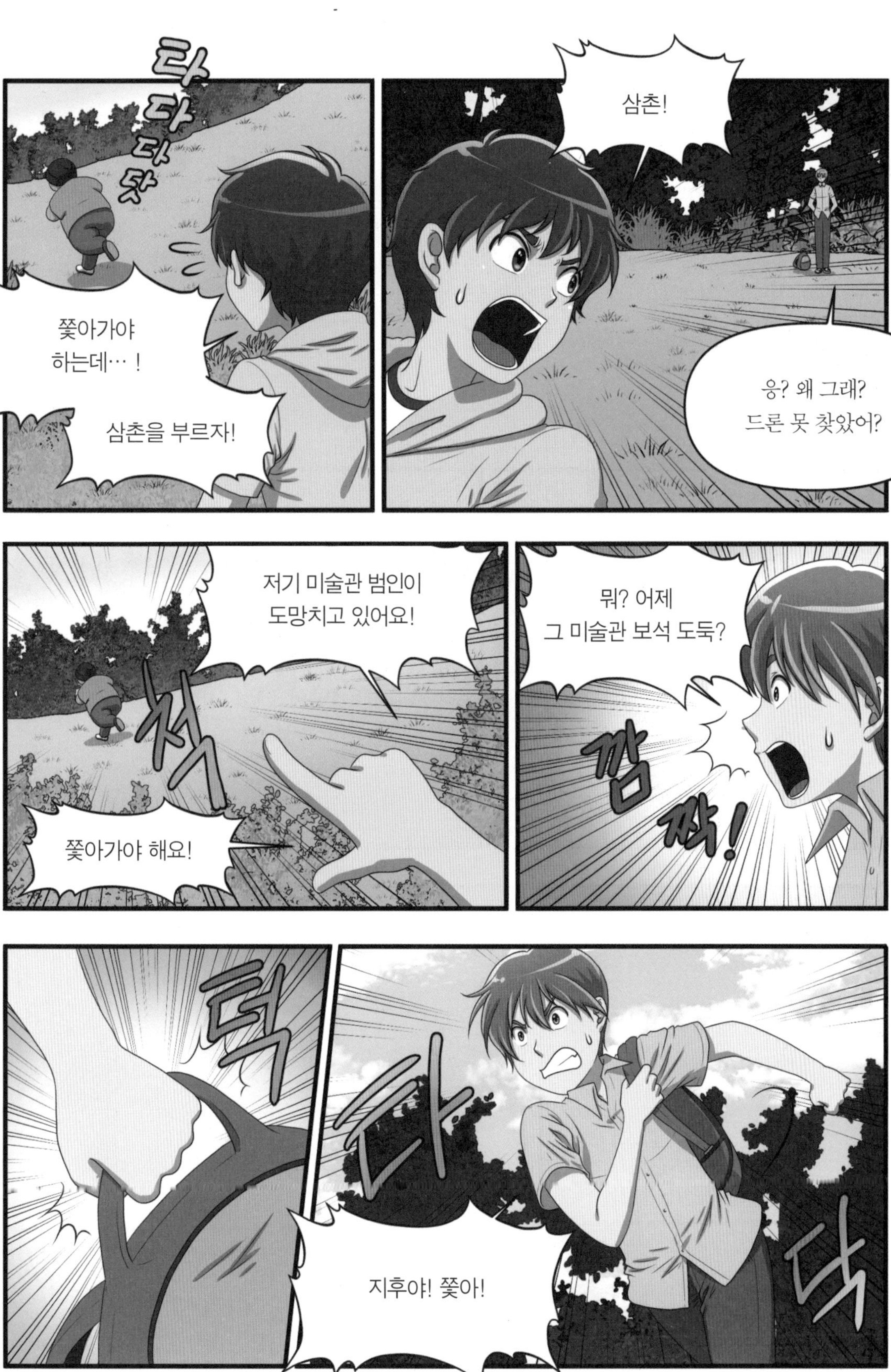

타다다닷
쫓아가야 하는데… !
삼촌을 부르자!
삼촌!
응? 왜 그래? 드론 못 찾았어?
저기 미술관 범인이 도망치고 있어요!
척
쫓아가야 해요!
뭐? 어제 그 미술관 보석 도둑?
깜짝!
턱
다다닥
지후야! 쫓아!

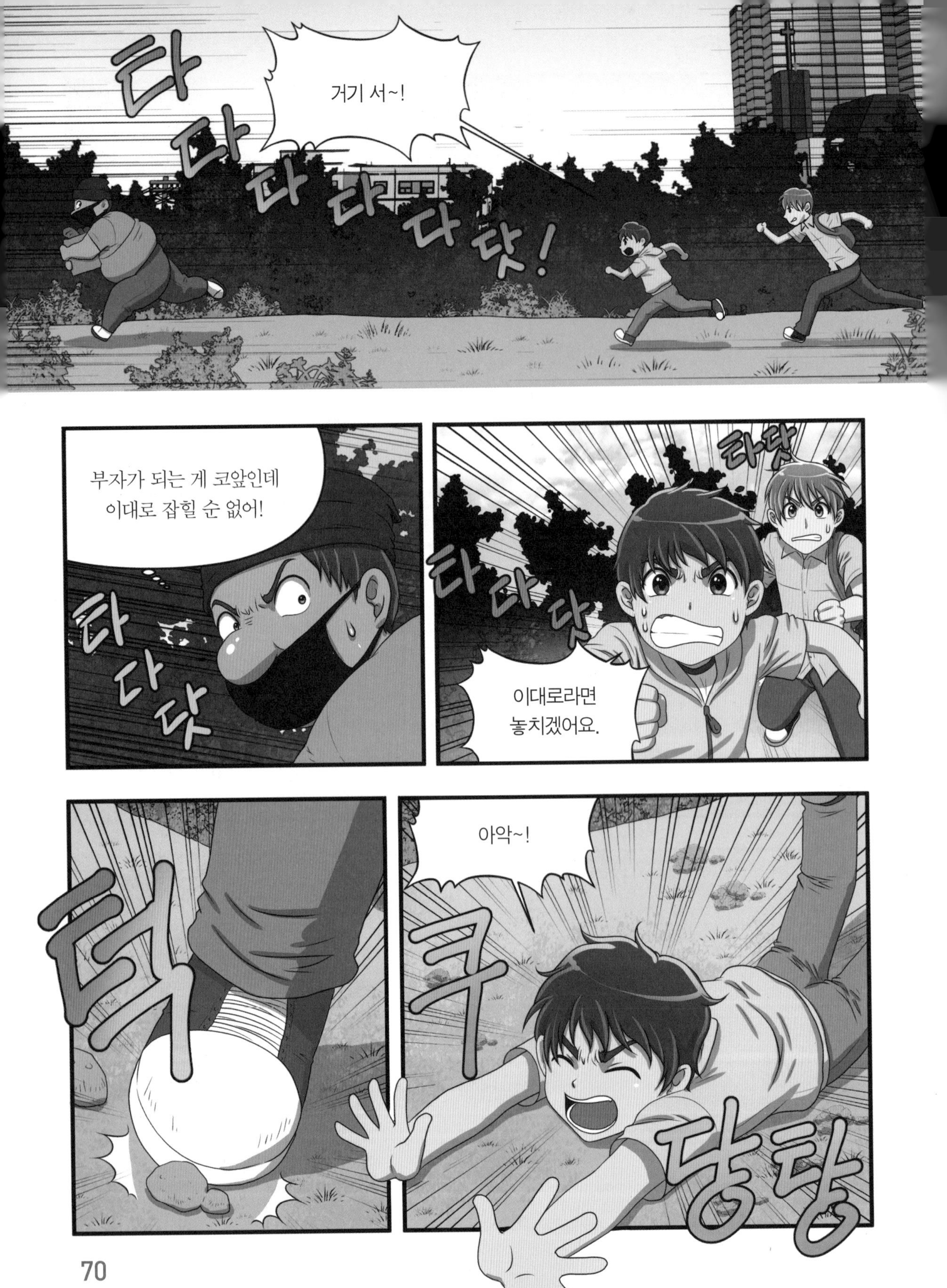

타다다다다닷!
거기 서~!
부자가 되는 게 코앞인데
이대로 잡힐 순 없어!
타다닷
타닷
타다닷
이대로라면
놓치겠어요.
턱
아악~!
쿠
당탕

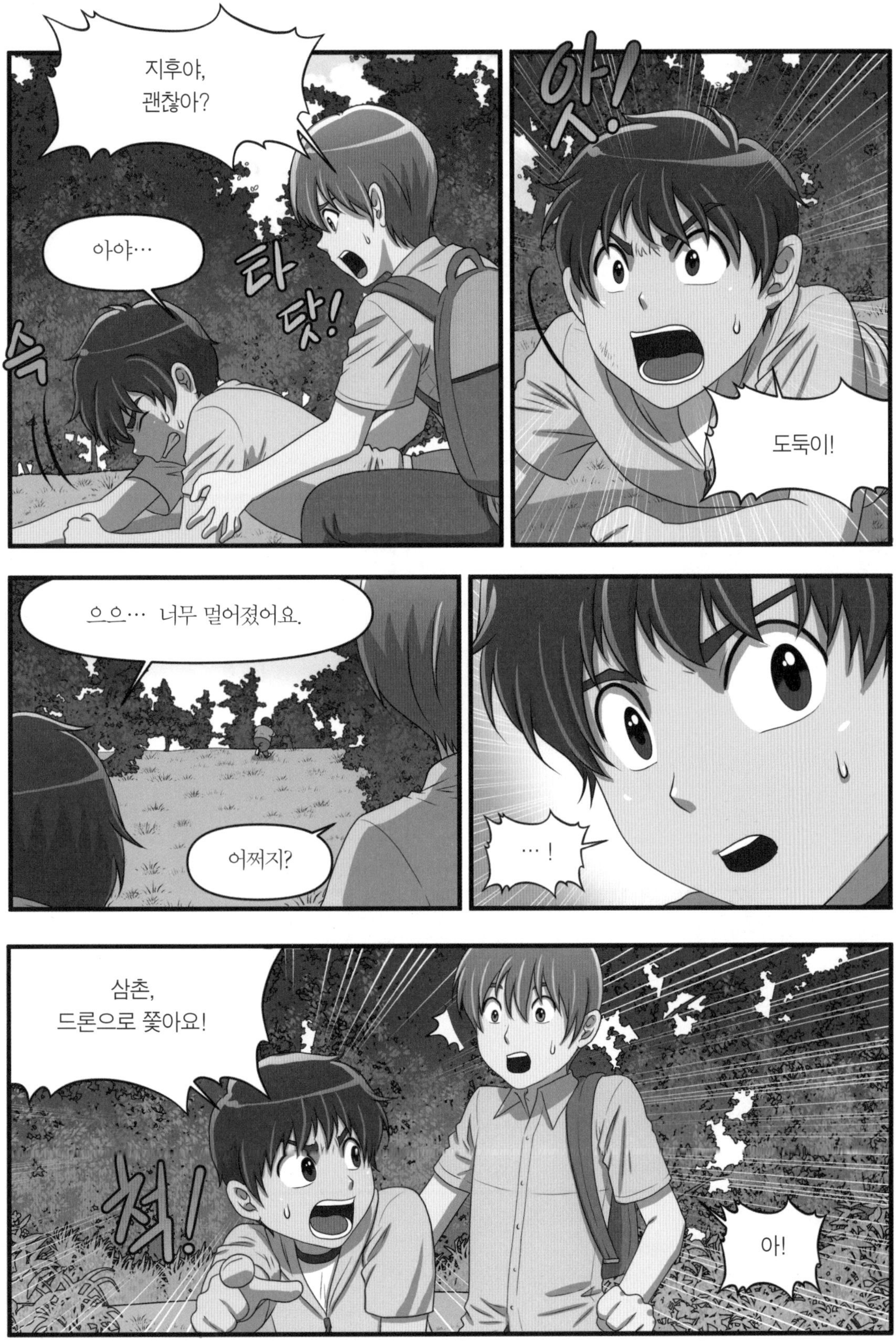
지후야,
괜찮아?
타닷!
아야…
슥
앗!
도둑이!
으으… 너무 멀어졌어요.
어쩌지?
…!
삼촌,
드론으로 쫓아요!
척!
아!

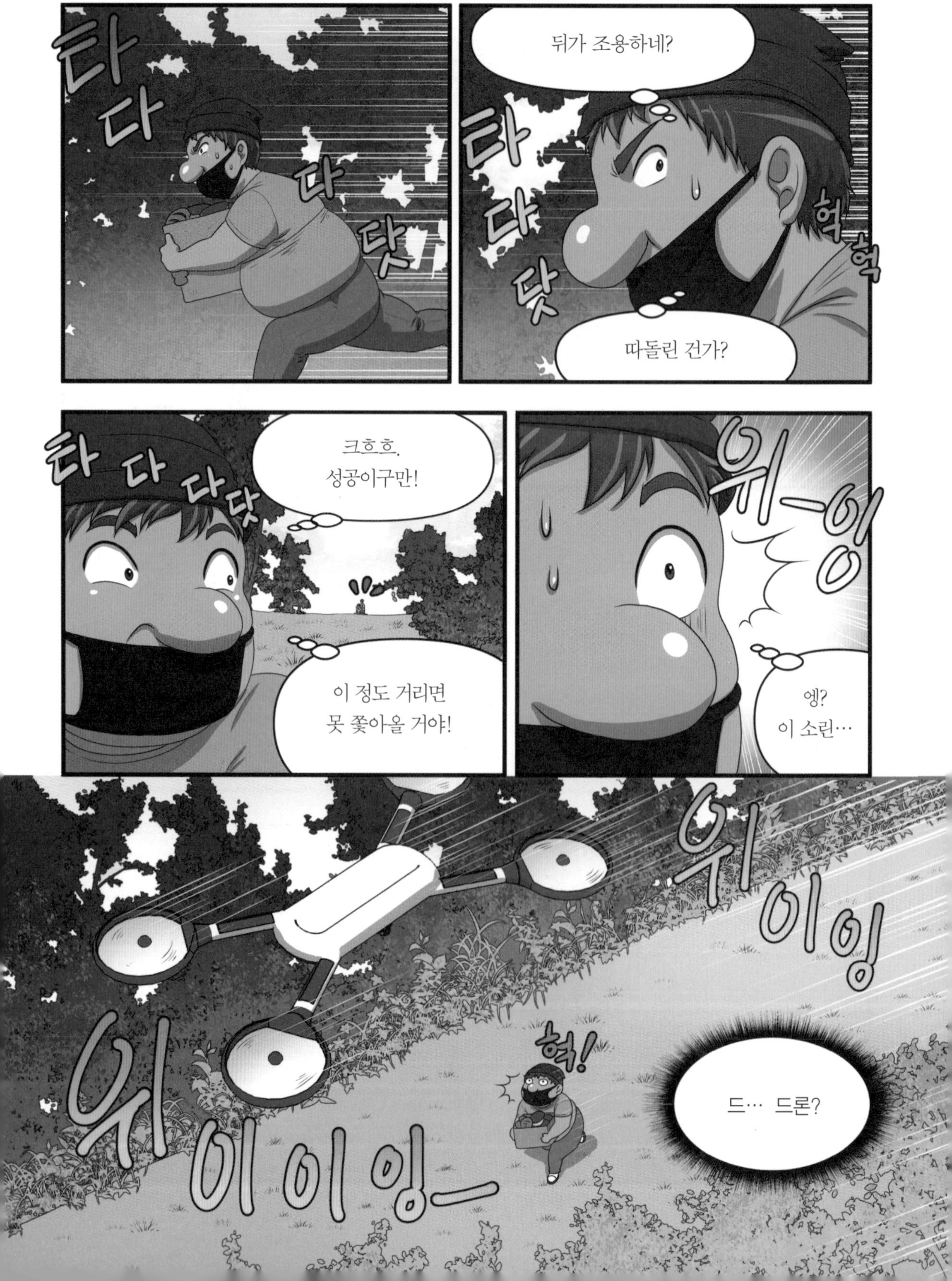

타
다
다
닷
뒤가 조용하네?
타
다
닷
헉
헉
따돌린 건가?
타
다
다
닷
크흐흐.
성공이구만!
이 정도 거리면
못 쫓아올 거야!
위―잉
엥?
이 소린…
위이이잉
헉!
위이이이잉―
드… 드론?

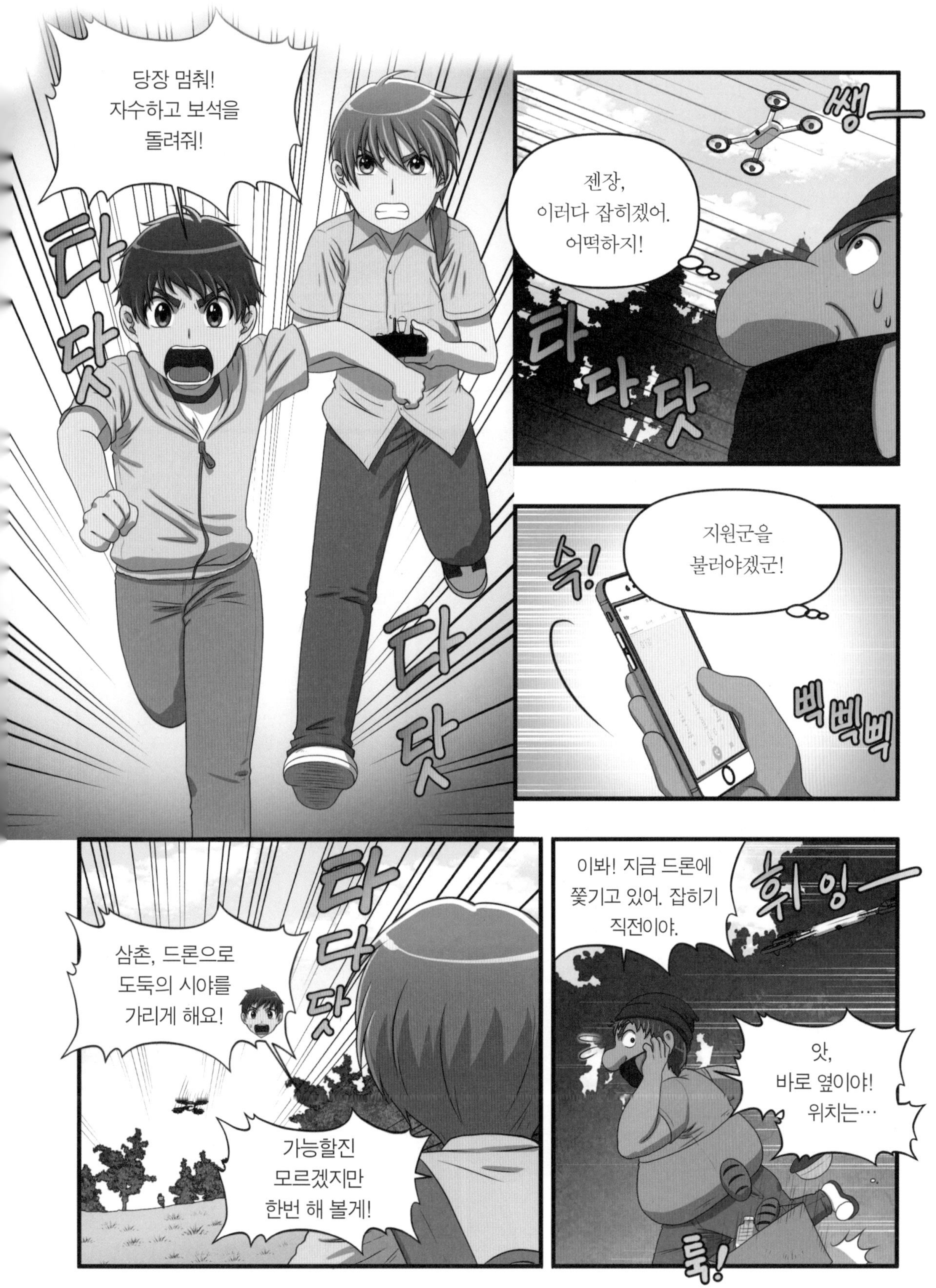
당장 멈춰!
자수하고 보석을
돌려줘!
타닷
타닷
쌩―
젠장,
이러다 잡히겠어.
어떡하지!
타다닷
쓱!
지원군을
불러야겠군!
삑삑삑
타다닷
삼촌, 드론으로
도둑의 시야를
가리게 해요!
가능할진
모르겠지만
한번 해 볼게!
이봐! 지금 드론에
쫓기고 있어. 잡히기
직전이야.
휘잉―
앗,
바로 옆이야!
위치는…
툭!

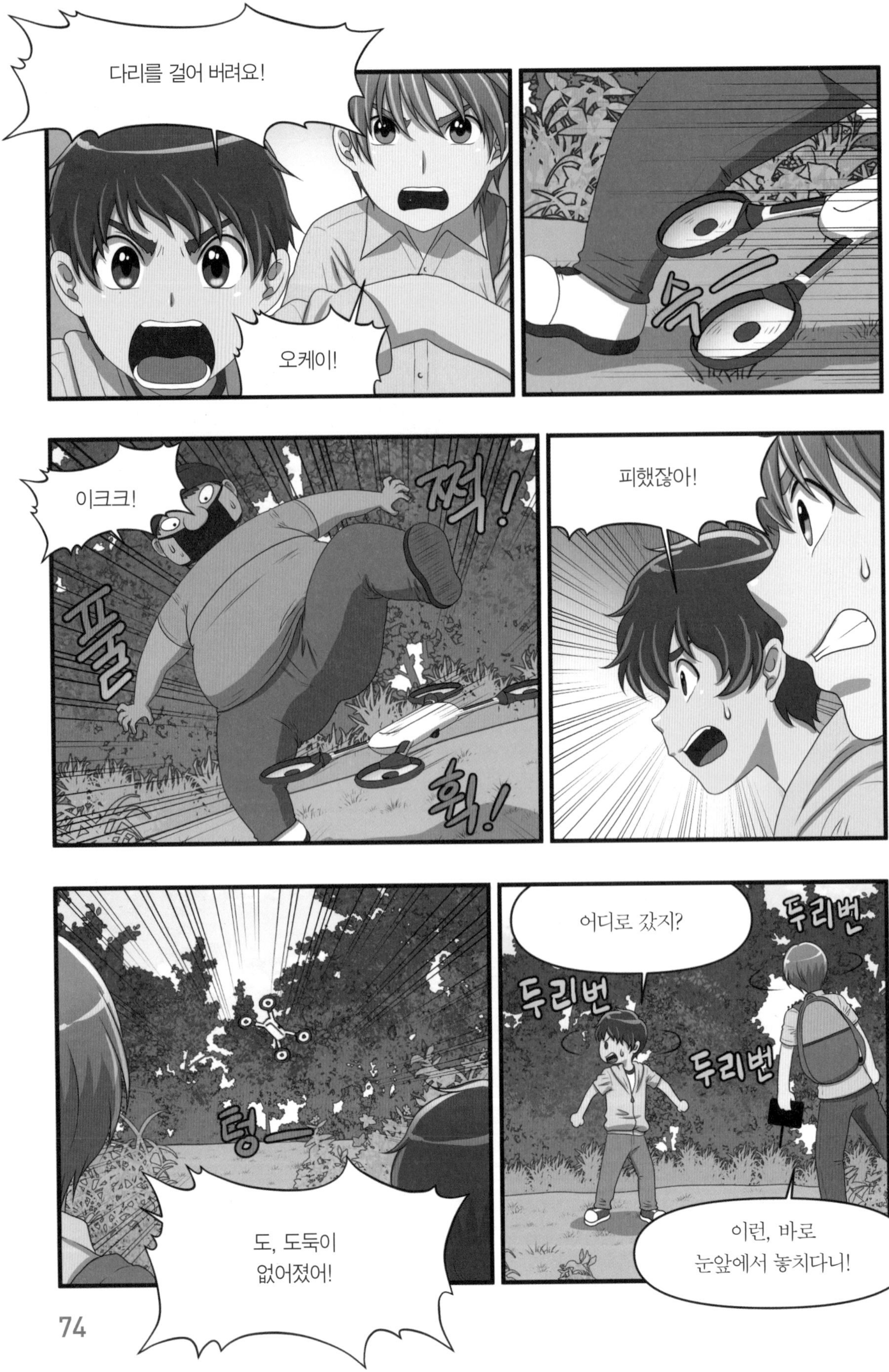
다리를 걸어 버려요!
오케이!
슥
이크크!
쩍!
휙!
피했잖아!
텅—
도, 도둑이
없어졌어!
어디로 갔지?
두리번
두리번
두리번
이런, 바로
눈앞에서 놓치다니!

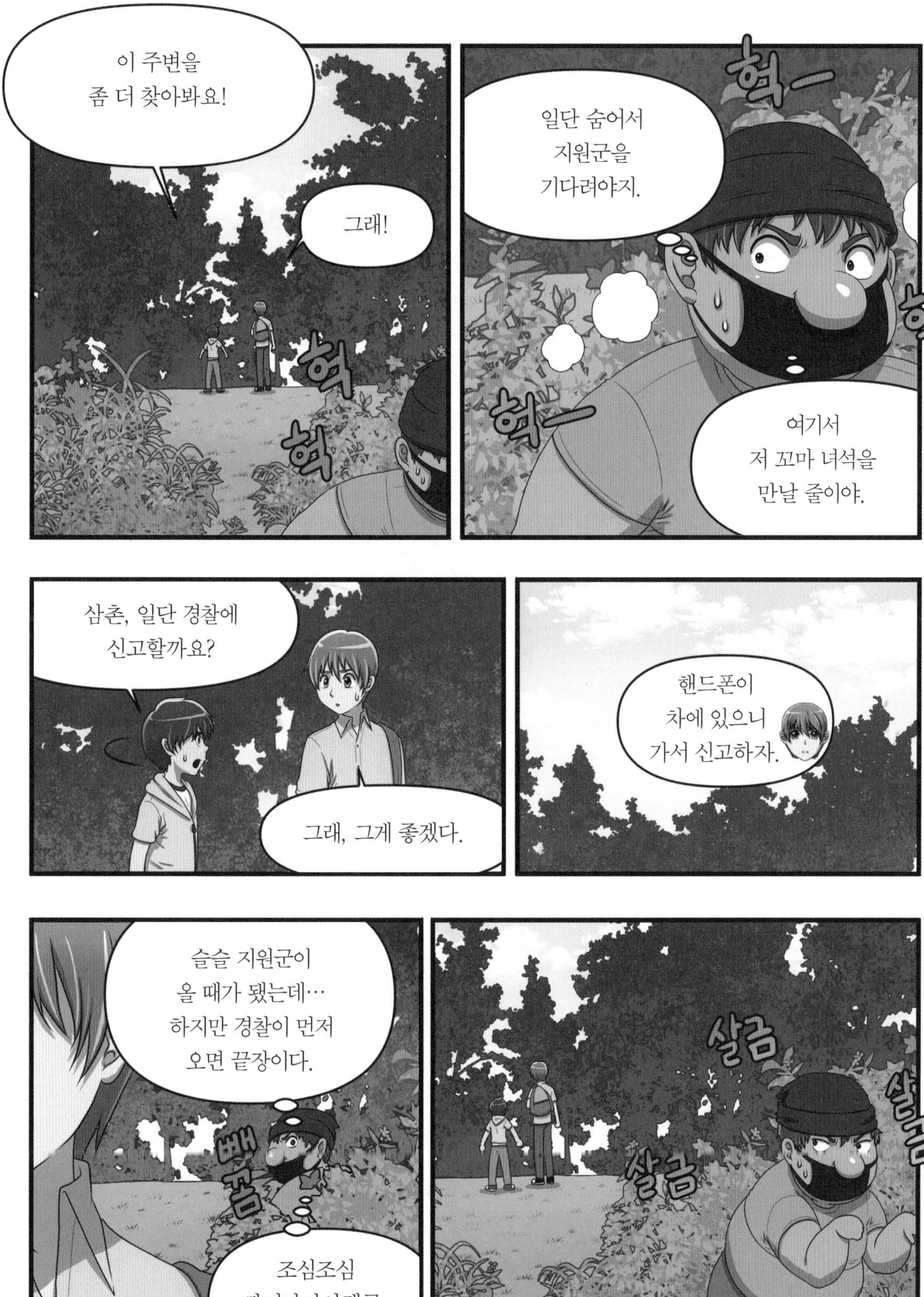
이 주변을
좀 더 찾아봐요!
그래!
헉
헉
헉—
일단 숨어서
지원군을
기다려야지.
헉—
헉—
여기서
저 꼬마 녀석을
만날 줄이야.
삼촌, 일단 경찰에
신고할까요?
그래, 그게 좋겠다.
핸드폰이
차에 있으니
가서 신고하자.
슬슬 지원군이
올 때가 됐는데…
하지만 경찰이 먼저
오면 끝장이다.
빼꼼
조심조심
빠져나가야겠군.
살금
살금
살금

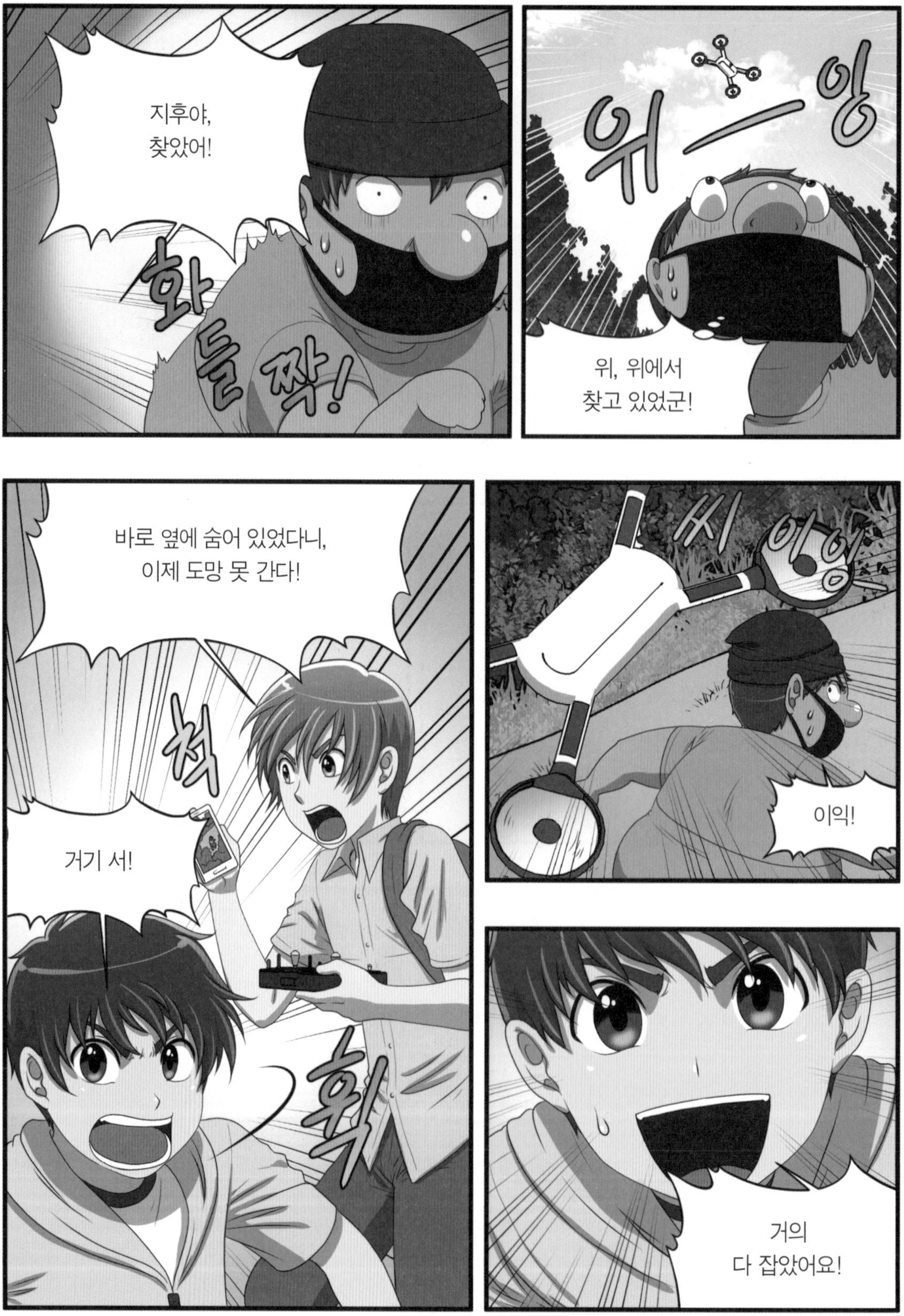
지후야,
찾았어!
화들짝!
위—잉
위, 위에서
찾고 있었군!
바로 옆에 숨어 있었다니,
이제 도망 못 간다!
척
거기 서!
휙
씨이잉
이익!
거의
다 잡았어요!

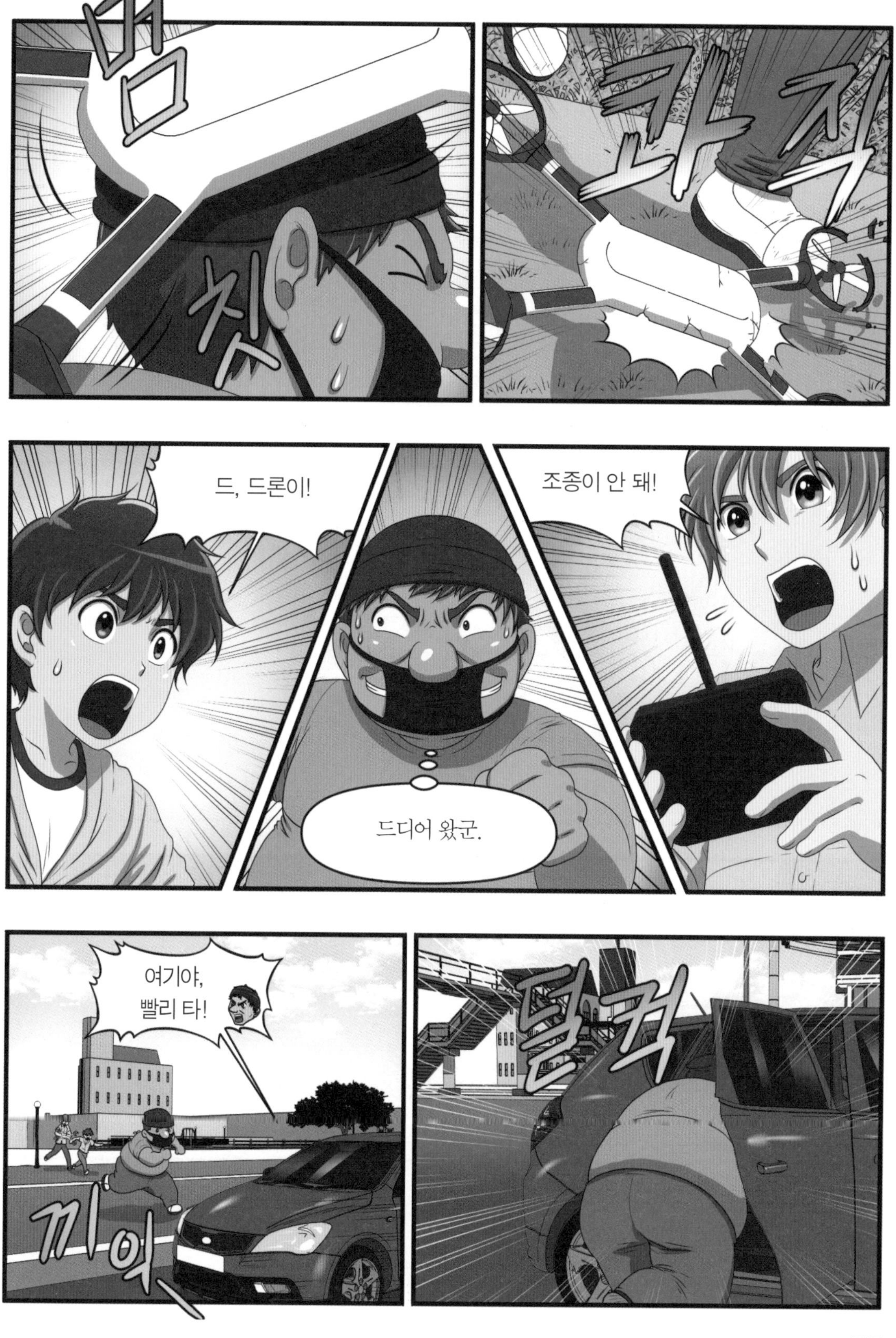

펑
칭
카지직
드, 드론이!
드디어 왔군.
조종이 안 돼!
여기야,
빨리 타!
끼익
덜컥

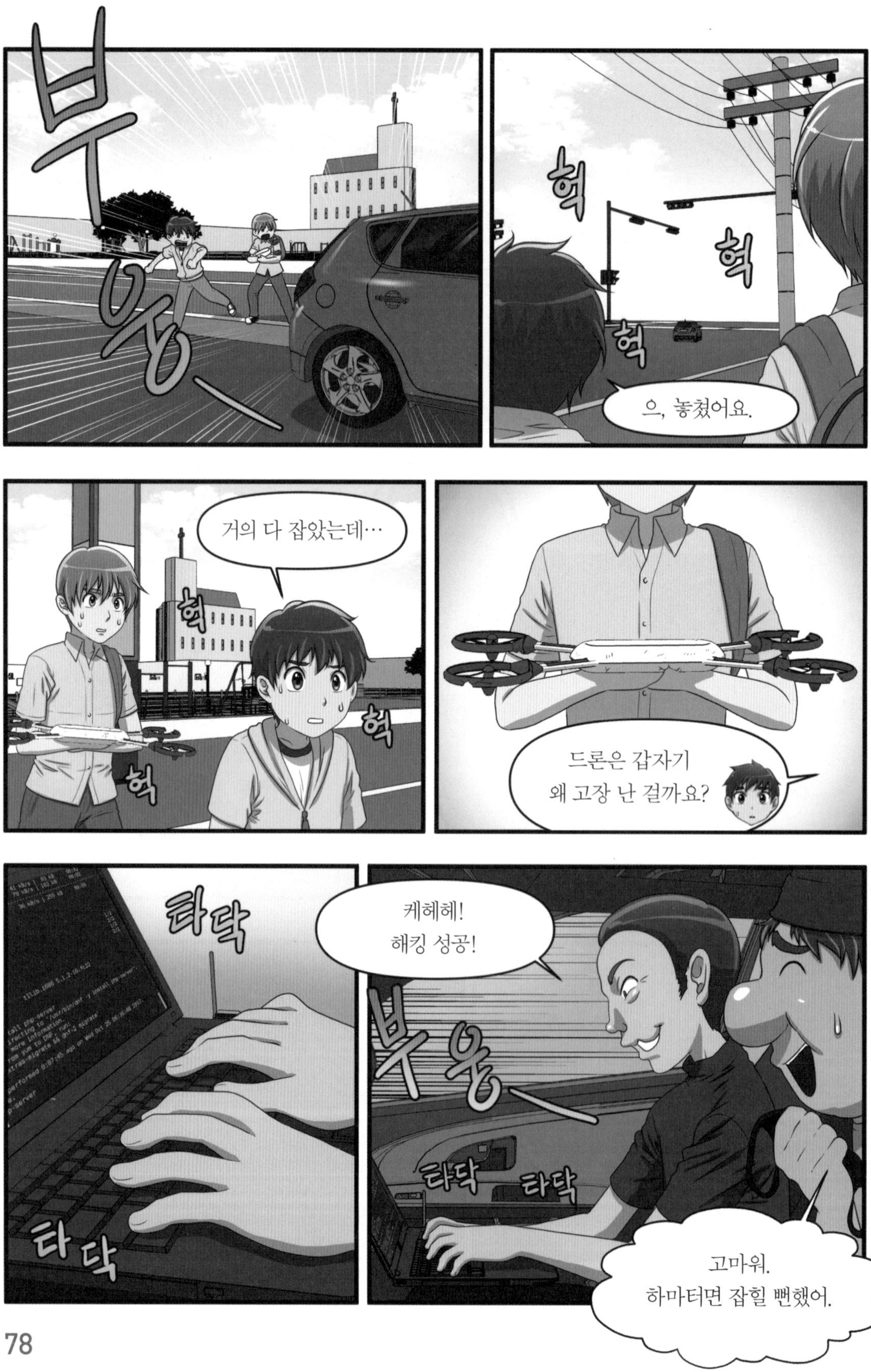
부웅—
헉
헉
헉
으, 놓쳤어요.
거의 다 잡았는데…
헉
헉
헉
드론은 갑자기 왜 고장 난 걸까요?
타닥
타닥
케헤헤! 해킹 성공!
부웅—
타닥
타닥
고마워. 하마터면 잡힐 뻔했어.

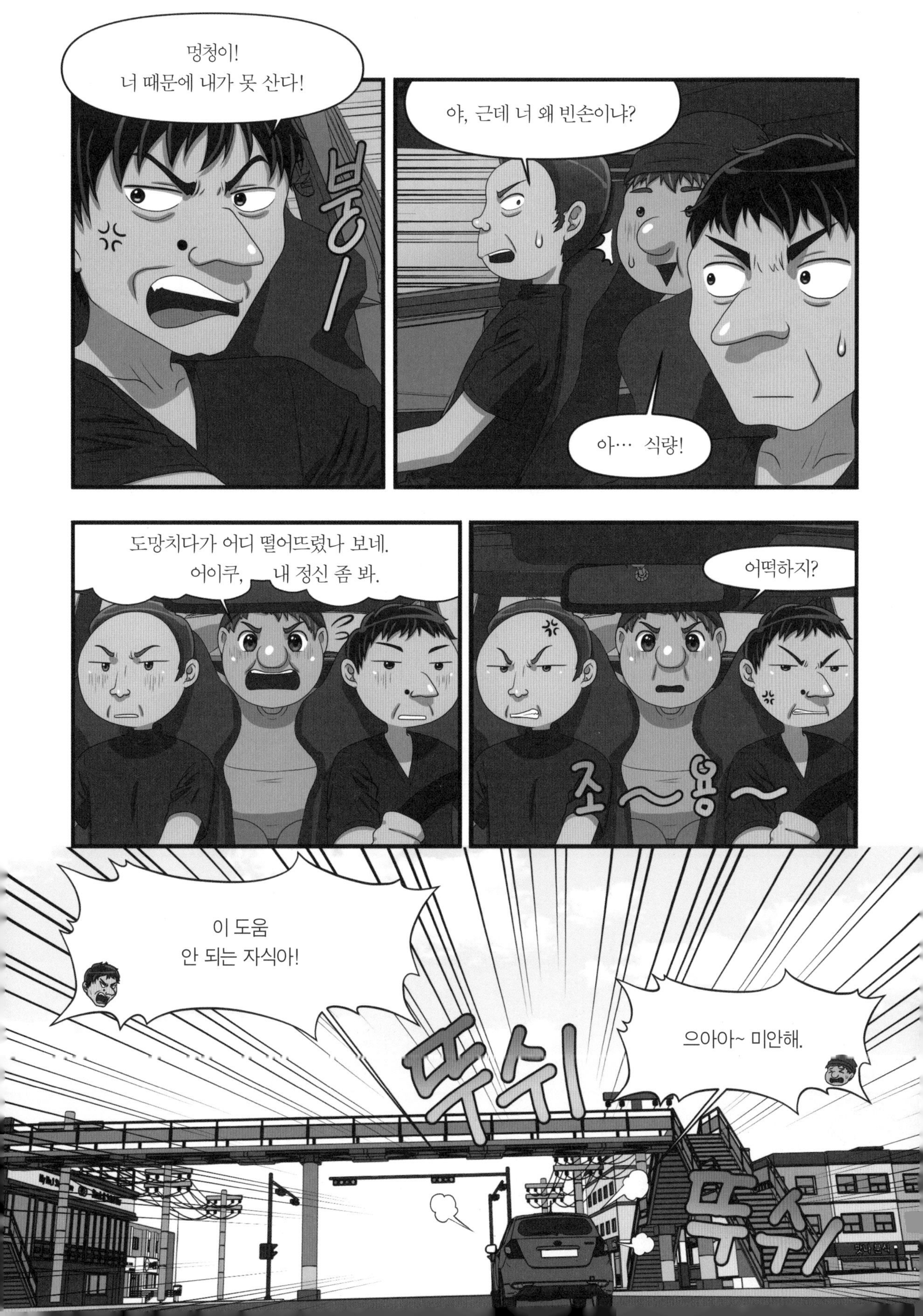
멍청이!
너 때문에 내가 못 산다!
붕~
야, 근데 너 왜 빈손이냐?
아… 식량!
도망치다가 어디 떨어뜨렸나 보네.
어이쿠, 내 정신 좀 봐.
어떡하지?
조~용~
이 도움
안 되는 자식아!
으아아~ 미안해.
뚜쉬
뚜쉬

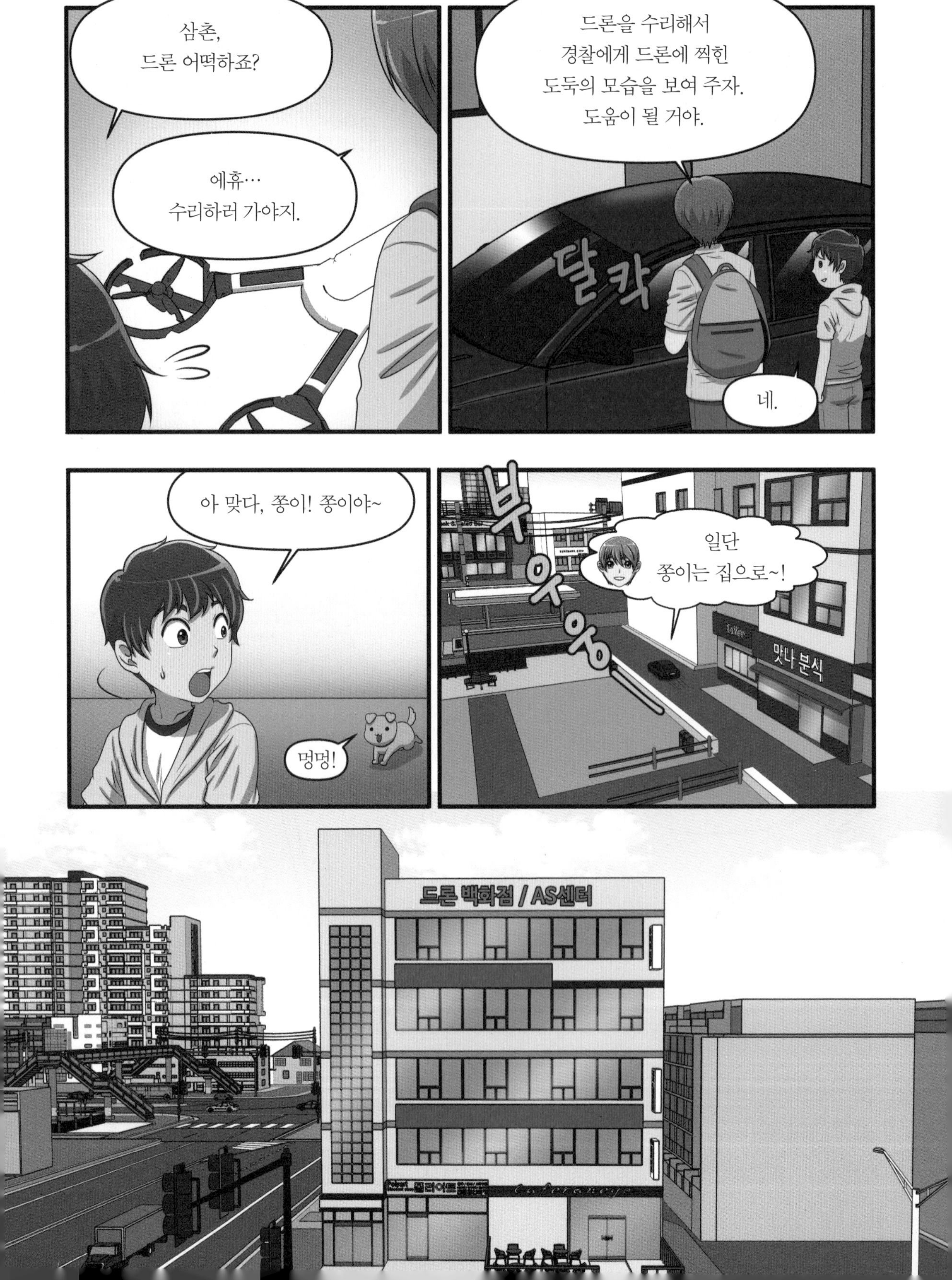
삼촌,
드론 어떡하죠?
에휴…
수리하러 가야지.
드론을 수리해서 경찰에게 드론에 찍힌 도둑의 모습을 보여 주자. 도움이 될 거야.
달칵
네.
아 맞다, 쫑이! 쫑이야~
멍멍!
부우웅
일단 쫑이는 집으로~!
맛나 분식
드론 백화점 / AS센터

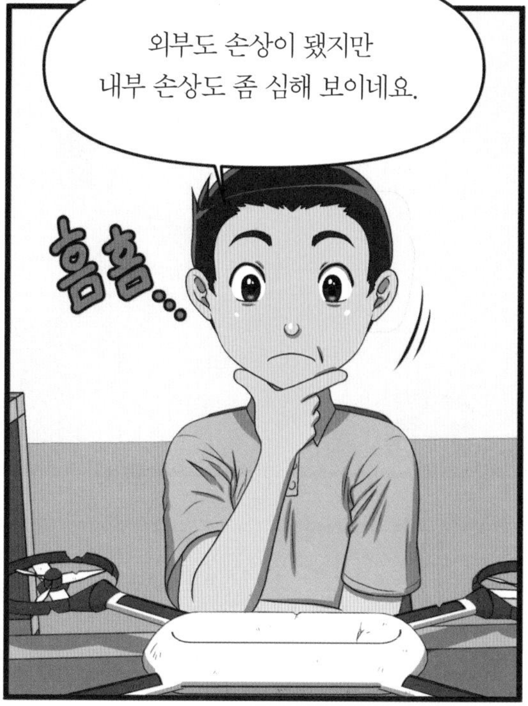
외부도 손상이 됐지만
내부 손상도 좀 심해 보이네요.
흠흠…

드론 수리전문가

드론을 전문적으로 수리하는 일을 해요. 파손된 드론의 기체나 부품 등을 수리해요. 드론의 종류가 다양해지고 발전함에 따라 드론을 수리하는 전문가도 그만큼 필요하지요. 드론 수리 전문가가 되려면 기계 공학이나 소프트웨어 공학을 전공하면 도움이 돼요.

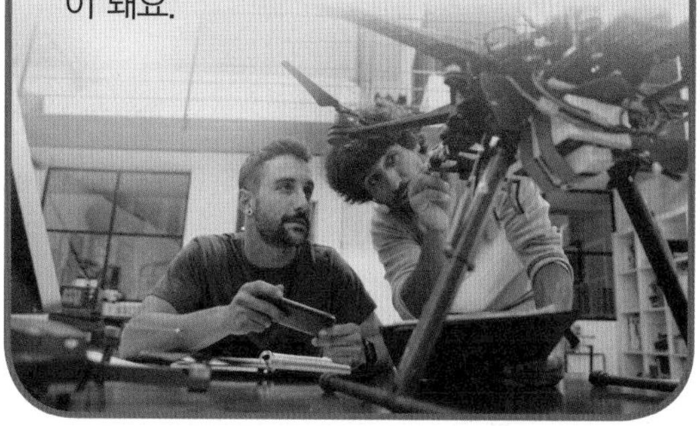

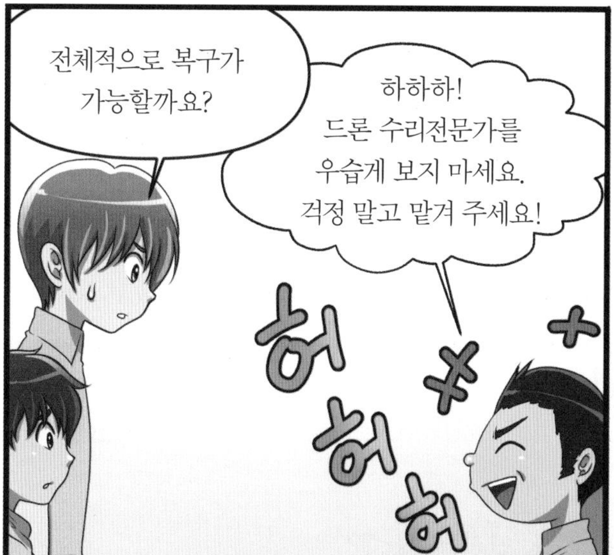
전체적으로 복구가
가능할까요?
하하하!
드론 수리전문가를
우습게 보지 마세요.
걱정 말고 맡겨 주세요!
허허허
잘 부탁드립니다.

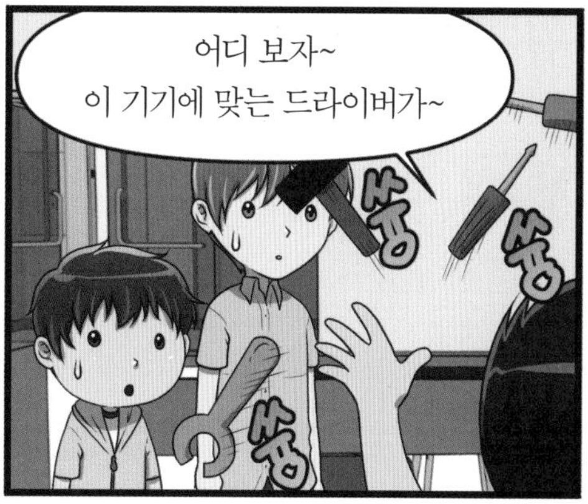
어디 보자~
이 기기에 맞는 드라이버가~
슝
슝
슝

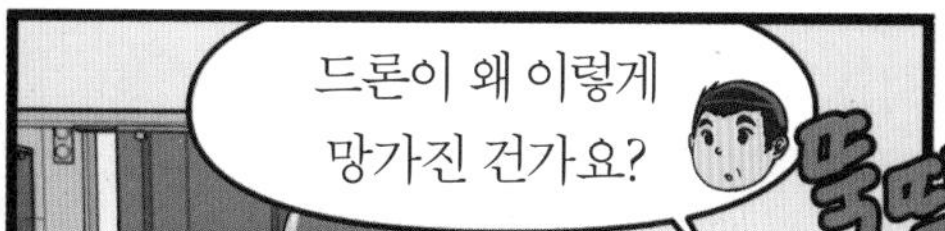
드론이 왜 이렇게
망가진 건가요?
뚝딱
뚝딱
누군가를
추격하다가
그만…

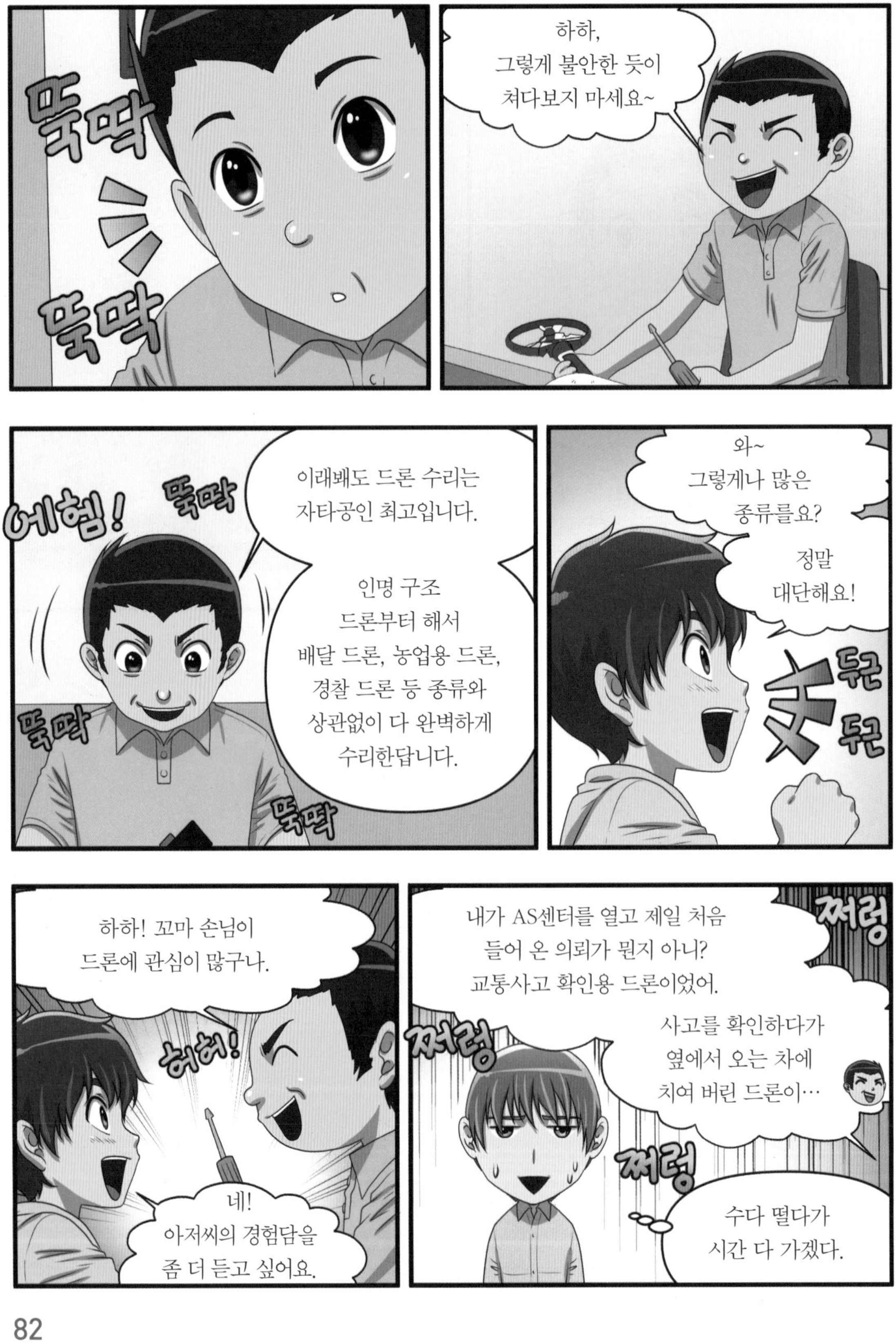
뚝딱
뚝딱
하하,
그렇게 불안한 듯이
쳐다보지 마세요~
에헴!
뚝딱
이래봬도 드론 수리는
자타공인 최고입니다.
인명 구조
드론부터 해서
배달 드론, 농업용 드론,
경찰 드론 등 종류와
상관없이 다 완벽하게
수리한답니다.
뚝딱
뚝딱
와~
그렇게나 많은
종류를요?
정말
대단해요!
두근
두근
하하! 꼬마 손님이
드론에 관심이 많구나.
허허!
네!
아저씨의 경험담을
좀 더 듣고 싶어요.
내가 AS센터를 열고 제일 처음
들어 온 의뢰가 뭔지 아니?
교통사고 확인용 드론이었어.
쩌렁
쩌렁
사고를 확인하다가
옆에서 오는 차에
치여 버린 드론이…
쩌렁
수다 떨다가
시간 다 가겠다.

드론의 다양한 쓰임새

1. **조기 경보:** 지진 경보, 태풍 감지, 홍수 경보, 해일 예측, 산불 경보
2. **비상 서비스:** 실종자 수색, 인명 구조, 밀렵 방지, 교통사고 확인
3. **뉴스 보고:** 사건 사고 감시 보고, 실시간 교통 흐름 보고, 공기질 측정
4. **배달:** 우편물과 택배 배달, 식료품 배달, 반송 서비스
5. **사업 활동 감시:** 건물 현장 감시, 건물 열손실 감지
6. **농업과 목축:** 파종, 진드기 추적, 곡식 질병 조기 감지, 농약 살포, 가축 감시

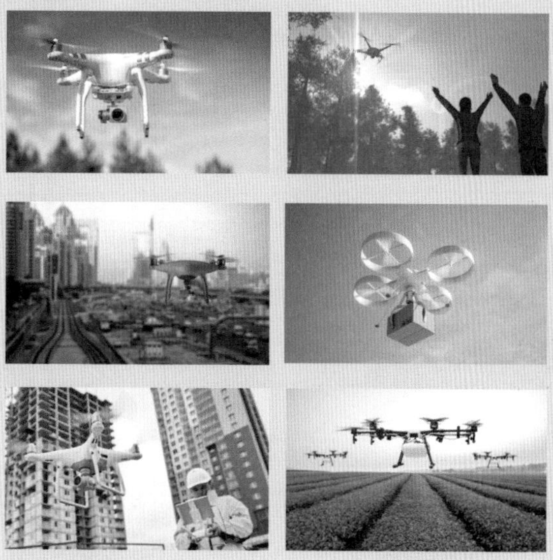

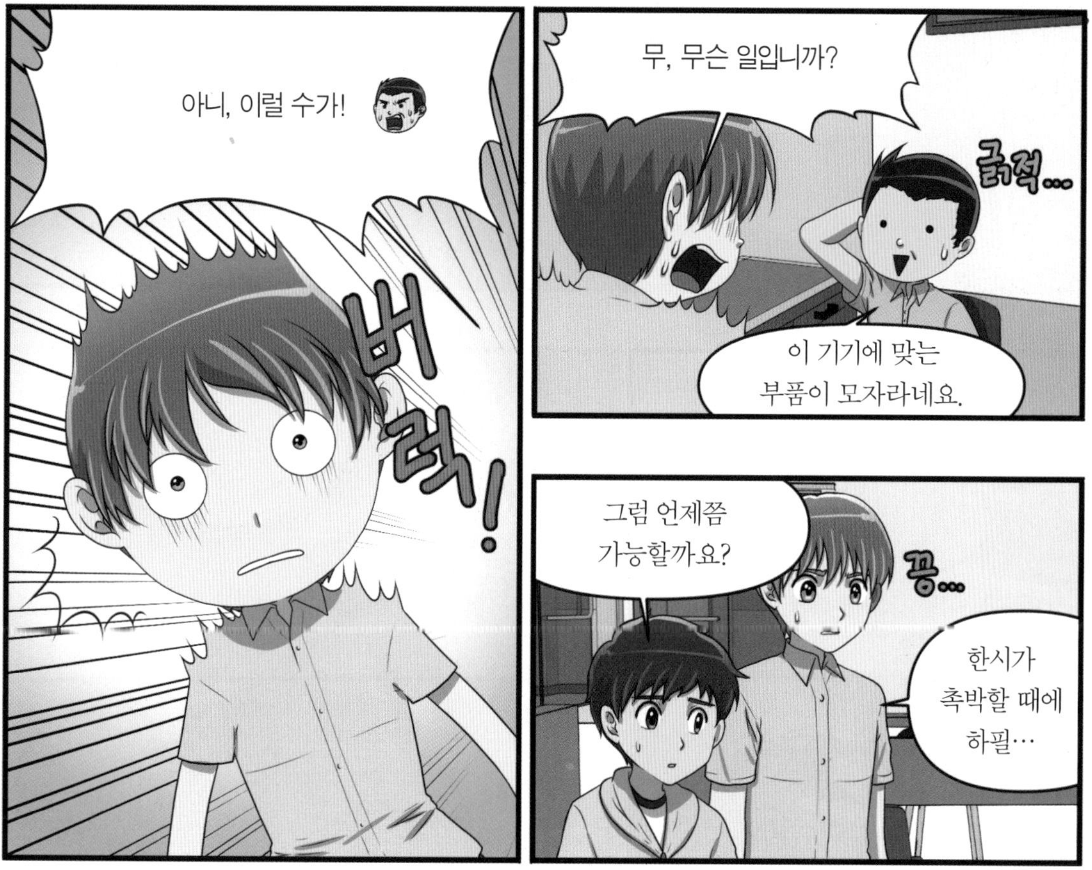
아니, 이럴 수가!
벌컥!
무, 무슨 일입니까?
긁적...
이 기기에 맞는 부품이 모자라네요.
그럼 언제쯤 가능할까요?
끙...
한시가 촉박할 때에 하필…

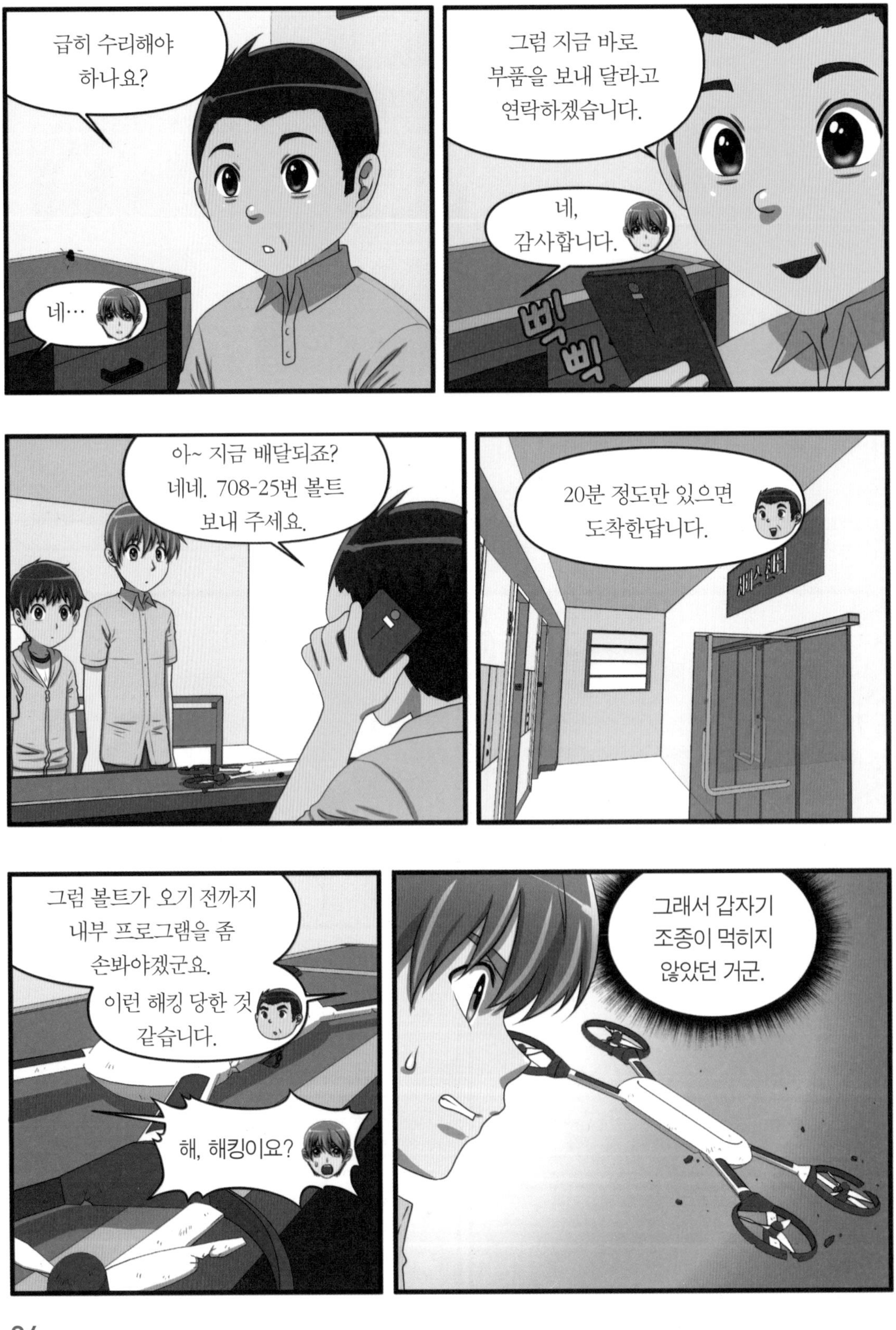
급히 수리해야 하나요?
네…
그럼 지금 바로 부품을 보내 달라고 연락하겠습니다.
네, 감사합니다.
삑 삑
아~ 지금 배달되죠? 네네. 708-25번 볼트 보내 주세요.
20분 정도만 있으면 도착한답니다.
그럼 볼트가 오기 전까지 내부 프로그램을 좀 손봐야겠군요.
이런 해킹 당한 것 같습니다.
해, 해킹이요?
그래서 갑자기 조종이 먹히지 않았던 거군.

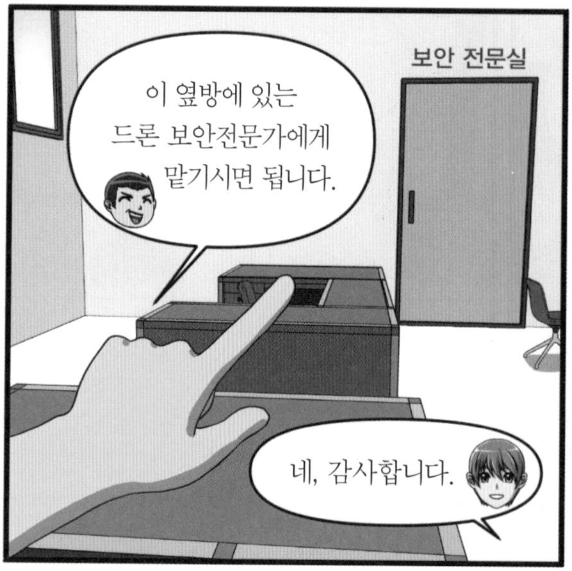
보안 전문실
이 옆방에 있는 드론 보안전문가에게 맡기시면 됩니다.
네, 감사합니다.

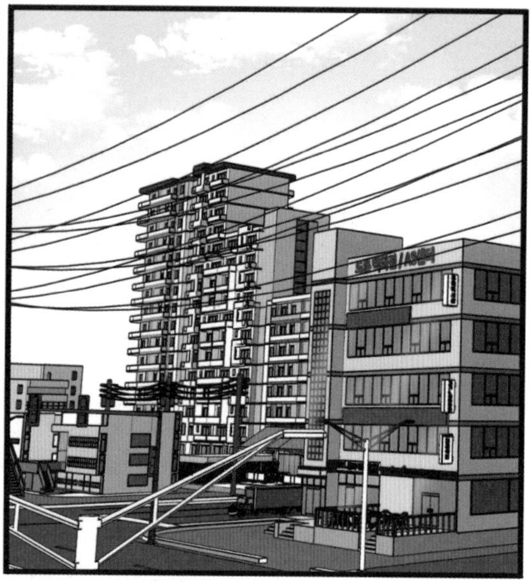

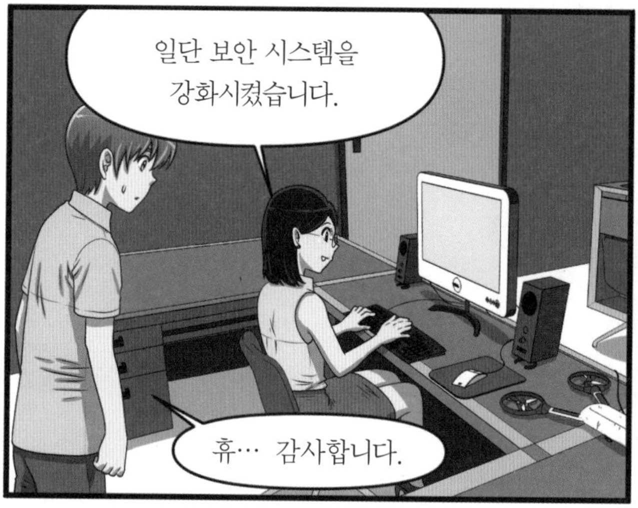
일단 보안 시스템을 강화시켰습니다.
휴… 감사합니다.

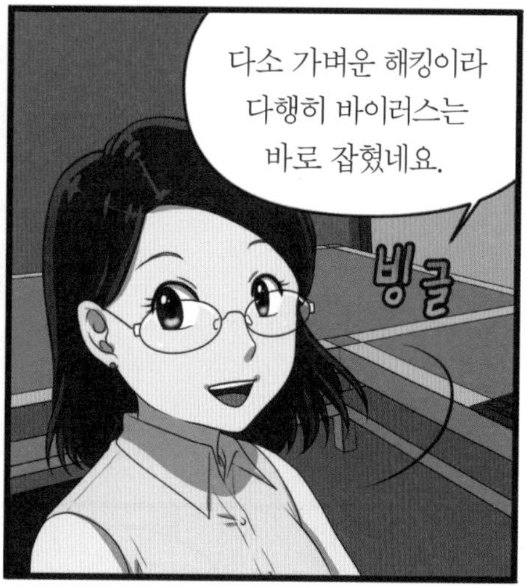
다소 가벼운 해킹이라 다행히 바이러스는 바로 잡혔네요.
빙글

드론 보안전문가

드론을 범죄와 테러에 악용하는 일이 생기면서 정보 보안의 중요성이 점점 높아지고 있지요. 드론 보안전문가는 해커가 침입할 수 있는 경로를 예상하여 막는 일을 해요. 해커의 해킹 경로를 예상하기 위해서는 프로그래밍, 시스템 서버, 네트워크에 관한 지식을 갖추어야 하고 이를 개발하는 역량을 키워야 한답니다.

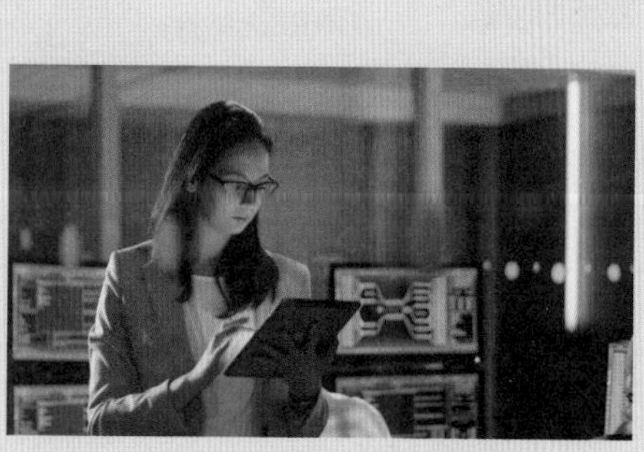

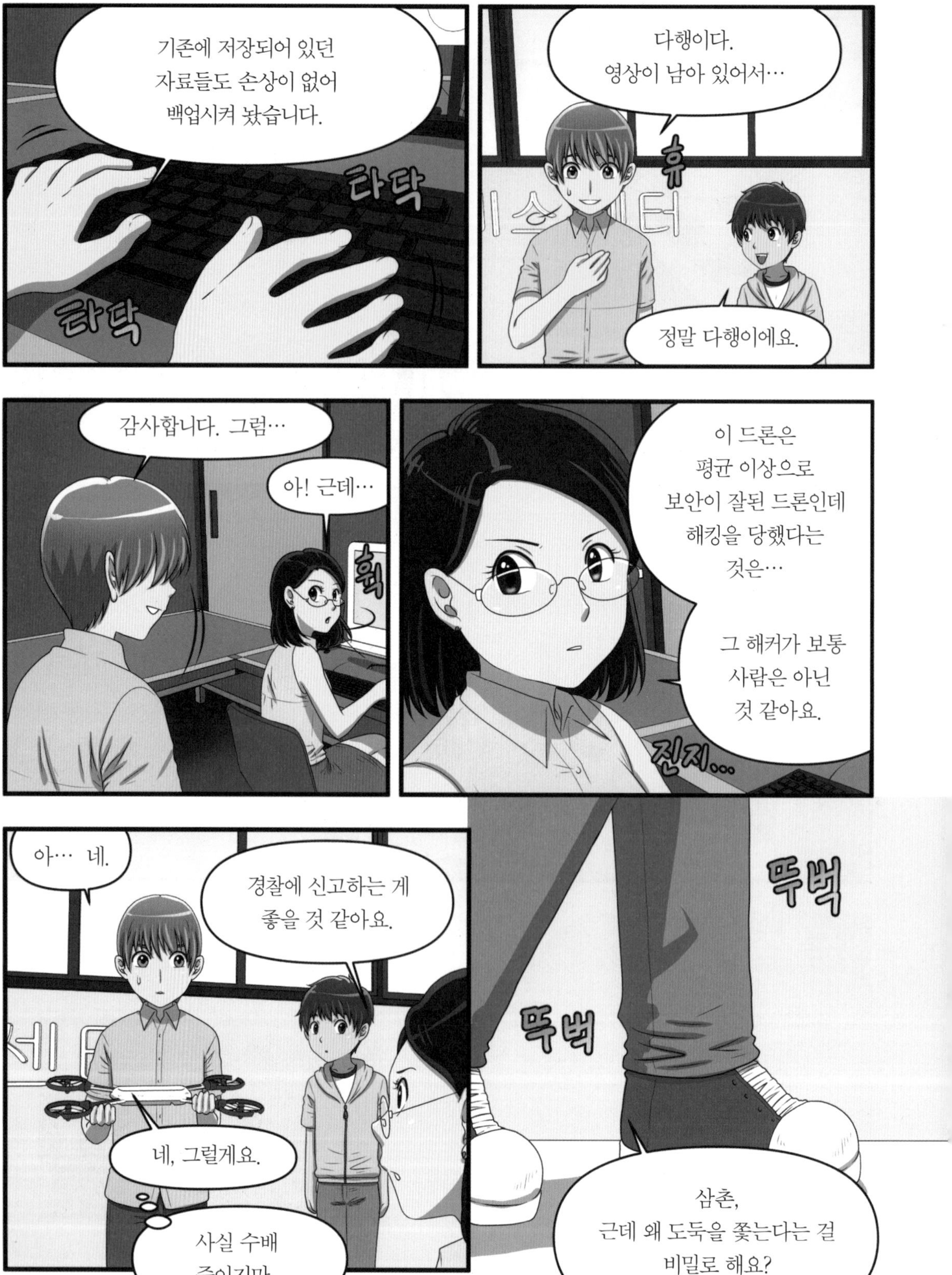

기존에 저장되어 있던 자료들도 손상이 없어 백업시켜 놨습니다.
타닥
타닥
다행이다. 영상이 남아 있어서…
휴
정말 다행이에요.
감사합니다. 그럼…
아! 근데…
휙
이 드론은 평균 이상으로 보안이 잘된 드론인데 해킹을 당했다는 것은…
그 해커가 보통 사람은 아닌 것 같아요.
진지…
아… 네.
경찰에 신고하는 게 좋을 것 같아요.
네, 그럴게요.
사실 수배 중이지만.
뚜벅
뚜벅
삼촌, 근데 왜 도둑을 쫓는다는 걸 비밀로 해요?

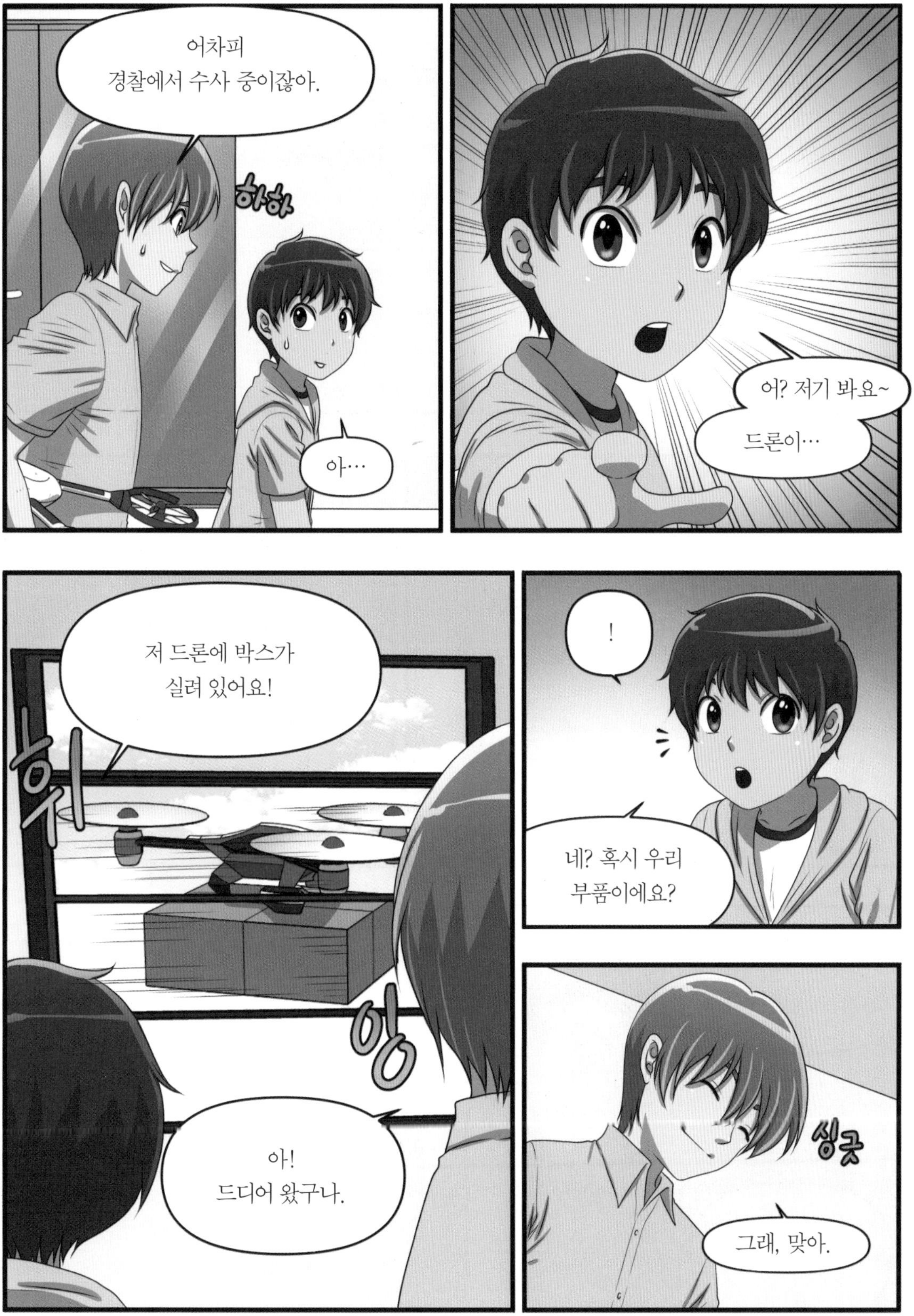
어차피
경찰에서 수사 중이잖아.
하하
아…
어? 저기 봐요~
드론이…
저 드론에 박스가
실려 있어요!
휘
잉
아!
드디어 왔구나.
!
네? 혹시 우리
부품이에요?
싱긋
그래, 맞아.

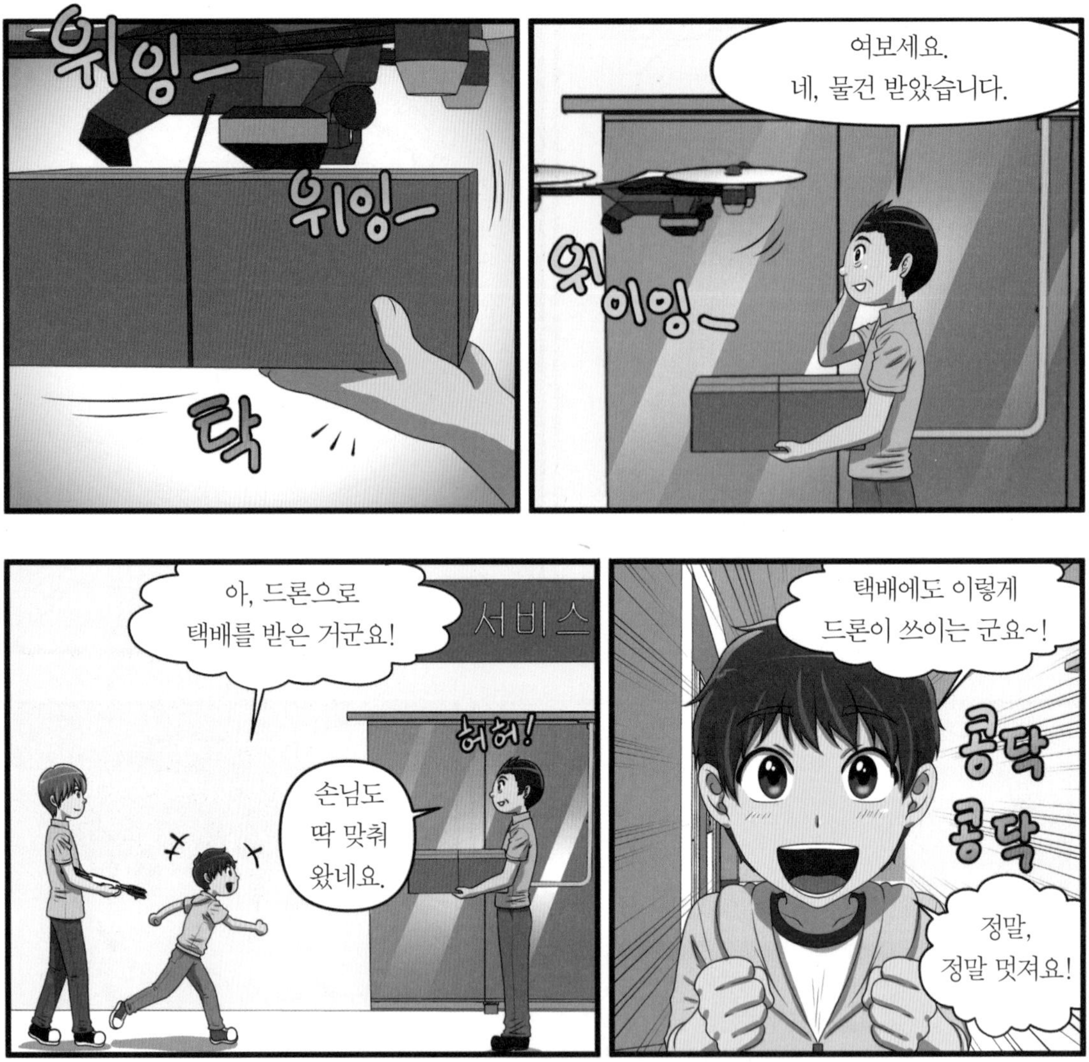
위잉—
위잉—
탁
여보세요.
네, 물건 받았습니다.
위이잉—
아, 드론으로
택배를 받은 거군요!
서비스
허허!
손님도
딱 맞춰
왔네요.
택배에도 이렇게
드론이 쓰이는 군요~!
콩닥
콩닥
정말,
정말 멋져요!

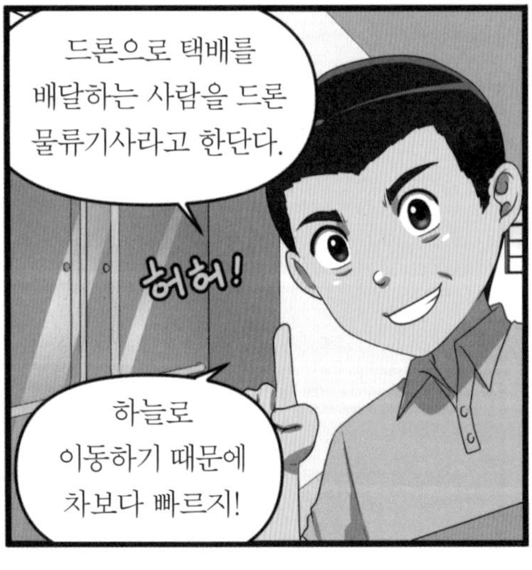
드론으로 택배를
배달하는 사람을 드론
물류기사라고 한단다.
허허!
하늘로
이동하기 때문에
차보다 빠르지!

드론 배송의 장점

배송 드론은 수동 작동이 아닌 입력 좌표에 따라 자동으로 도착지까지 이동해요. 그리고 물품을 전달하면 다시 이륙했던 지점으로 돌아가는 방식이에요.
드론을 활용하면 배송 시간이 획기적으로 줄어들어요. 특히 도서·산간 지역에 사는 사람들은 필요한 물품을 빠른 시일 내로 받을 수 있게 된답니다.

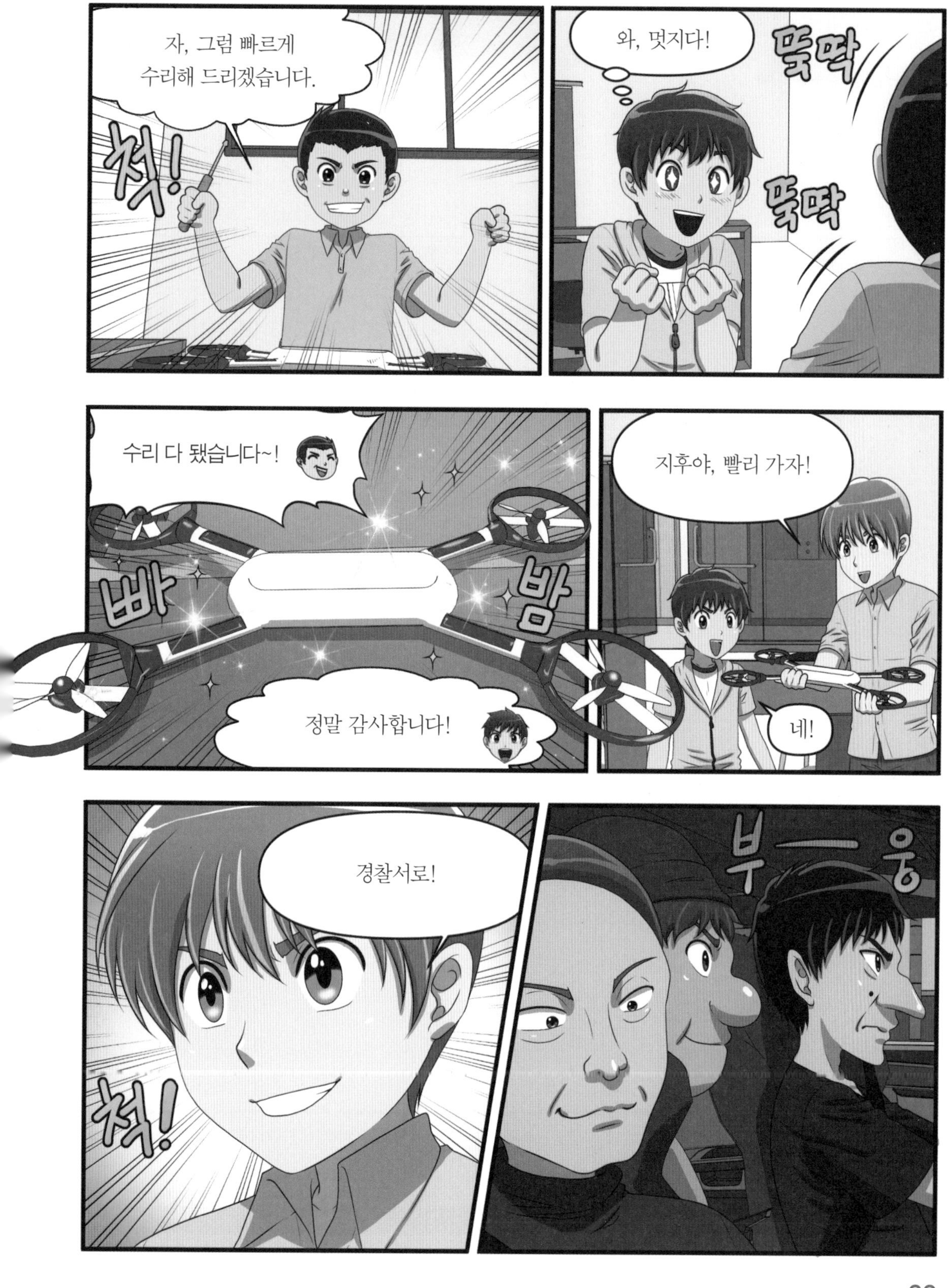
자, 그럼 빠르게 수리해 드리겠습니다.
척!
와, 멋지다!
뚝딱
뚝딱
수리 다 됐습니다~!
빠
밤
정말 감사합니다!
지후야, 빨리 가자!
네!
경찰서로!
척!
부── 웅

정보 더하기

드론의 활용

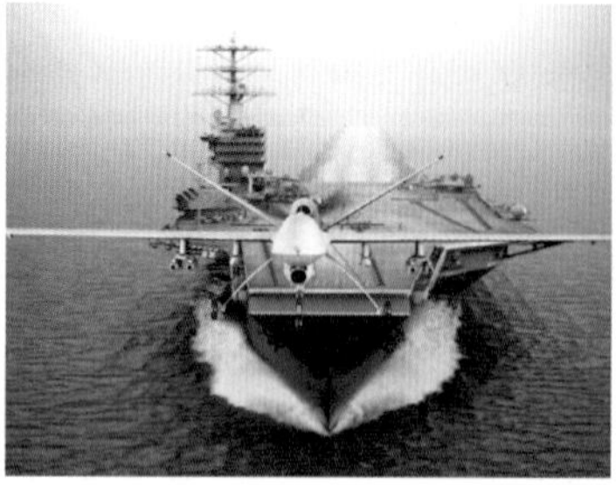

● 환경 보호

세계자연기금(WWF)은 남아프리카에서 드론을 활용해 코끼리와 코뿔소 밀렵 행위를 감시해요. 야생동물보존협회에서는 불법 어획을 감시하고 있지요. 인도네시아에서는 드론으로 오랑우탄 서식지를 연구하고, 호주에서는 바닷새 생태를 모니터하지요. 이 밖에 알래스카 빙하와 고래 관찰, 그린란드의 초목 보존, 네팔의 밀렵 방지, 마다가스카르와 가봉 등의 생태 보존을 위해서도 드론을 활용하고 있어요.

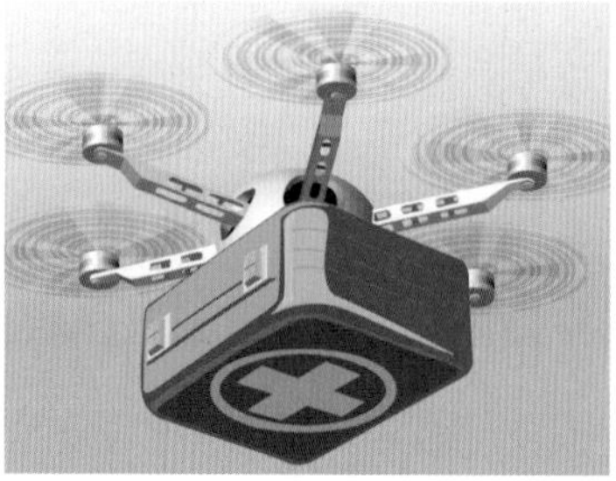

● 보건·의료

2016년 10월부터 아프리카의 르완다에서 드론을 이용한 혈액 운송 사업을 시작했어요. 기존에 4시간이 걸리던 배송을 30분으로 단축했지요. 드론은 악천후에도 왕복 150㎞까지 이동할 수 있어 응급 환자를 위한 약품이나 혈액 수송에 큰 도움이 돼요. 독일에서는 심폐소생술이 가능한 제세동기를 비롯해 신속하게 지혈을 할 수 있는 의료 장비와 약물이 들어 있는 앰뷸런스 드론도 선보였어요.

● 농업

일본에서는 전체 농경지 중 약 40%에 해당하는 농경지에 드론으로 비료와 살충제를 뿌려요. 우리나라에서도 소나무 방재나 영농 작업에 드론을 활용하고 있어요. 프랑스의 와이너리는 포도의 병충해를 관리하기 위해 드론 활용을 추진하고 있어요.

● 드라마 영화 제작, 스포츠 중계

드론은 헬리콥터나 항공기보다 더욱 저렴한 가격에 각종 장소를 안전하게 촬영할 수 있기 때문에 언론 및 미디어 제작사의 주목을 받고 있어요. 재해 현장, 스포츠 중계, 영화 및 드라마 제작 현장 등 공중 촬영의 수요가 한층 다양해지면서 많은 분야에서 영상 촬영 드론을 사용하고 있어요.

● 레저·스포츠

드론 레이싱은 드론을 원격 조종하며 속도를 경쟁하는 스포츠예요. 레이싱에 참여한 선수는 카메라가 장착된 고글을 쓰고 화면을 보며 리모컨으로 드론을 조종하지요. 드론 레이싱은 연령대와 관계없이 주로 남성들 사이에서 새로운 취미로 각광받고 있어요.

도둑들의 은신처로!

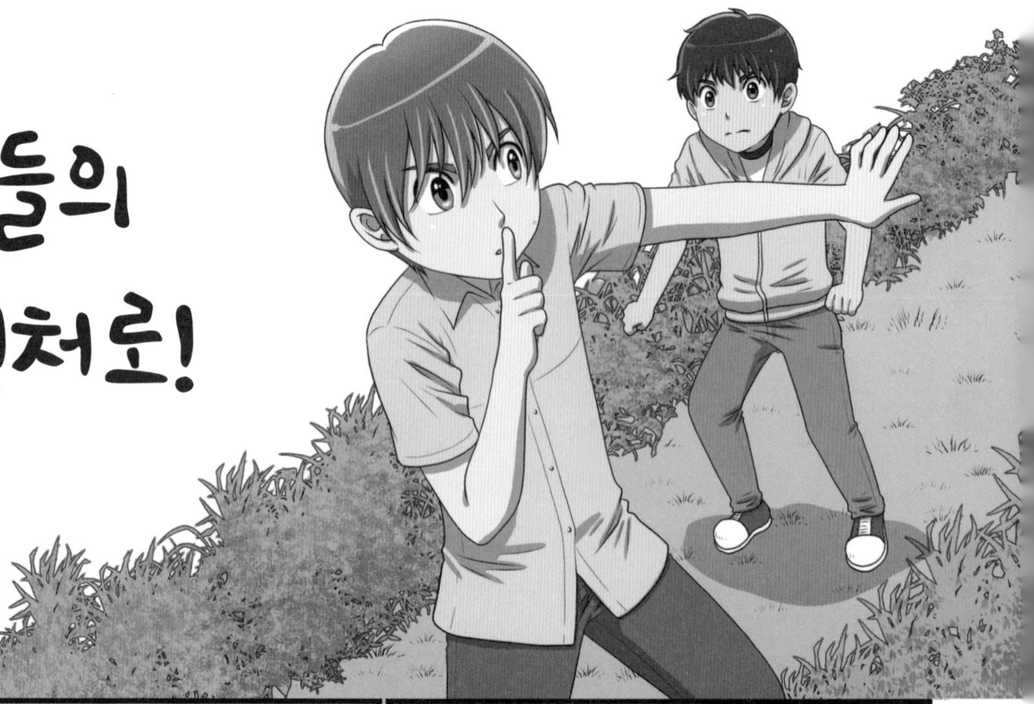

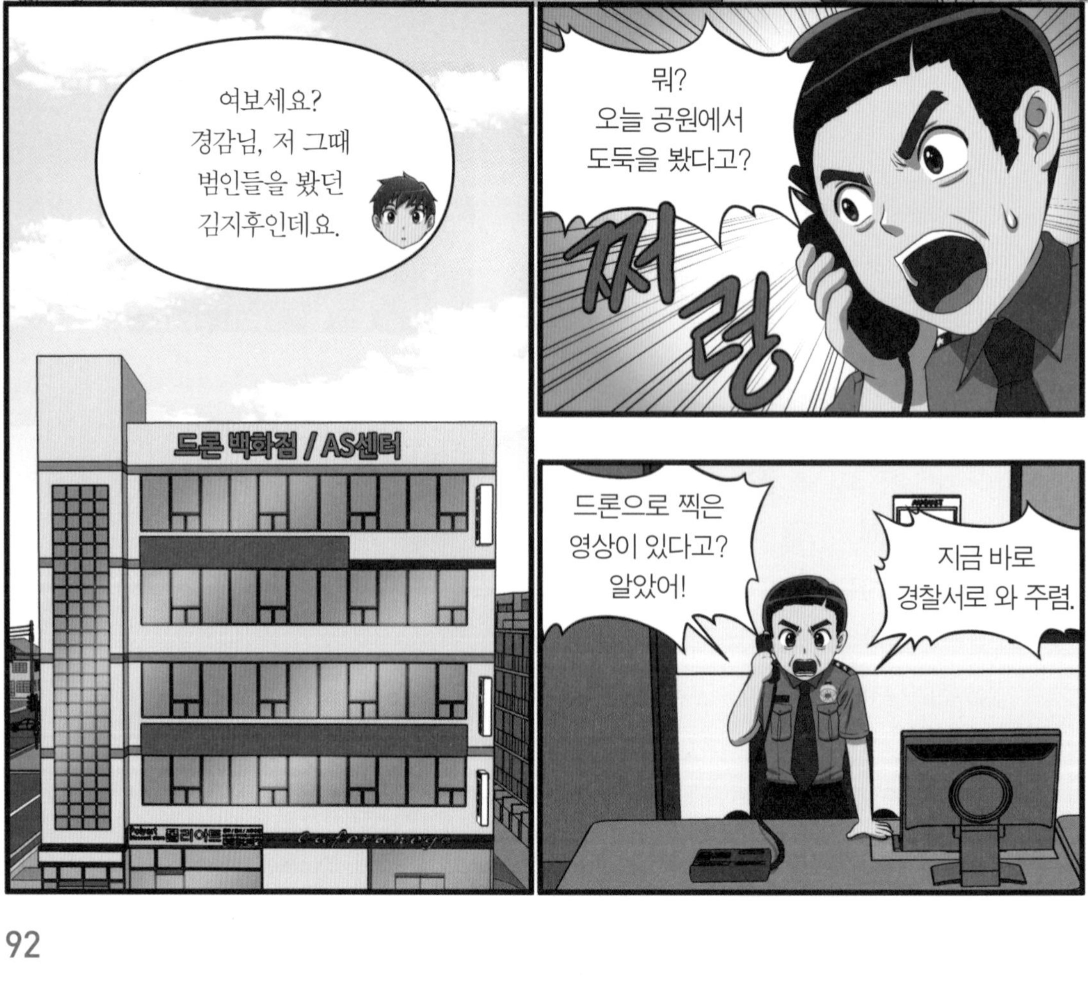
여보세요? 경감님, 저 그때 범인들을 봤던 김지후인데요.
드론 백화점 / AS센터
뭐? 오늘 공원에서 도둑을 봤다고?
쩌렁
드론으로 찍은 영상이 있다고? 알았어!
지금 바로 경찰서로 와 주렴.

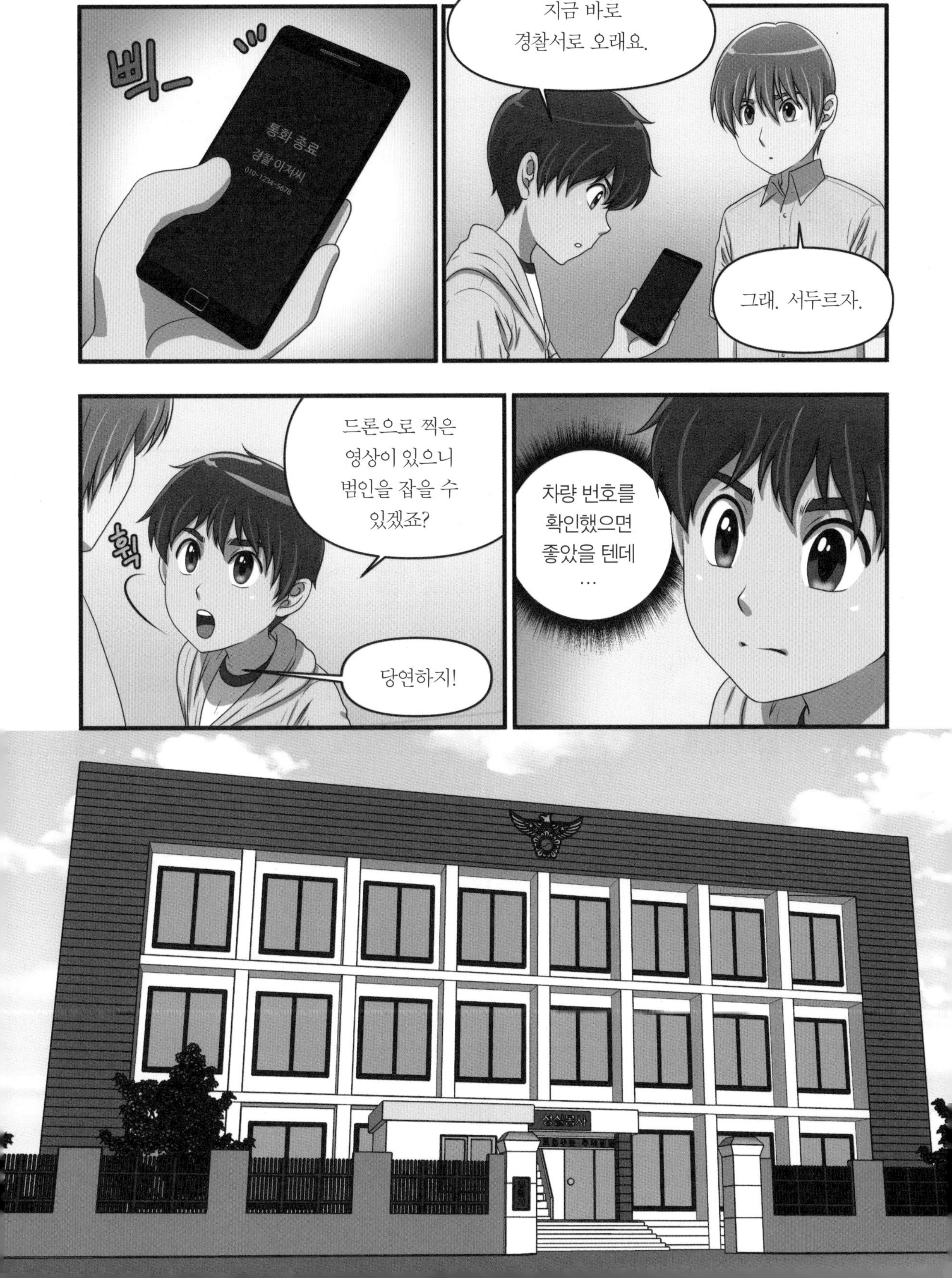
삑-
통화 종료
경찰 아저씨
010-1234-5678
지금 바로 경찰서로 오래요.
그래. 서두르자.
휙
드론으로 찍은 영상이 있으니 범인을 잡을 수 있겠죠?
당연하지!
차량 번호를 확인했으면 좋았을 텐데…

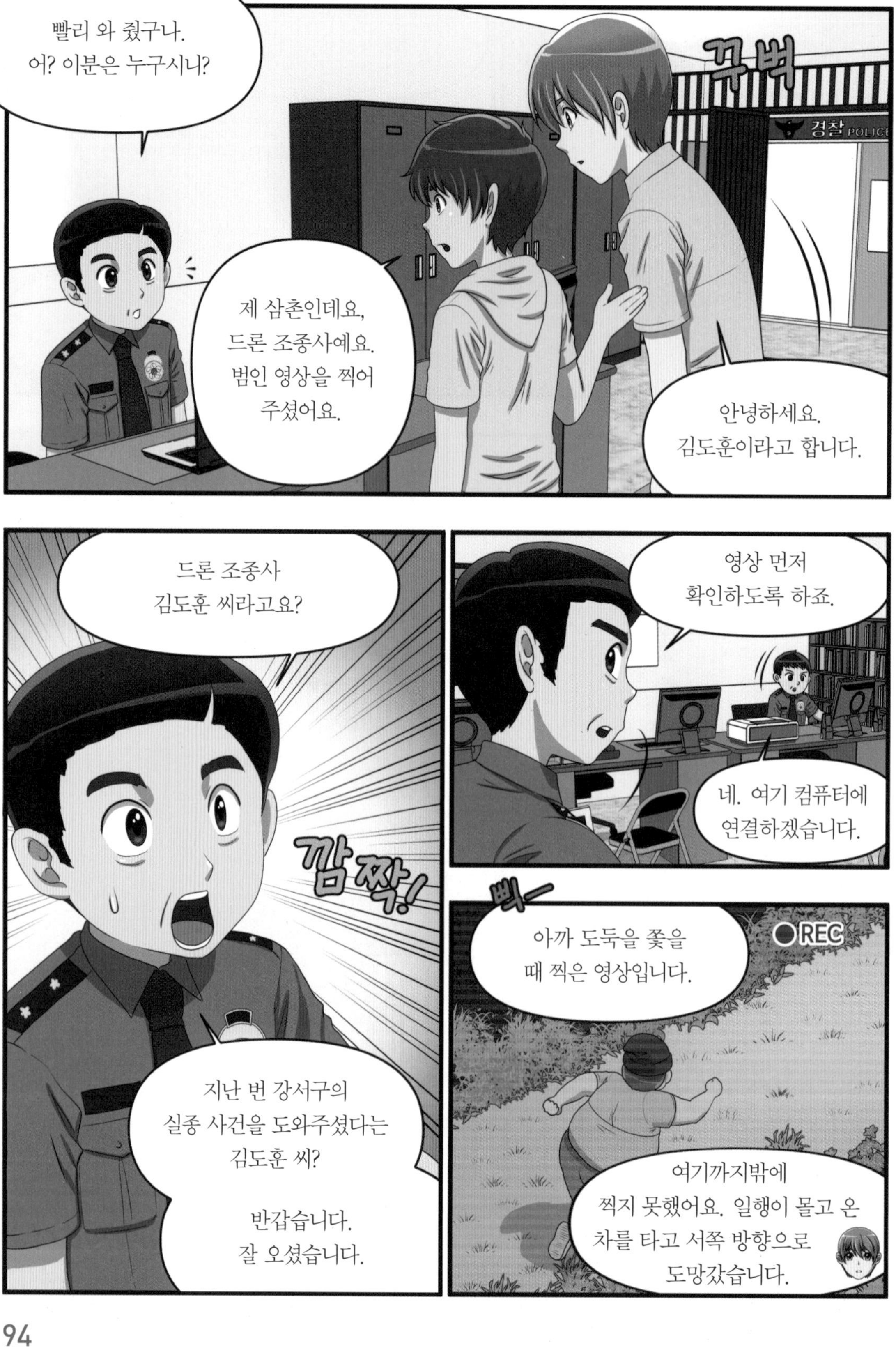
빨리 와 줬구나.
어? 이분은 누구시니?
꾸벅
경찰
제 삼촌인데요, 드론 조종사예요. 범인 영상을 찍어 주셨어요.
안녕하세요. 김도훈이라고 합니다.
드론 조종사 김도훈 씨라고요?
깜짝!
지난 번 강서구의 실종 사건을 도와주셨다는 김도훈 씨?
반갑습니다. 잘 오셨습니다.
영상 먼저 확인하도록 하죠.
네. 여기 컴퓨터에 연결하겠습니다.
삑—
아까 도둑을 쫓을 때 찍은 영상입니다.
REC
여기까지밖에 찍지 못했어요. 일행이 몰고 온 차를 타고 서쪽 방향으로 도망갔습니다.

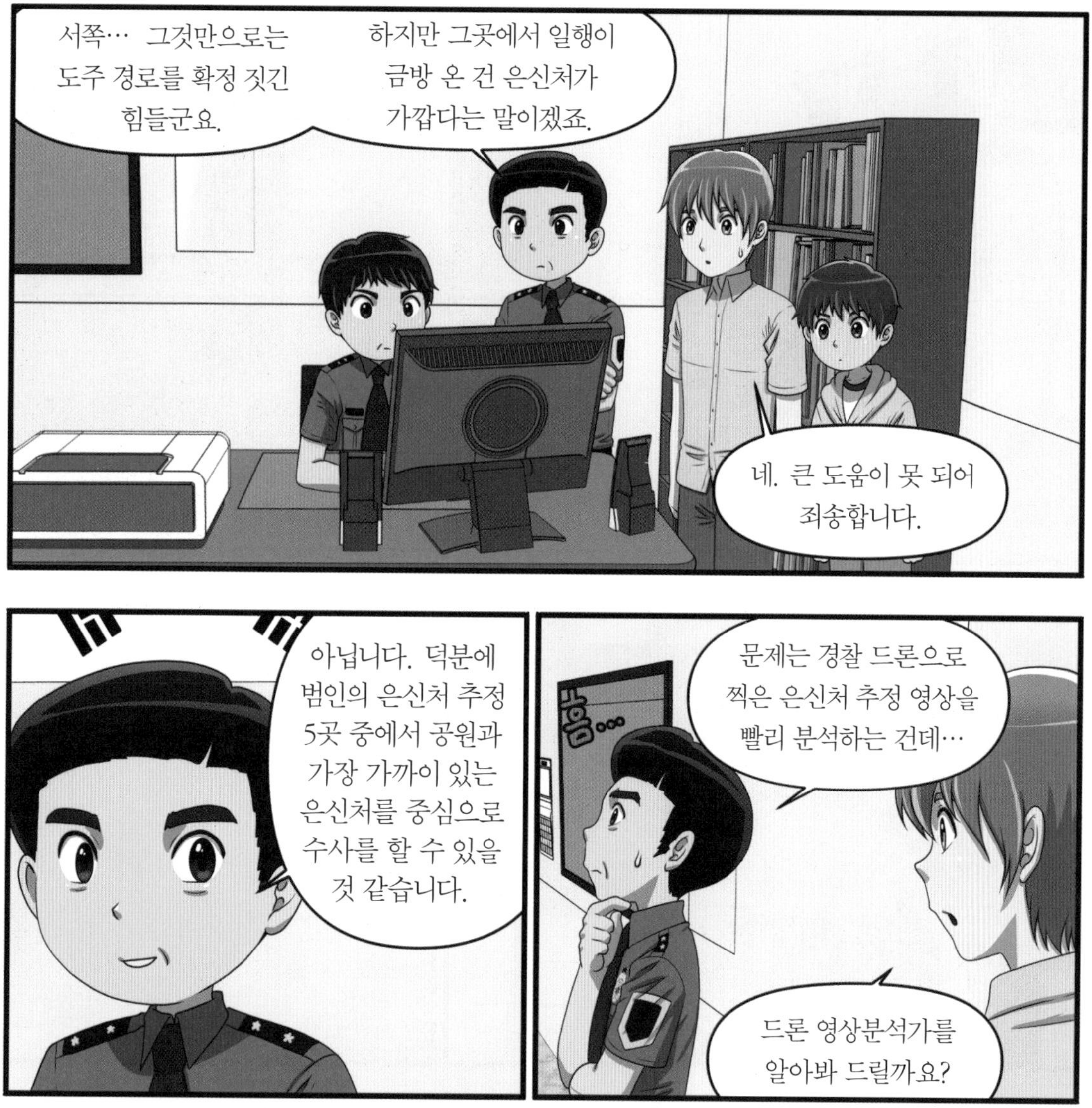
서쪽… 그것만으로는 도주 경로를 확정 짓긴 힘들군요.
하지만 그곳에서 일행이 금방 온 건 은신처가 가깝다는 말이겠죠.
네. 큰 도움이 못 되어 죄송합니다.
아닙니다. 덕분에 범인의 은신처 추정 5곳 중에서 공원과 가장 가까이 있는 은신처를 중심으로 수사를 할 수 있을 것 같습니다.
흠…
문제는 경찰 드론으로 찍은 은신처 추정 영상을 빨리 분석하는 건데…
드론 영상분석가를 알아봐 드릴까요?

드론 영상촬영가 VS 드론 영상분석가

드론 영상촬영가는 카메라가 장착된 드론을 조종하여 전문적으로 영상을 촬영하는 사람을 말해요. 그리고 드론으로 촬영한 영상물을 분석하거나 복원하는 사람을 드론 영상분석가라고 해요. 드론 영상분석가는 영상을 검토하여 비정상적이거나 의심스러운 물체를 감시하기도 한답니다.

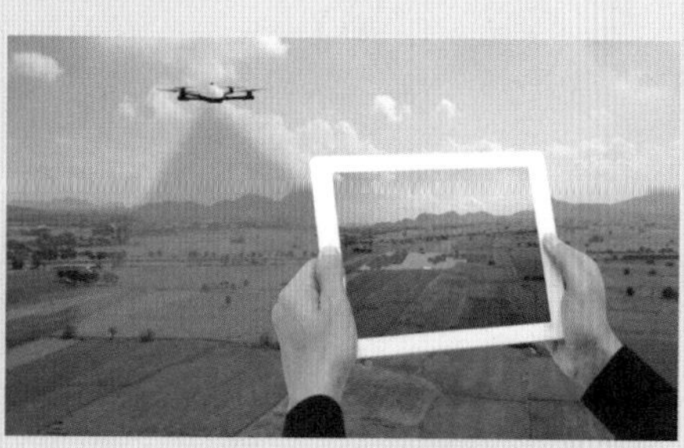

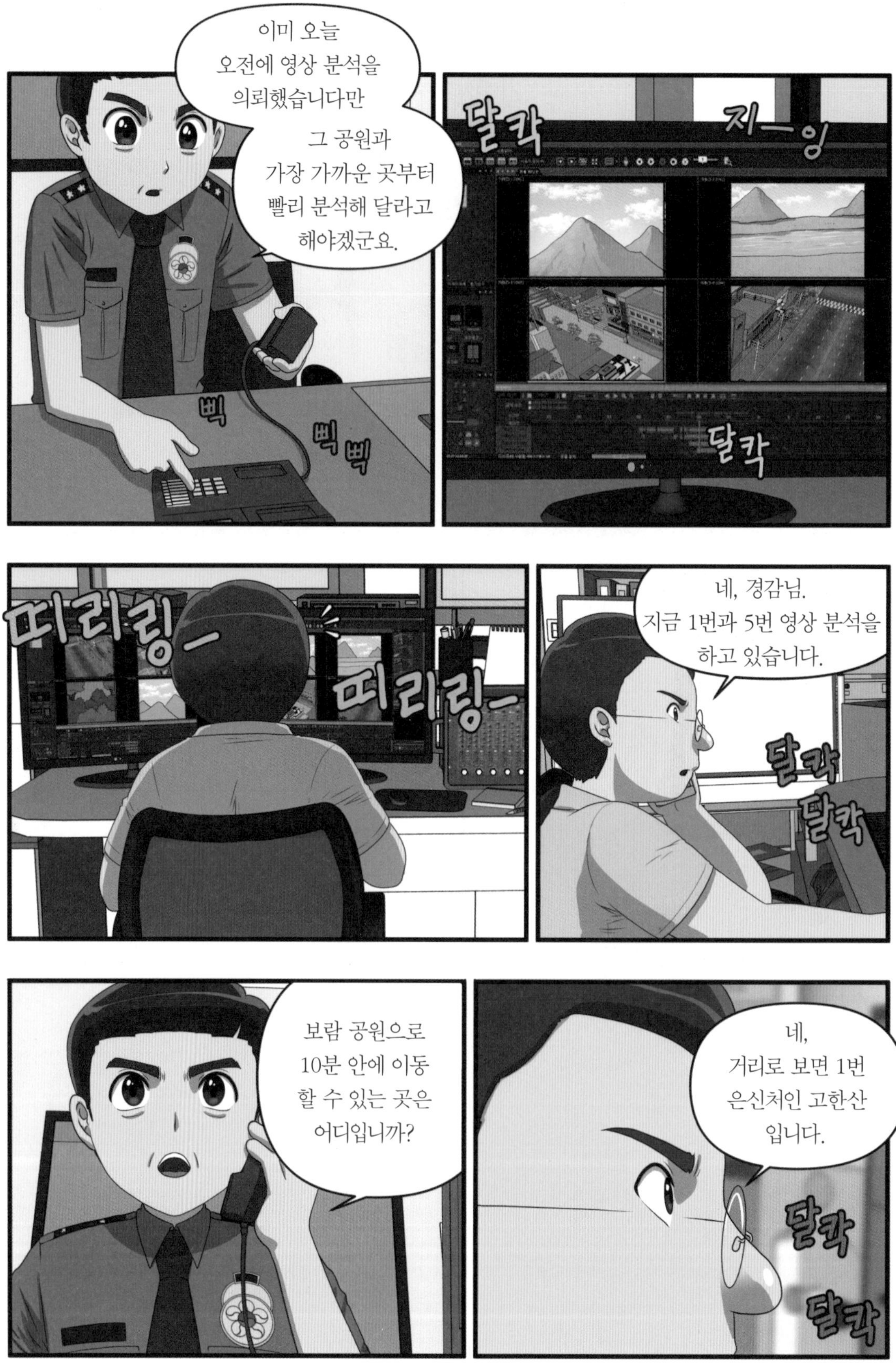

이미 오늘
오전에 영상 분석을
의뢰했습니다만
그 공원과
가장 가까운 곳부터
빨리 분석해 달라고
해야겠군요.
삑
삑 삑
달칵
지-잉
달칵
띠리링-
띠리링-
네, 경감님.
지금 1번과 5번 영상 분석을
하고 있습니다.
달칵
달칵
보람 공원으로
10분 안에 이동
할 수 있는 곳은
어디입니까?
네,
거리로 보면 1번
은신처인 고한산
입니다.
달칵
달칵

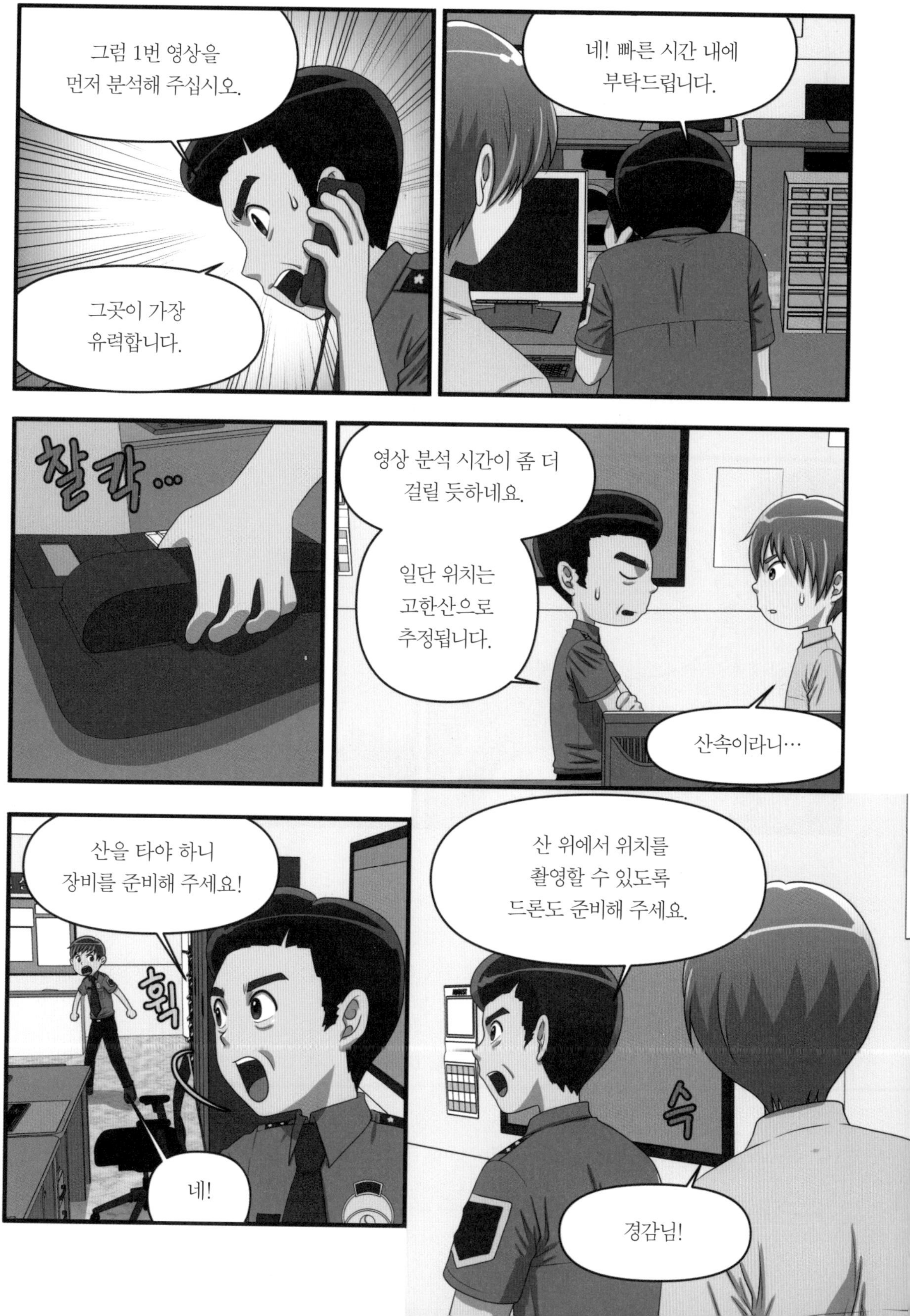
그럼 1번 영상을
먼저 분석해 주십시오.
그곳이 가장
유력합니다.
네! 빠른 시간 내에
부탁드립니다.
찰칵…
영상 분석 시간이 좀 더
걸릴 듯하네요.
일단 위치는
고한산으로
추정됩니다.
산속이라니…
산을 타야 하니
장비를 준비해 주세요!
휙
네!
산 위에서 위치를
촬영할 수 있도록
드론도 준비해 주세요.
슥
경감님!

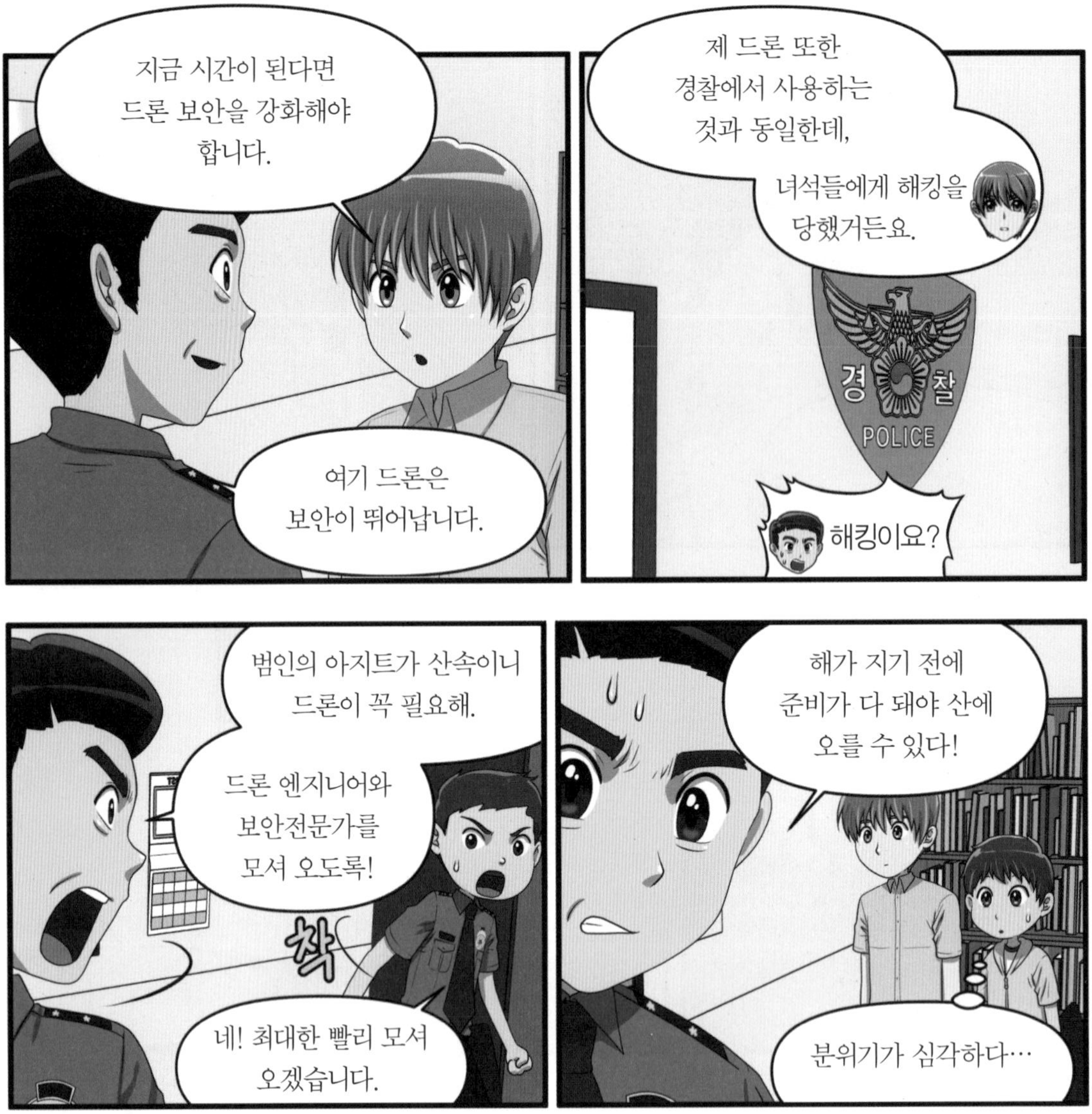
지금 시간이 된다면
드론 보안을 강화해야
합니다.
여기 드론은
보안이 뛰어납니다.
제 드론 또한
경찰에서 사용하는
것과 동일한데,
녀석들에게 해킹을
당했거든요.
경찰
POLICE
해킹이요?
범인의 아지트가 산속이니
드론이 꼭 필요해.
드론 엔지니어와
보안전문가를
모셔 오도록!
착
네! 최대한 빨리 모셔
오겠습니다.
해가 지기 전에
준비가 다 돼야 산에
오를 수 있다!
분위기가 심각하다…

드론 엔지니어

조종기로 조종하여 날리는 드론도 많지만, 대부분의 드론은 현재 자동화되어 있어요. GPS 기능이 탑재되어 있고, 프로그램된 대로 움직이지요.
무인이라는 장점을 활용한 자동화 기술을 증진시키는 전문가가 바로 드론 엔지니어랍니다. 드론 관련 엔지니어는 설계 엔지니어, 펌웨어 엔지니어, 하드웨어 엔지니어, 소프트웨어 엔지니어 등이 있어요.

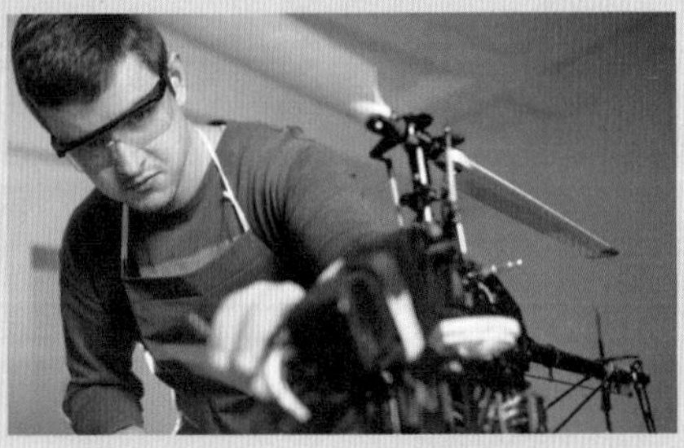

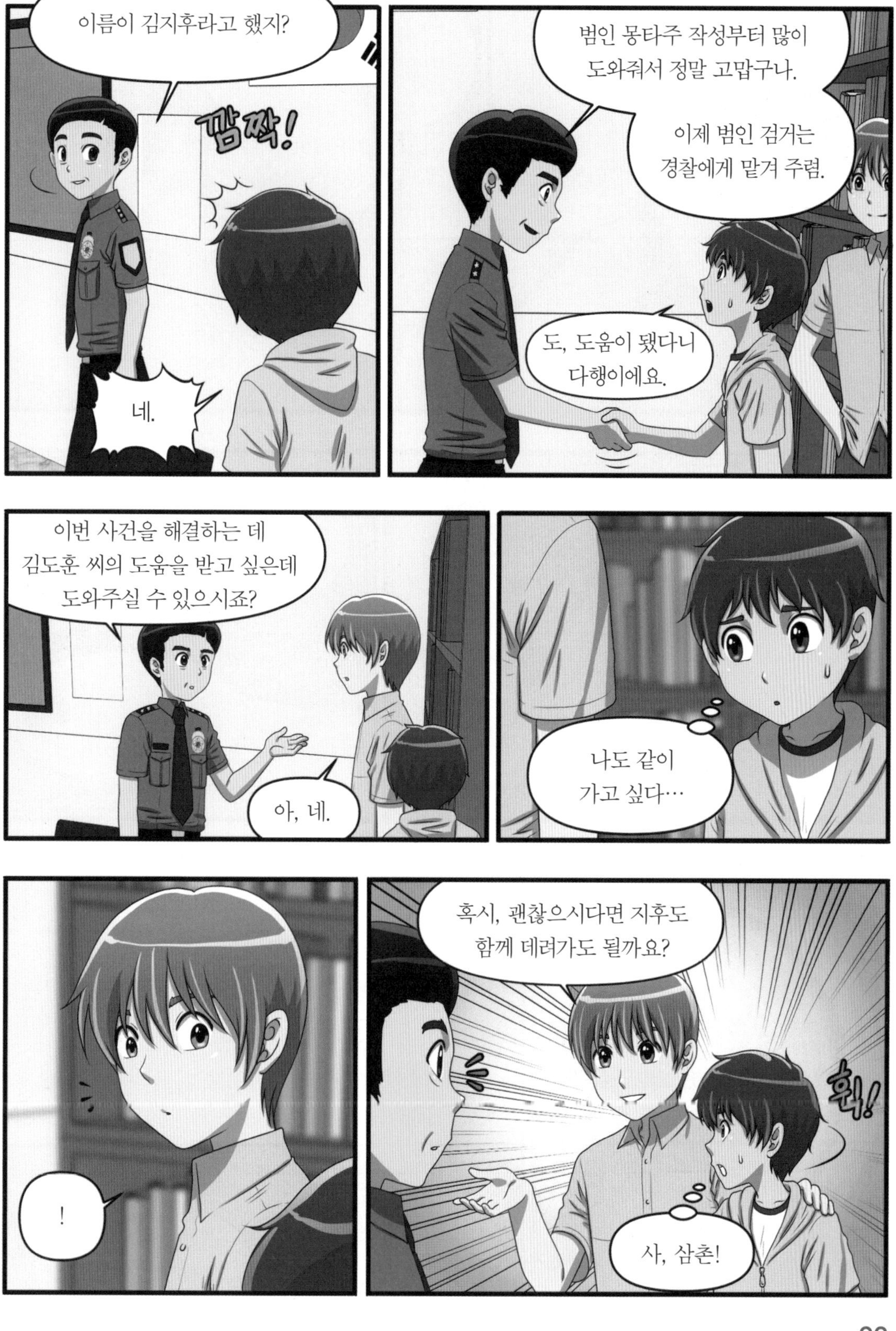
이름이 김지후라고 했지?
깜짝!
네.
범인 몽타주 작성부터 많이 도와줘서 정말 고맙구나.
이제 범인 검거는 경찰에게 맡겨 주렴.
도, 도움이 됐다니 다행이에요.
이번 사건을 해결하는 데 김도훈 씨의 도움을 받고 싶은데 도와주실 수 있으시죠?
아, 네.
나도 같이 가고 싶다…
!
혹시, 괜찮으시다면 지후도 함께 데려가도 될까요?
휙!
사, 삼촌!

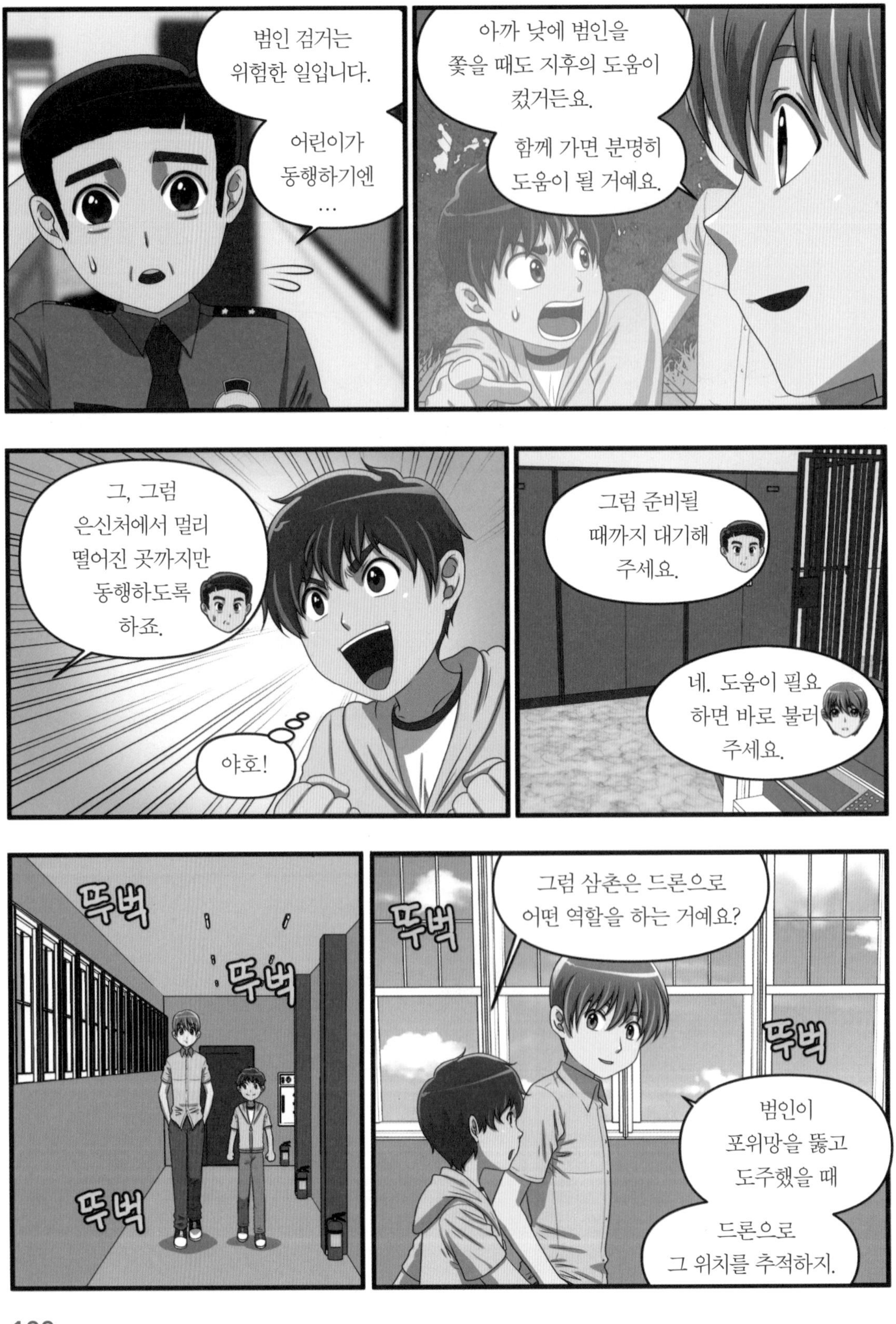
범인 검거는 위험한 일입니다.
어린이가 동행하기엔 …
아까 낮에 범인을 쫓을 때도 지후의 도움이 컸거든요.
함께 가면 분명히 도움이 될 거예요.
그, 그럼 은신처에서 멀리 떨어진 곳까지만 동행하도록 하죠.
야호!
그럼 준비될 때까지 대기해 주세요.
네. 도움이 필요하면 바로 불러 주세요.
뚜벅
뚜벅
뚜벅
뚜벅
그럼 삼촌은 드론으로 어떤 역할을 하는 거예요?
뚜벅
범인이 포위망을 뚫고 도주했을 때
드론으로 그 위치를 추적하지.

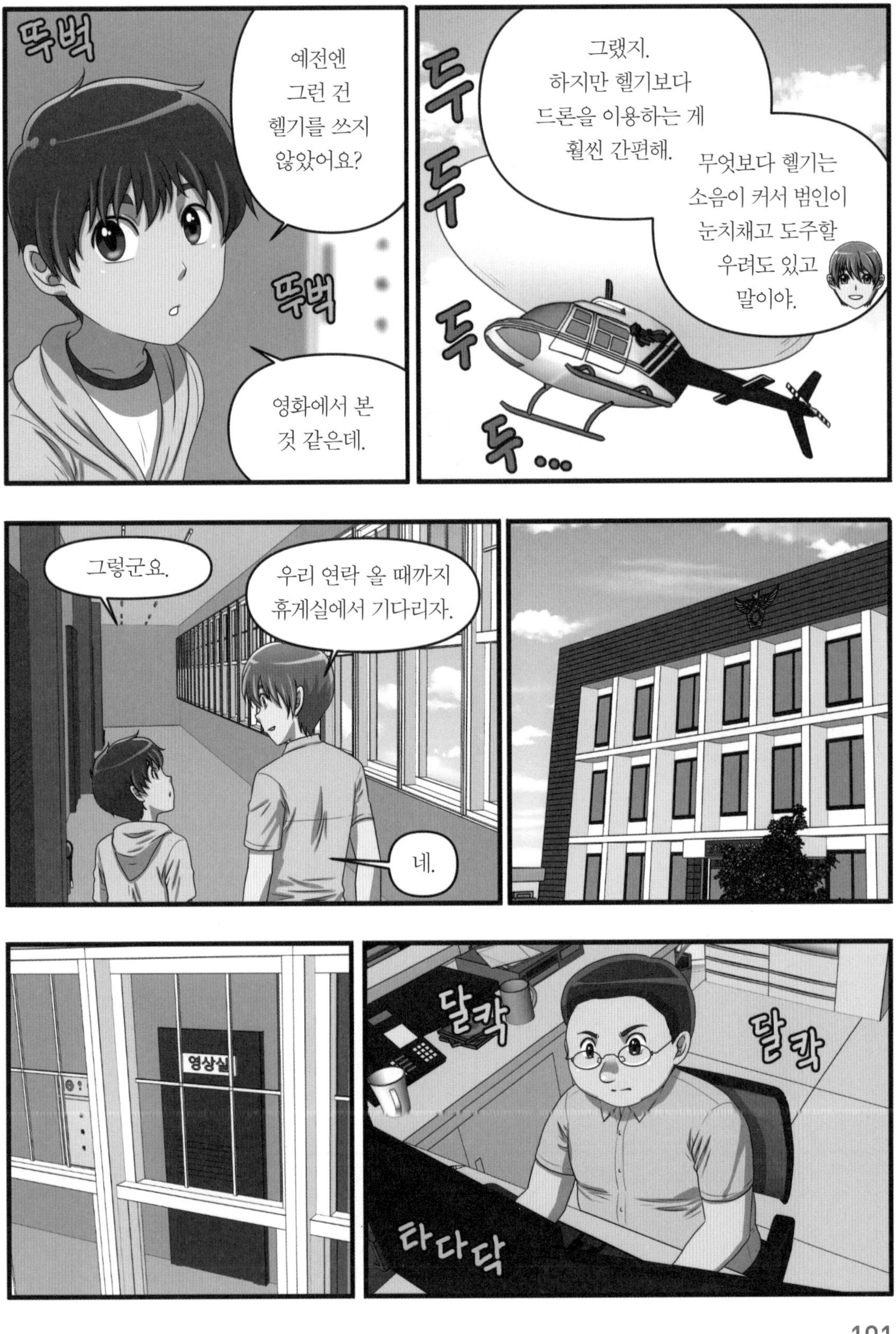
뚜벅
예전엔 그런 건 헬기를 쓰지 않았어요?
뚜벅
영화에서 본 것 같은데.
두두두두...
그랬지. 하지만 헬기보다 드론을 이용하는 게 훨씬 간편해.
무엇보다 헬기는 소음이 커서 범인이 눈치채고 도주할 우려도 있고 말이야.
그렇군요.
우리 연락 올 때까지 휴게실에서 기다리자.
네.
영상실
달칵
달칵
타다닥

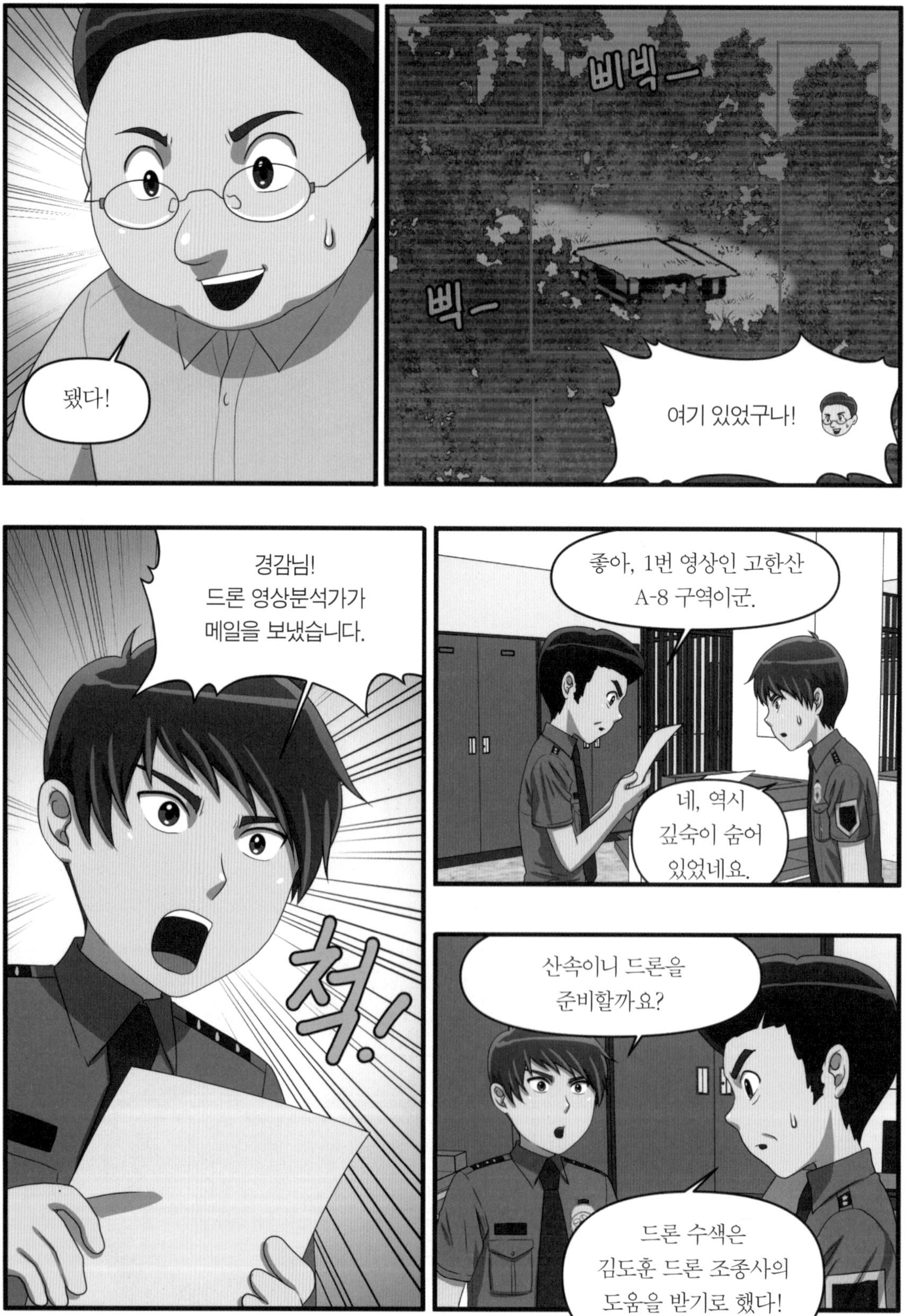

됐다!
삐빅—
삑—
여기 있었구나!
경감님!
드론 영상분석가가
메일을 보냈습니다.
척!
좋아, 1번 영상인 고한산
A-8 구역이군.
네, 역시
깊숙이 숨어
있었네요.
산속이니 드론을
준비할까요?
드론 수색은
김도훈 드론 조종사의
도움을 받기로 했다!

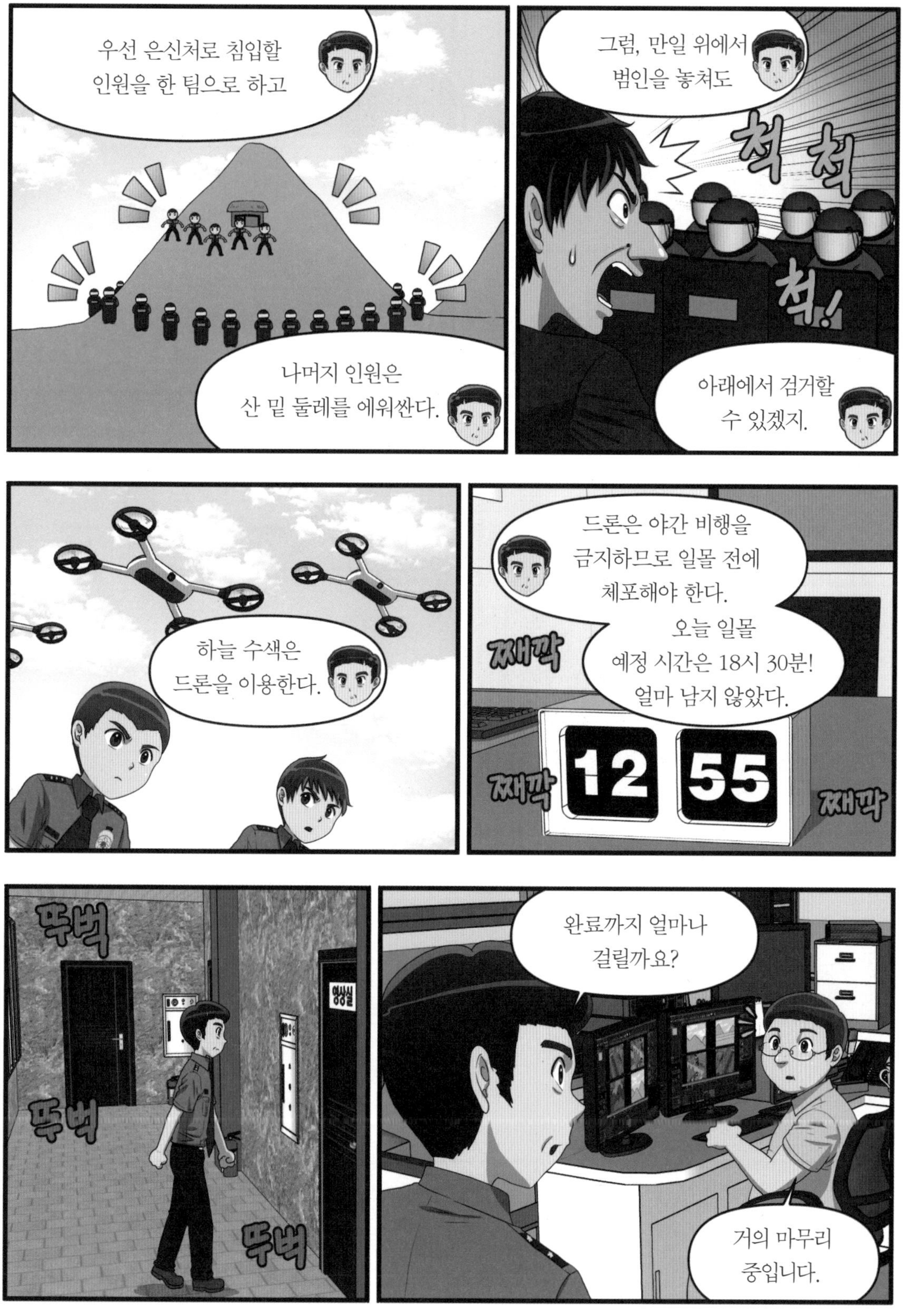
우선 은신처로 침입할 인원을 한 팀으로 하고
나머지 인원은 산 밑 둘레를 에워싼다.
그럼, 만일 위에서 범인을 놓쳐도
척 척
척!
아래에서 검거할 수 있겠지.
하늘 수색은 드론을 이용한다.
드론은 야간 비행을 금지하므로 일몰 전에 체포해야 한다.
오늘 일몰 예정 시간은 18시 30분! 얼마 남지 않았다.
째깍
째깍
12 55
째깍
뚜벅
뚜벅
영상실
뚜벅
완료까지 얼마나 걸릴까요?
거의 마무리 중입니다.

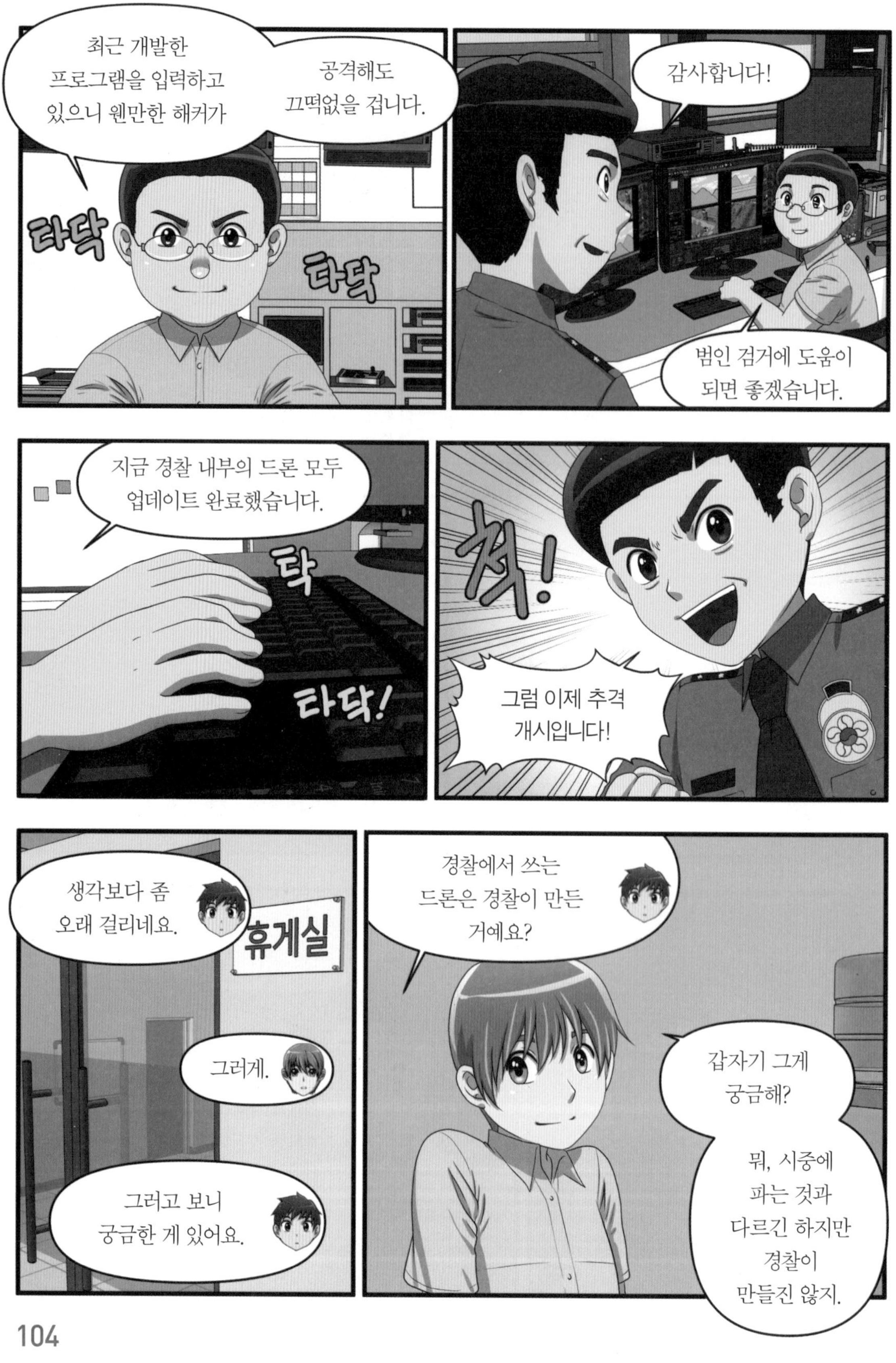
최근 개발한 프로그램을 입력하고 있으니 웬만한 해커가
공격해도 끄떡없을 겁니다.
타닥
타닥
감사합니다!
범인 검거에 도움이 되면 좋겠습니다.
지금 경찰 내부의 드론 모두 업데이트 완료했습니다.
탁
타닥!
척!
그럼 이제 추격 개시입니다!
생각보다 좀 오래 걸리네요.
휴게실
그러게.
그러고 보니 궁금한 게 있어요.
경찰에서 쓰는 드론은 경찰이 만든 거예요?
갑자기 그게 궁금해?
뭐, 시중에 파는 것과 다르긴 하지만 경찰이 만들진 않지.

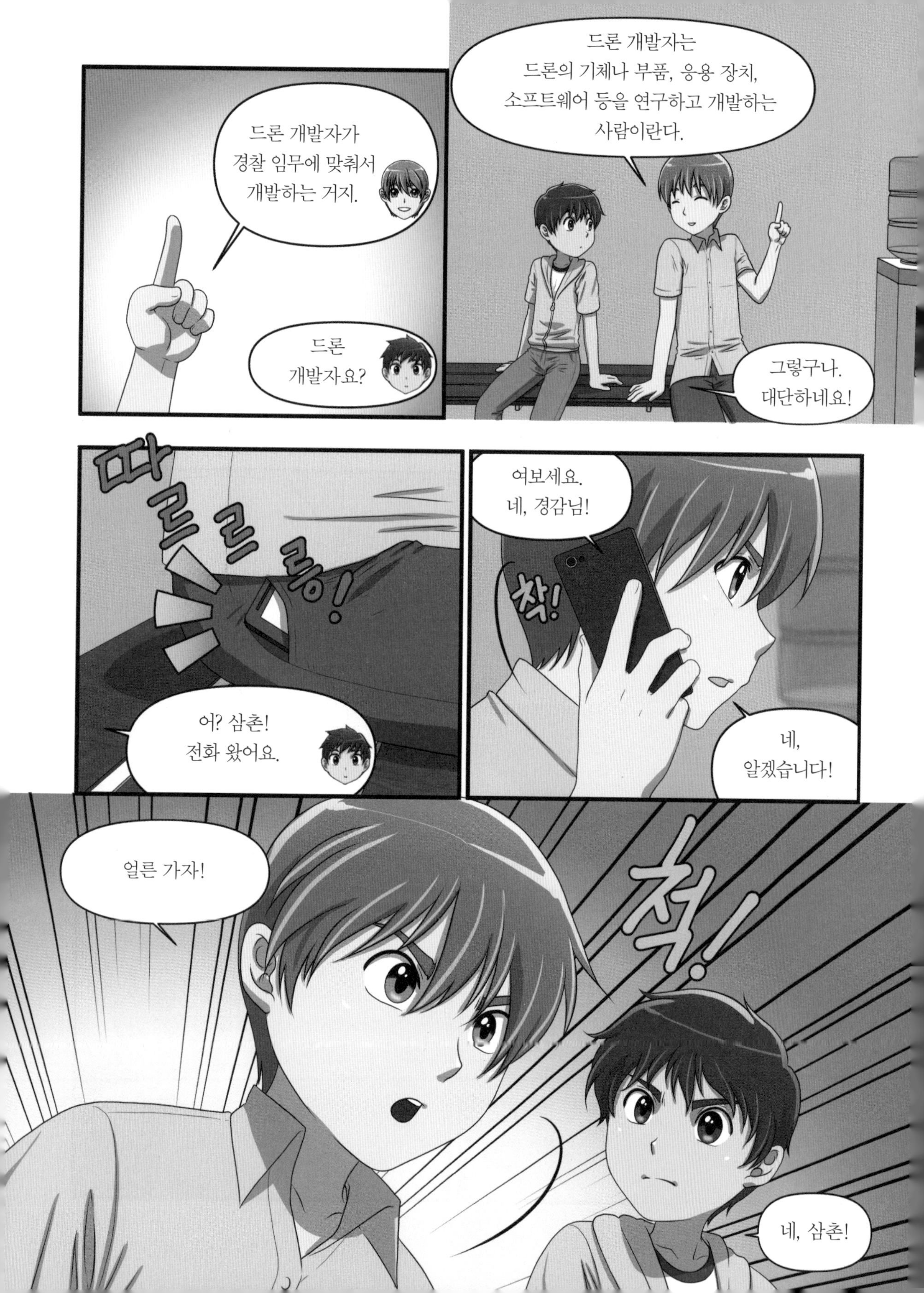
드론 개발자가
경찰 임무에 맞춰서
개발하는 거지.
드론
개발자요?
드론 개발자는
드론의 기체나 부품, 응용 장치,
소프트웨어 등을 연구하고 개발하는
사람이란다.
그렇구나.
대단하네요!
따르르릉!
어? 삼촌!
전화 왔어요.
착!
여보세요.
네, 경감님!
네,
알겠습니다!
얼른 가자!
척!
네, 삼촌!

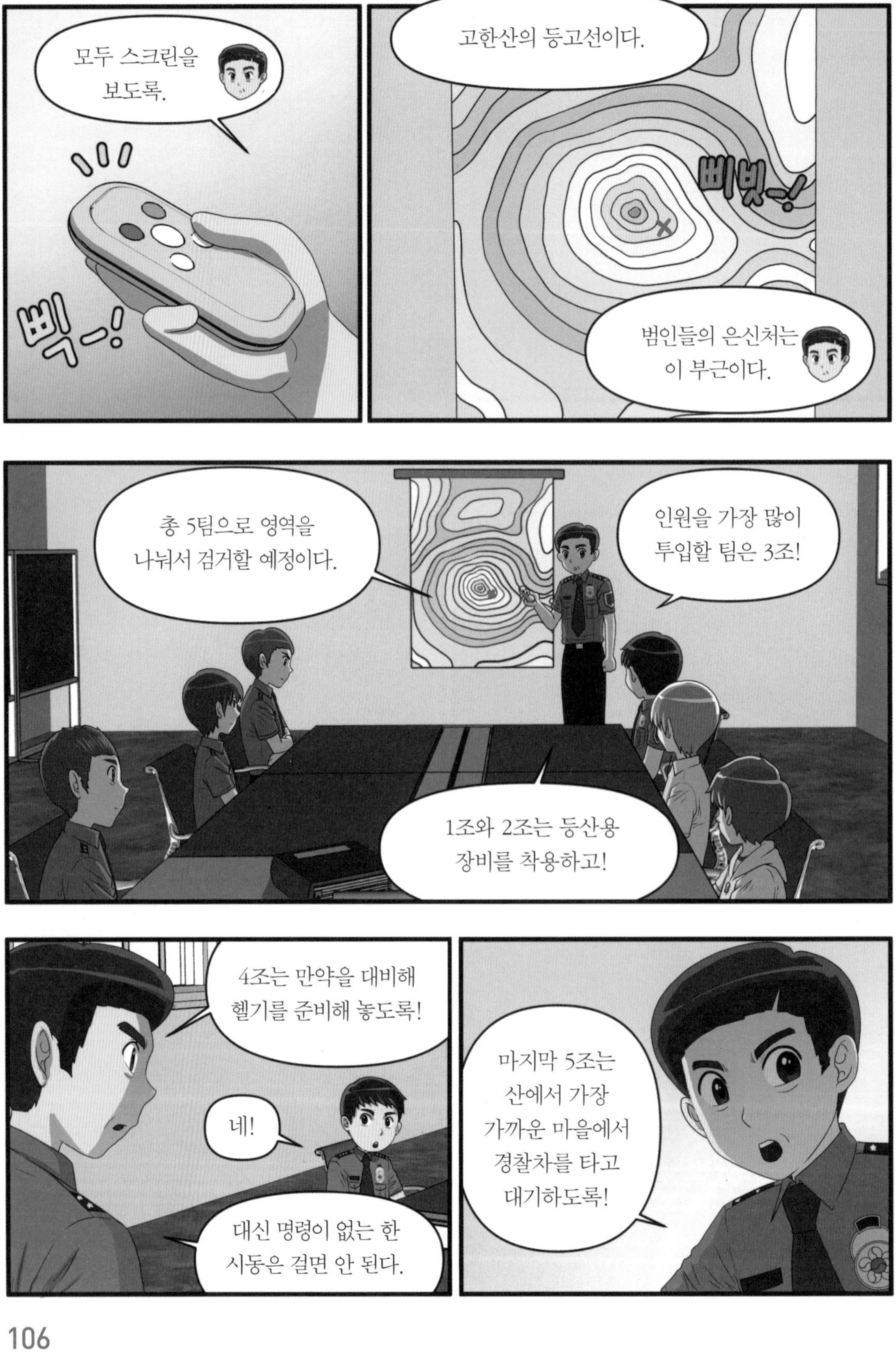
모두 스크린을 보도록.
빅-!
고한산의 등고선이다.
삐빗-!
범인들의 은신처는 이 부근이다.
총 5팀으로 영역을 나눠서 검거할 예정이다.
인원을 가장 많이 투입할 팀은 3조!
1조와 2조는 등산용 장비를 착용하고!
4조는 만약을 대비해 헬기를 준비해 놓도록!
네!
대신 명령이 없는 한 시동은 걸면 안 된다.
마지막 5조는 산에서 가장 가까운 마을에서 경찰차를 타고 대기하도록!

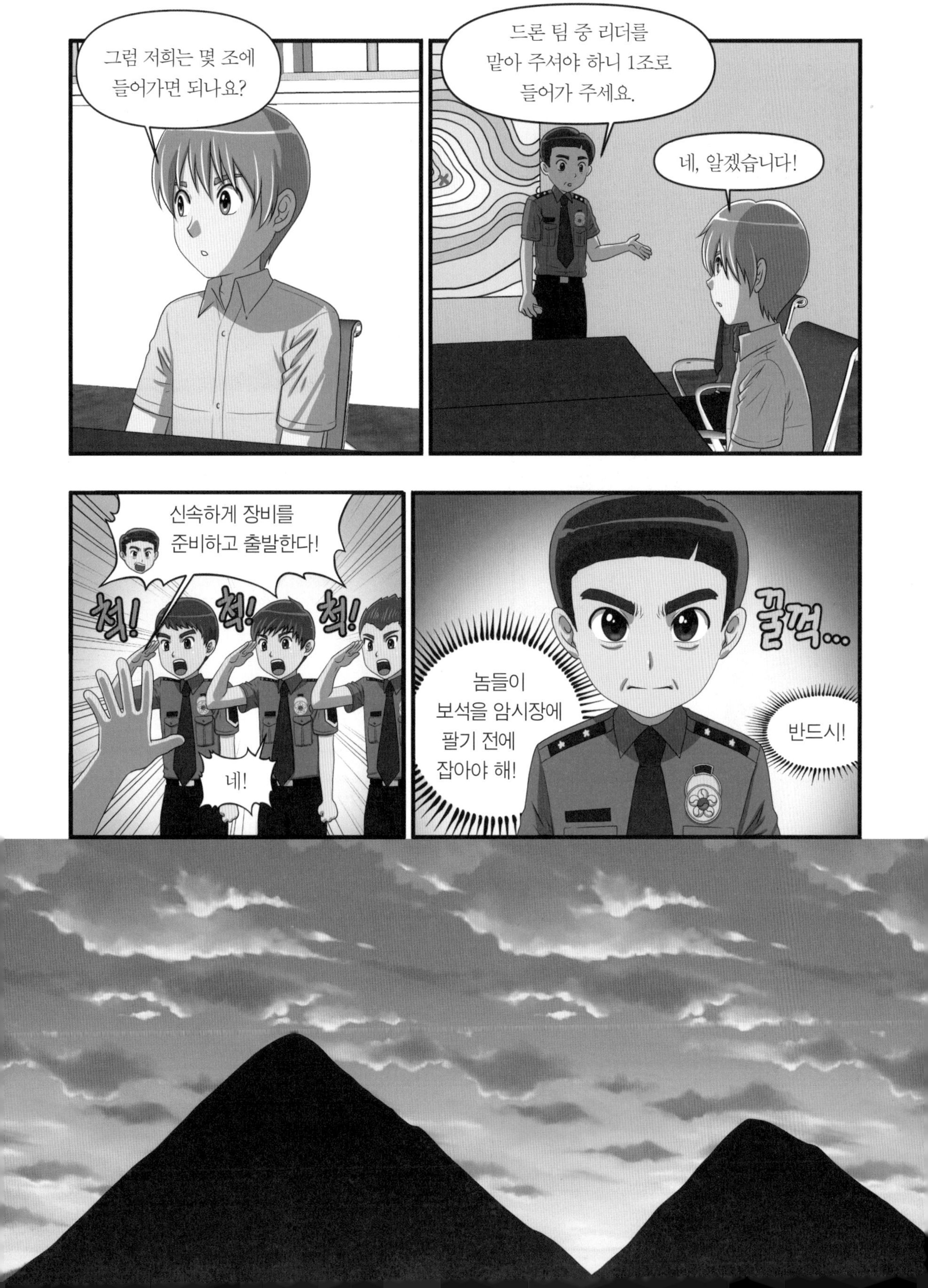

그럼 저희는 몇 조에 들어가면 되나요?
드론 팀 중 리더를 맡아 주셔야 하니 1조로 들어가 주세요.
네, 알겠습니다!
신속하게 장비를 준비하고 출발한다!
척! 척! 척!
네!
꿀꺽...
놈들이 보석을 암시장에 팔기 전에 잡아야 해!
반드시!

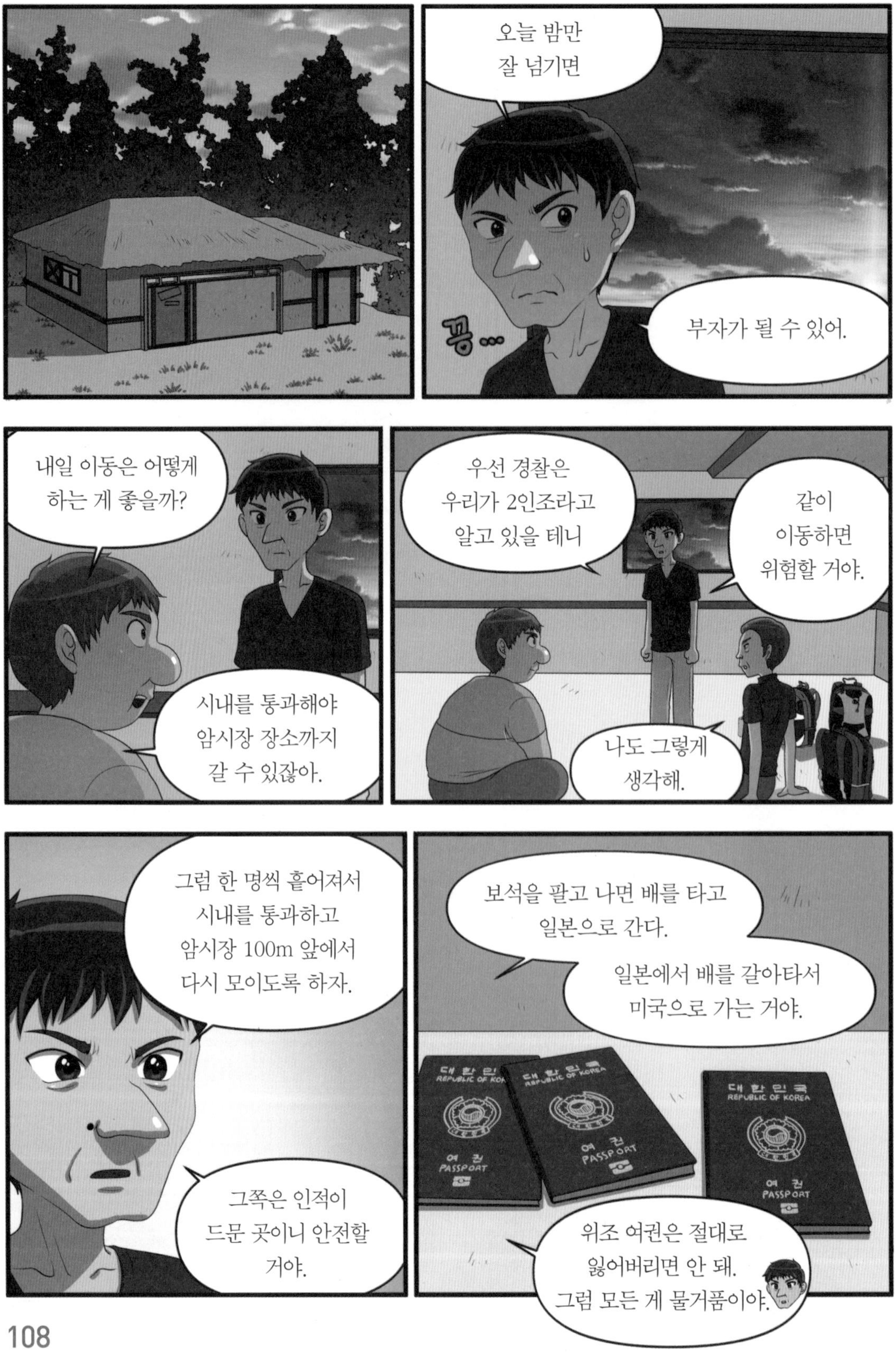
오늘 밤만
잘 넘기면
끙...
부자가 될 수 있어.
내일 이동은 어떻게
하는 게 좋을까?
시내를 통과해야
암시장 장소까지
갈 수 있잖아.
우선 경찰은
우리가 2인조라고
알고 있을 테니
같이
이동하면
위험할 거야.
나도 그렇게
생각해.
그럼 한 명씩 흩어져서
시내를 통과하고
암시장 100m 앞에서
다시 모이도록 하자.
그쪽은 인적이
드문 곳이니 안전할
거야.
보석을 팔고 나면 배를 타고
일본으로 간다.
일본에서 배를 갈아타서
미국으로 가는 거야.
위조 여권은 절대로
잃어버리면 안 돼.
그럼 모든 게 물거품이야.

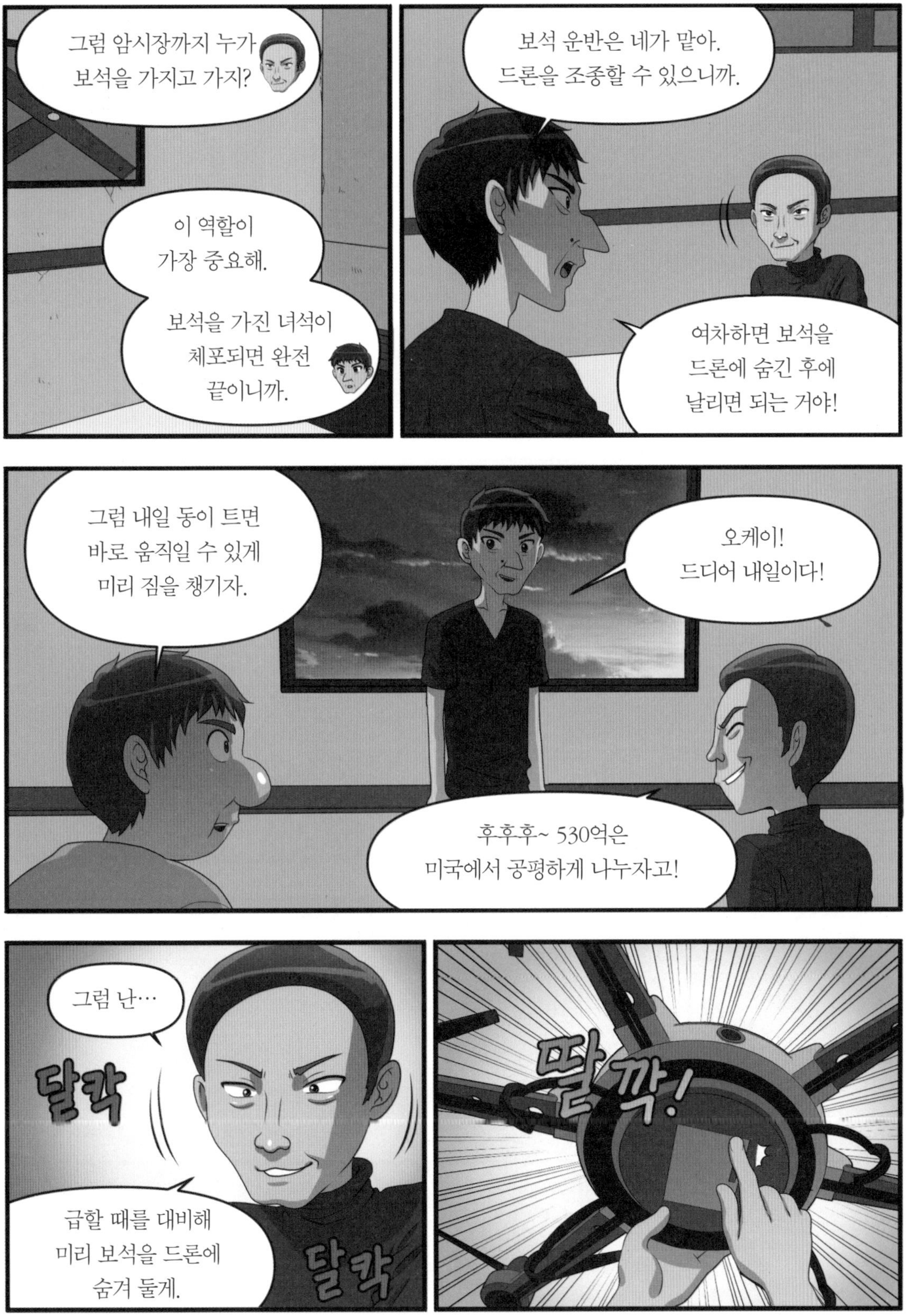
그럼 암시장까지 누가 보석을 가지고 가지?
이 역할이 가장 중요해.
보석을 가진 녀석이 체포되면 완전 끝이니까.
보석 운반은 네가 맡아. 드론을 조종할 수 있으니까.
여차하면 보석을 드론에 숨긴 후에 날리면 되는 거야!
그럼 내일 동이 트면 바로 움직일 수 있게 미리 짐을 챙기자.
오케이! 드디어 내일이다!
후후후~ 530억은 미국에서 공평하게 나누자고!
그럼 난…
달칵
급할 때를 대비해 미리 보석을 드론에 숨겨 둘게.
달칵
딸깍!

전 대원들에게
알린다.

목적지가
보이므로
사이렌을
모두 끄도록!

치직!

거의 다 왔나 봐.

네.

꿀꺽...

끼―익!

턱!

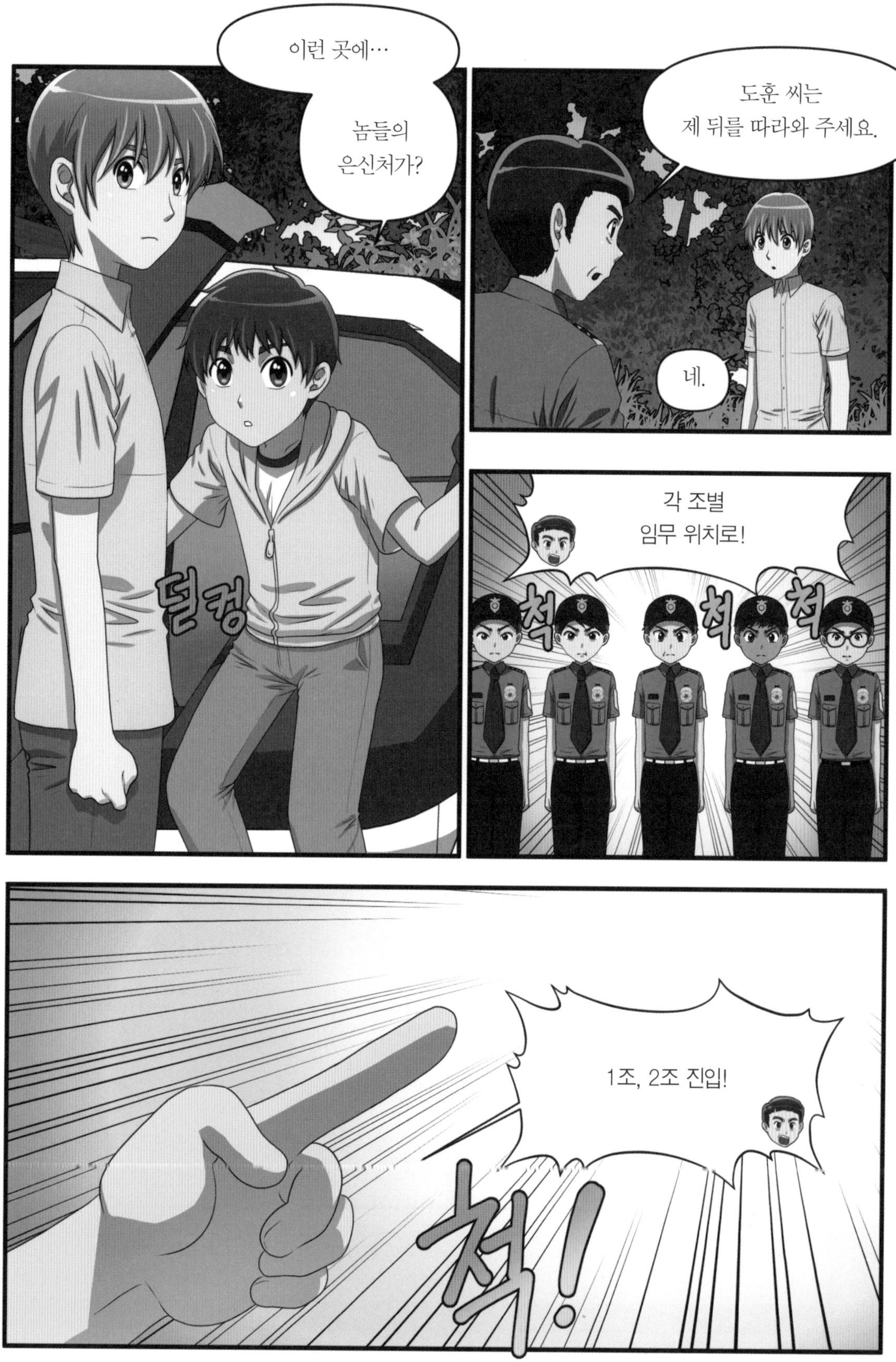
이런 곳에…
놈들의 은신처가?
덜컹
도훈 씨는 제 뒤를 따라와 주세요.
네.
각 조별 임무 위치로!
척 척 척
1조, 2조 진입!
척!

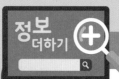

Q&A를 통해 알아보는 무인 비행 장치의 모든 것

Q. 취미용 무인 비행 장치도 안전 관리 대상인가요?

A. 취미 활동으로 무인 비행 장치를 이용하는 경우라도 조종자 준수 사항은 반드시 지켜야 해요. 이는 타 비행체와의 충돌을 방지하고 무인 비행 장치 추락으로 생기는 지상의 제3자 피해를 예방하기 위한 최소한의 안전장치이기 때문이에요. 또한 비행 금지 구역이나 관제권(공항 주변 반경 9.3㎞)에서 비행할 때도 무게나 비행 목적에 관계없이 허가가 필요해요.

Q. 드론을 실내에서 비행할 때에도 비행 승인을 받아야 되나요?

A. 사방, 천장이 막힌 실내 공간에서 비행할 때는 승인을 받지 않아도 돼요. 적절한 조명 장치가 있는 실내 공간이라면 야간에도 가능해요. 다만 어떠한 경우에도 인명과 재산에 위험을 초래할 우려가 없도록 주의해서 비행해야 해요.

Q. 무인 비행 장치로 취미 생활을 하고 싶은데 자유롭게 날릴 만한 공간이 있나요?

A. 시화, 양평 등 전국 각지에 총 28곳의 '초경량 비행 장치 전용 공역'이 설정되어 있고, 그 안에서는 허가를 받지 않아도 자유롭게 비행할 수 있어요. 최근 국토부, 국방부, 동호 단체 간 협의로 수도권 내 4곳에서 드론 비행을 자

유롭게 할 수 있어요.

• 수도권 드론 전용 장소: 가양대교 북단, 신정교, 광나루, 별내 IC 인근

Q. 드론으로 사진 촬영하는 데도 허가가 필요한가요?

A. 항공 사진 촬영 허가권자는 국방부 장관이며 국방정보본부 보안암호정책과에
서 업무를 담당하고 있어요.

촬영 7일 전에 국방부로 '항공 사진 촬영 허가 신청서'를 전자 문서(공공 기관의
경우) 또는 팩스(일반 업체의 경우)로 보내면 촬영 목적과 보안상 위해성 여부 등을
검토한 후 허가해 줘요.

Q. 항공 촬영 허가를 받으면 비행 승인을 받지 않아도 되나요?

A. 항공 촬영 허가와 비행 승인은 별도예요. 항공 사진 촬영 목적으로 드론을 날
리려면 먼저 국방부에서 항공 사진 촬영 허가를 받고, 이를 첨부하여 공역별
관할 기관에 비행 승인을 신청해야 하지요.

악어의 금빛 눈물을 되찾아라!

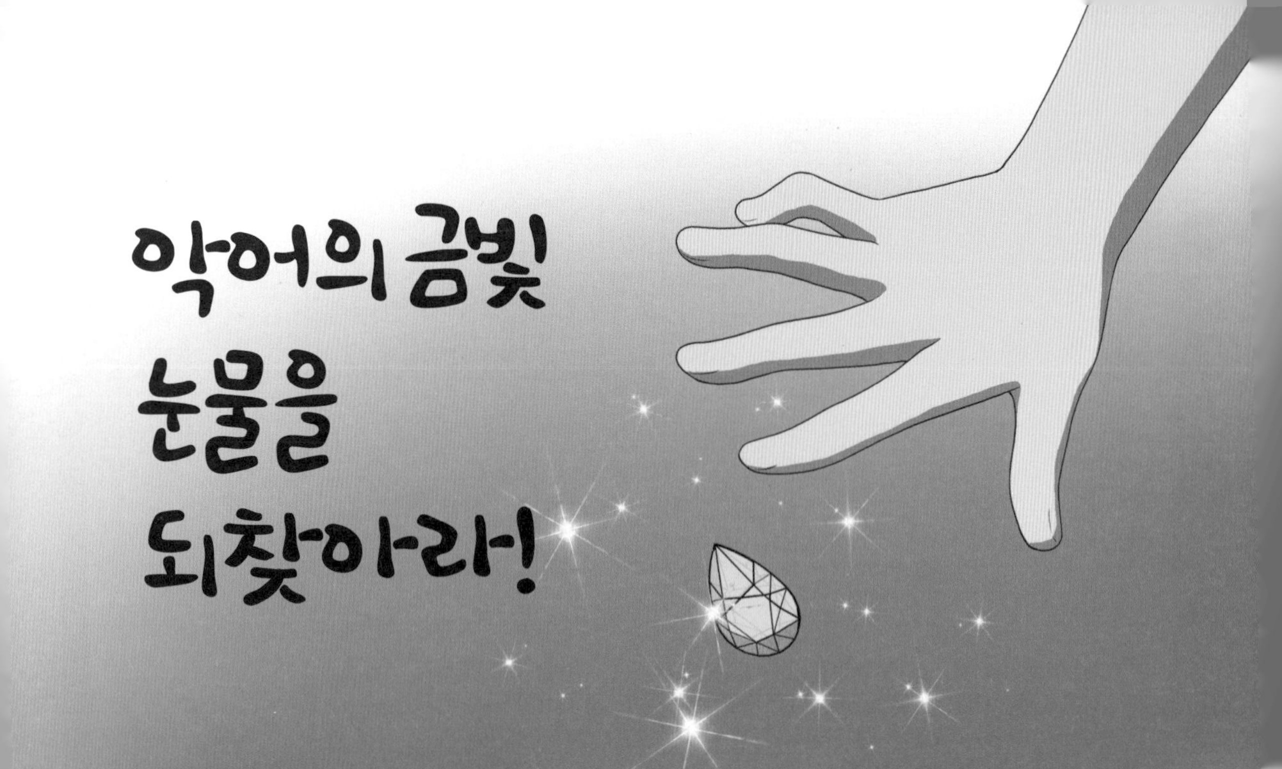

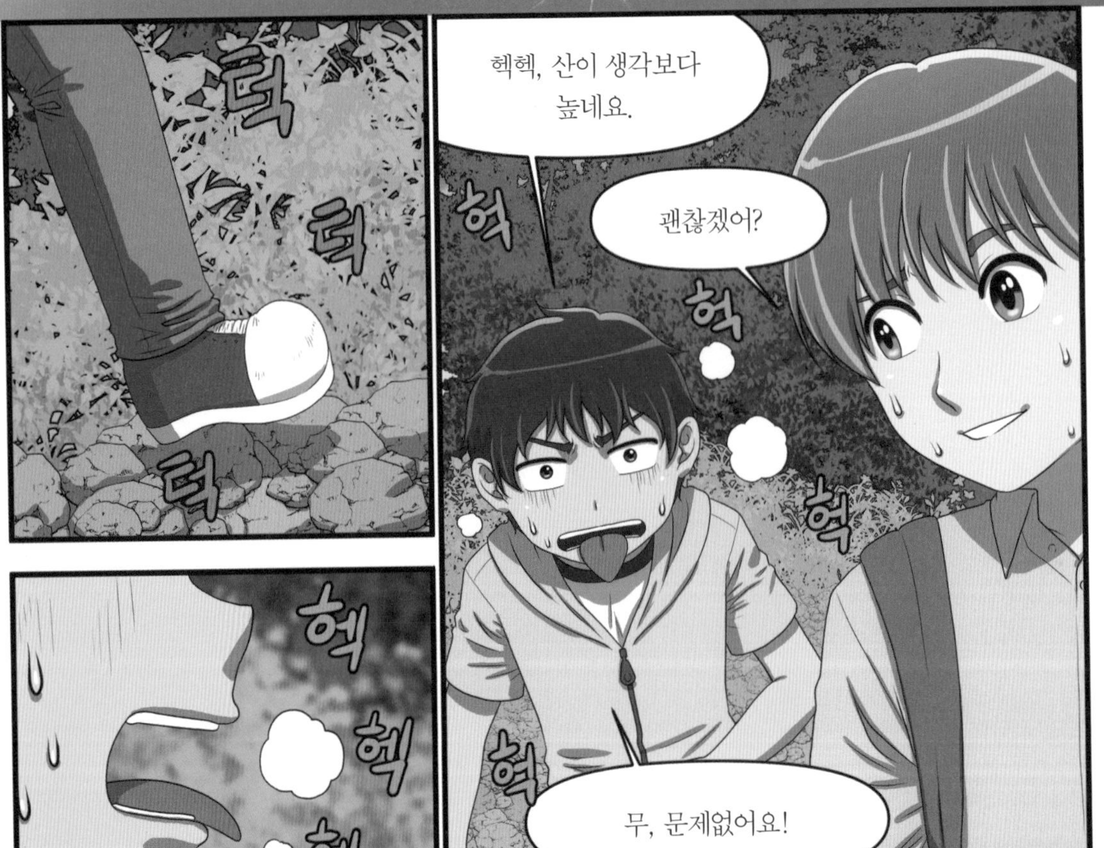
터
터
터
헉헉, 산이 생각보다 높네요.
헉
괜찮겠어?
헉
헉
헉
무, 문제없어요!
헉
헉
헉

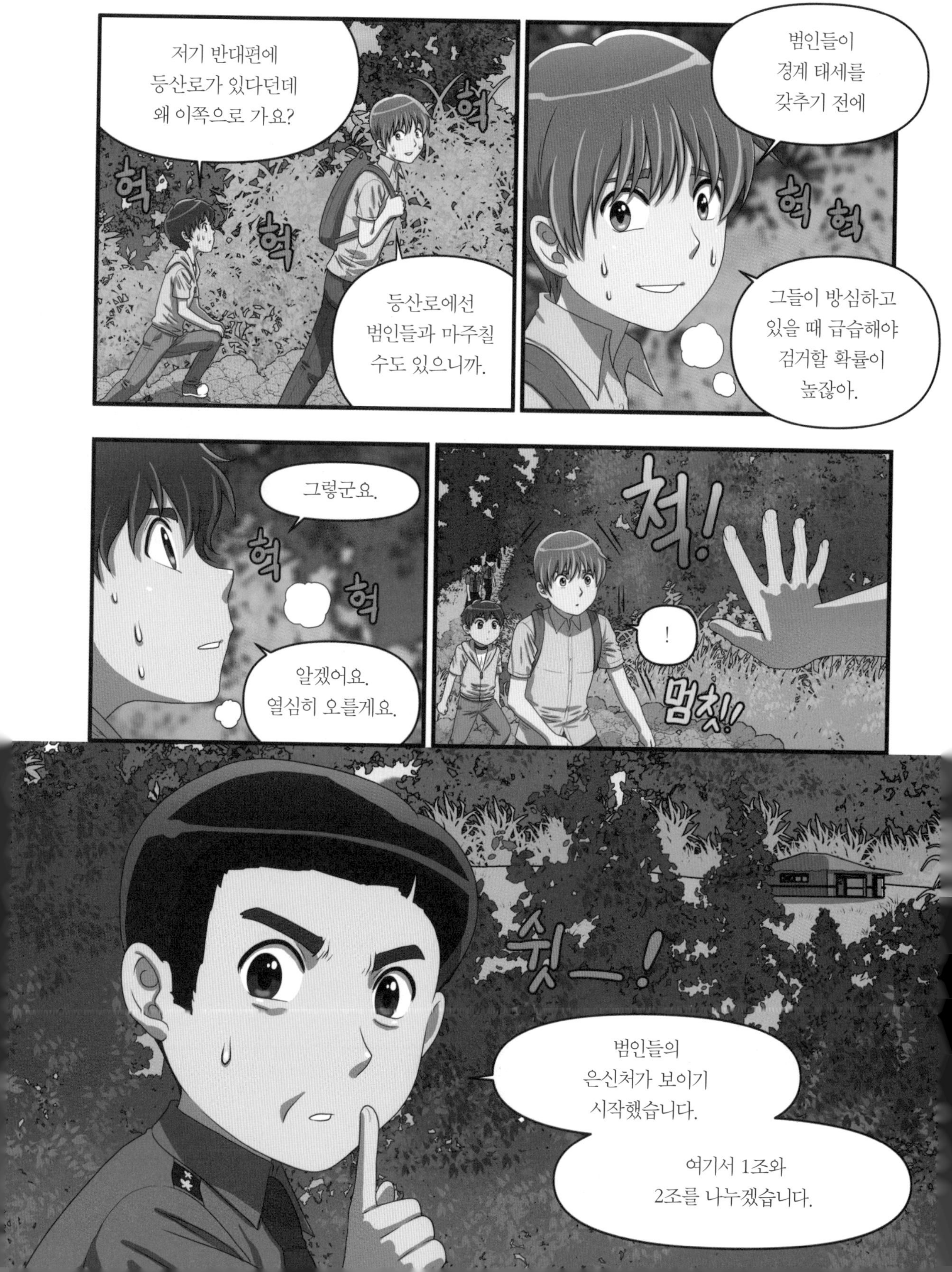
저기 반대편에 등산로가 있다던데 왜 이쪽으로 가요?
헉
헉
헉
등산로에선 범인들과 마주칠 수도 있으니까.
범인들이 경계 태세를 갖추기 전에
헉 헉
그들이 방심하고 있을 때 급습해야 검거할 확률이 높잖아.
그렇군요.
헉
헉
알겠어요. 열심히 오를게요.
척!
!
멈칫!!
쉿—!
범인들의 은신처가 보이기 시작했습니다.
여기서 1조와 2조를 나누겠습니다.

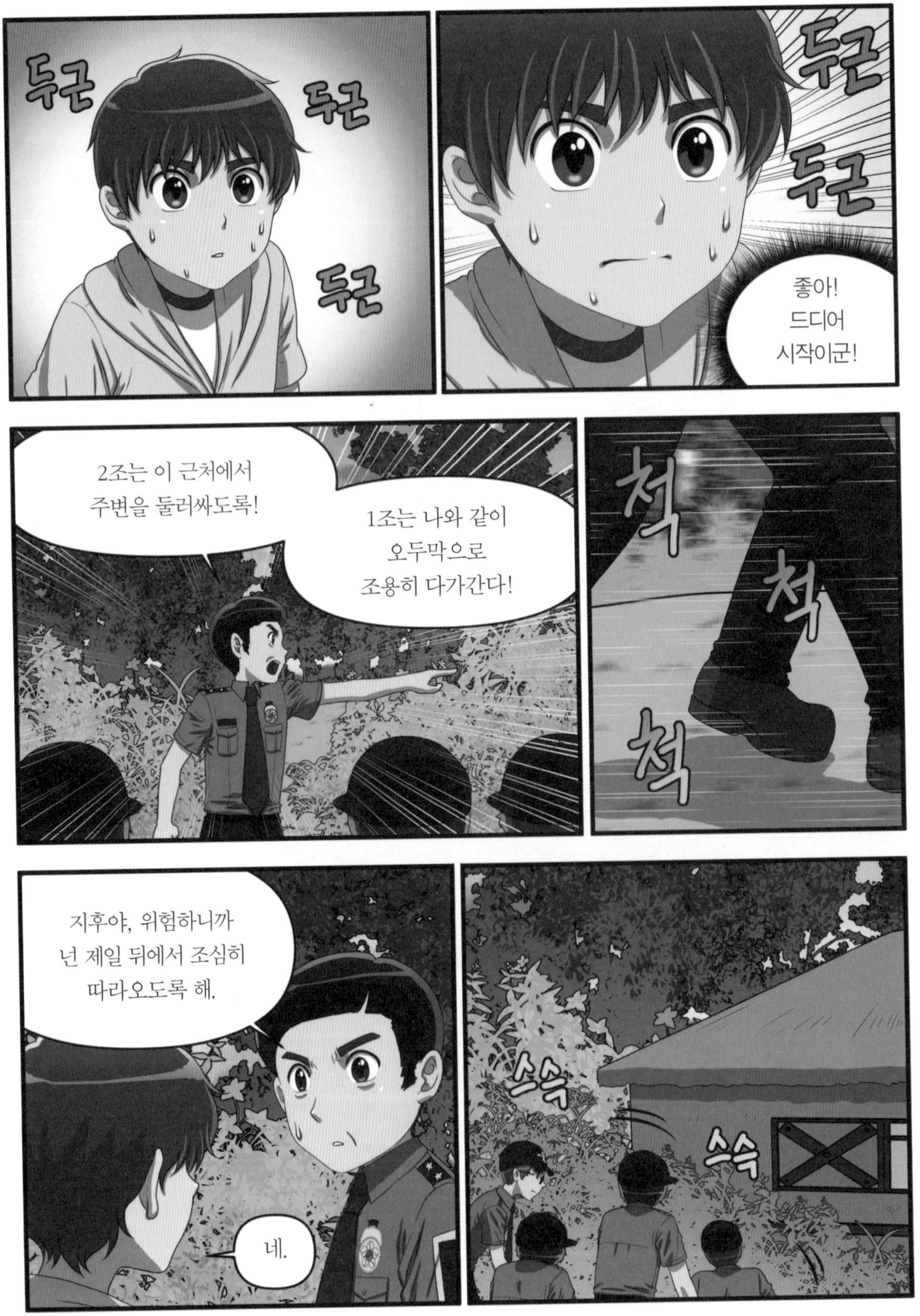
두근
두근
두근
두근
두근
좋아! 드디어 시작이군!
2조는 이 근처에서 주변을 둘러싸도록!
1조는 나와 같이 오두막으로 조용히 다가간다!
척
척
척
지후야, 위험하니까 넌 제일 뒤에서 조심히 따라오도록 해.
네.
스슥
스슥

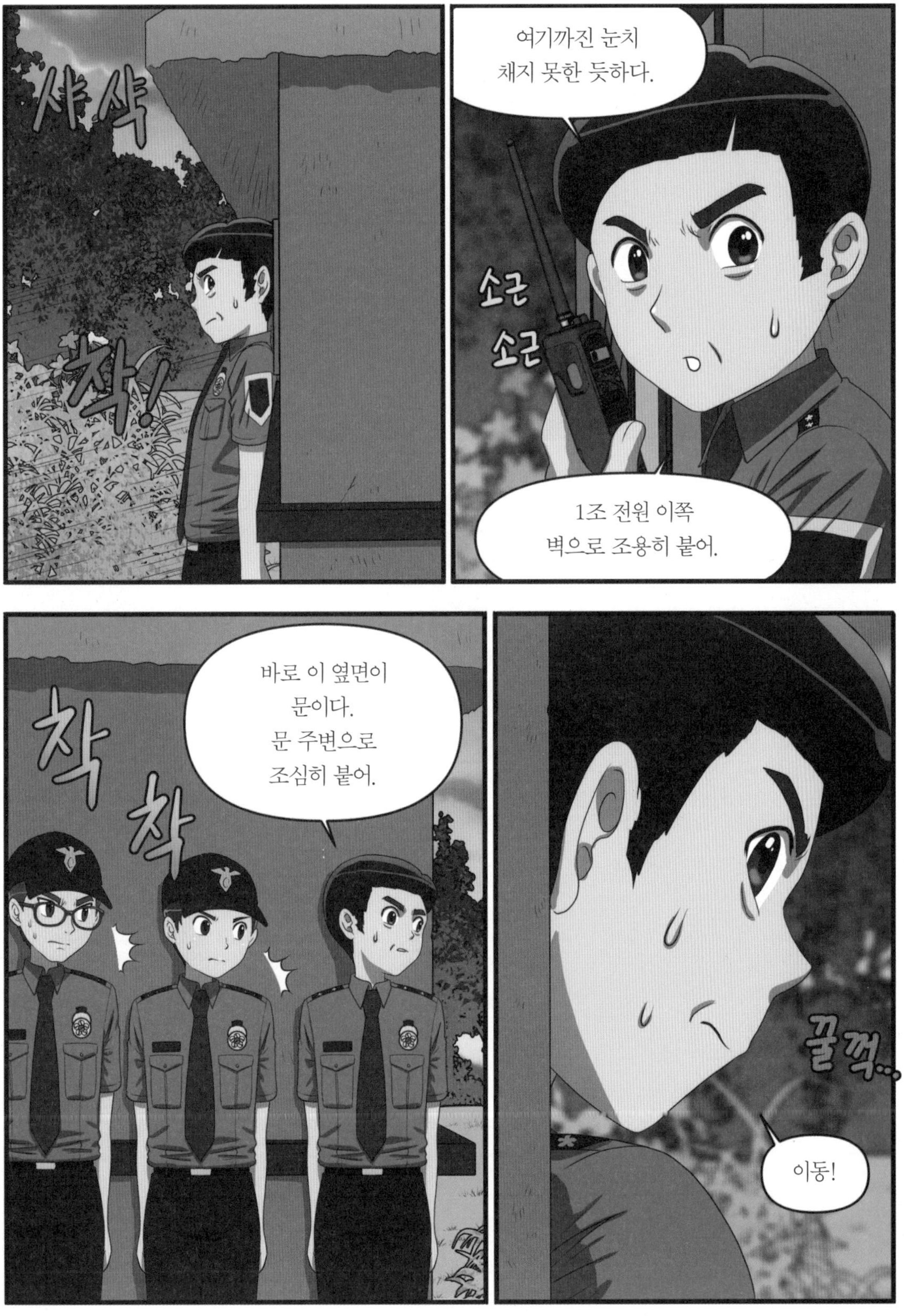
샤 샥
착!
여기까진 눈치 채지 못한 듯하다.
소근 소근
1조 전원 이쪽 벽으로 조용히 붙어.
착 착
바로 이 옆면이 문이다. 문 주변으로 조심히 붙어.
꿀꺽…
이동!

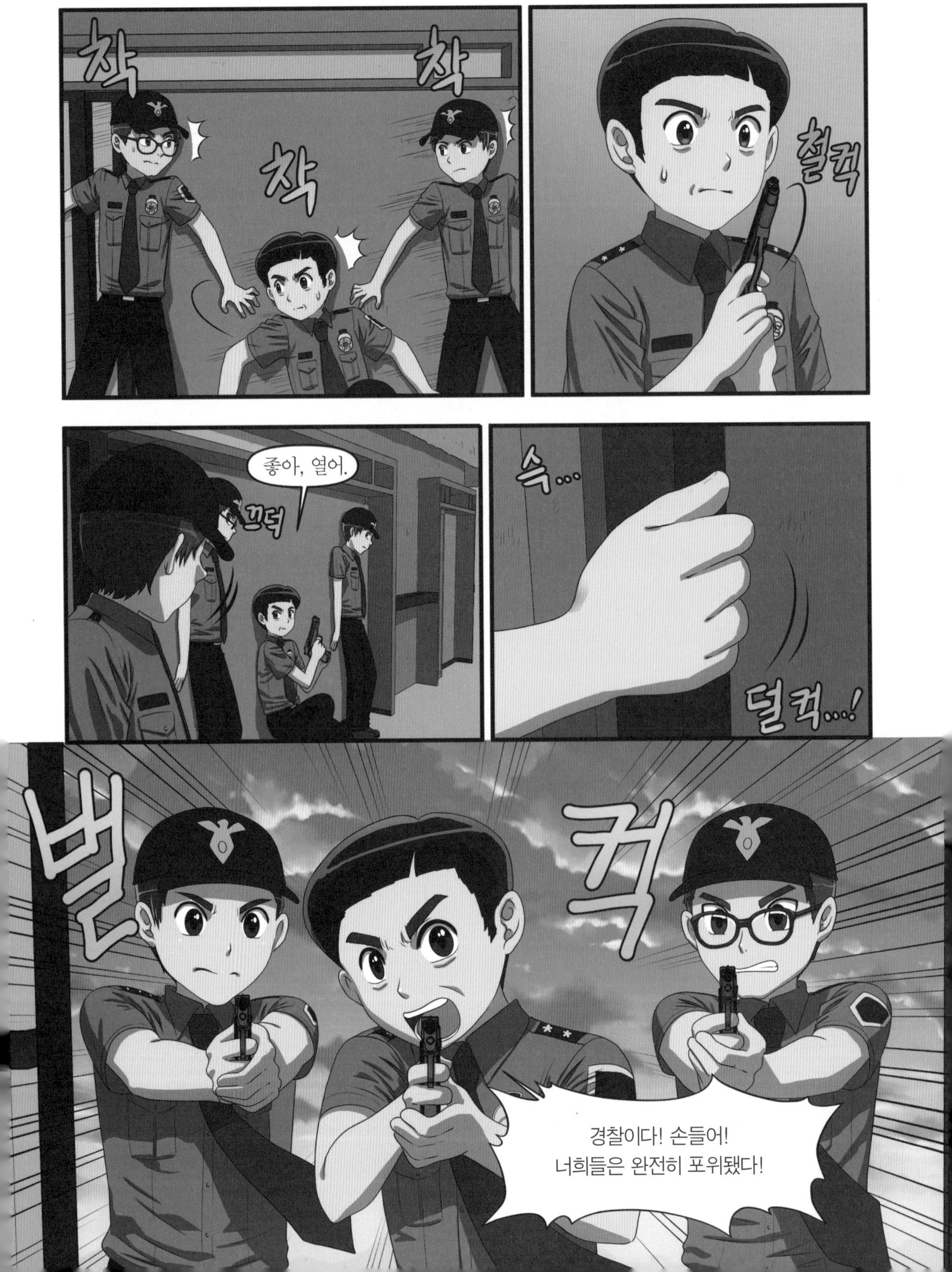
착
착
착
철컥
끄덕
좋아, 열어.
슥...
덜컥...!
벌컥
경찰이다! 손들어!
너희들은 완전히 포위됐다!

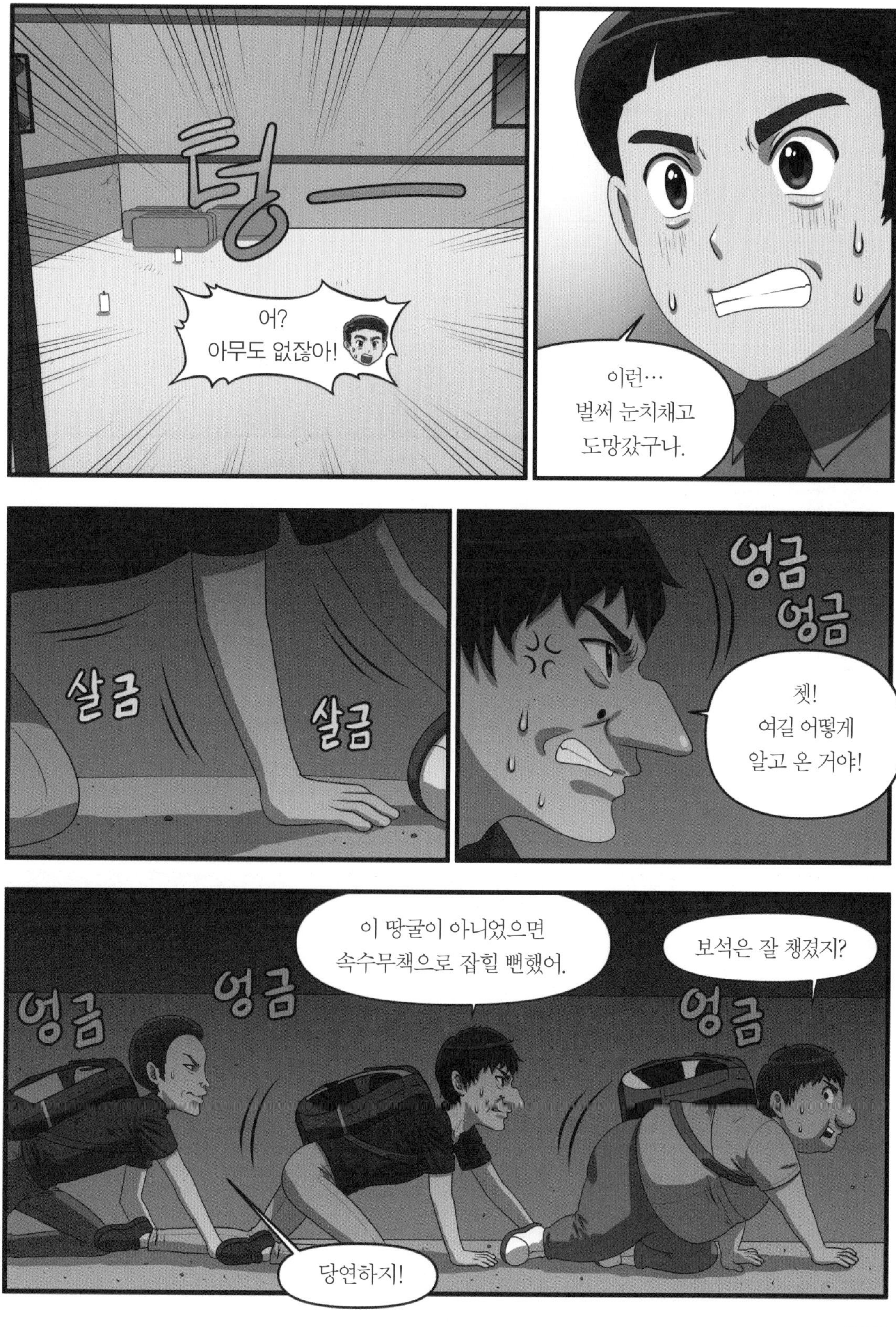
텅ㅡ
어? 아무도 없잖아!
이런… 벌써 눈치채고 도망갔구나.
살금
살금
엉금 엉금
쳇! 여길 어떻게 알고 온 거야!
엉금
엉금
이 땅굴이 아니었으면 속수무책으로 잡힐 뻔했어.
엉금
보석은 잘 챙겼지?
당연하지!

혹시 단서가
있는지 수색해!

버
럭!

작은 것 하나라도
놓치면 안 된다!

나도 도와 드려야지.

두리번

두리번

?

여기 뭔가
바닥이 좀 다른데?

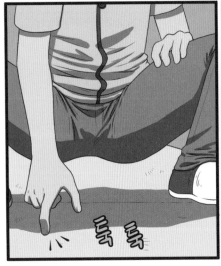

툭 툭

드
드
드...

드
드
드...

이, 이건!

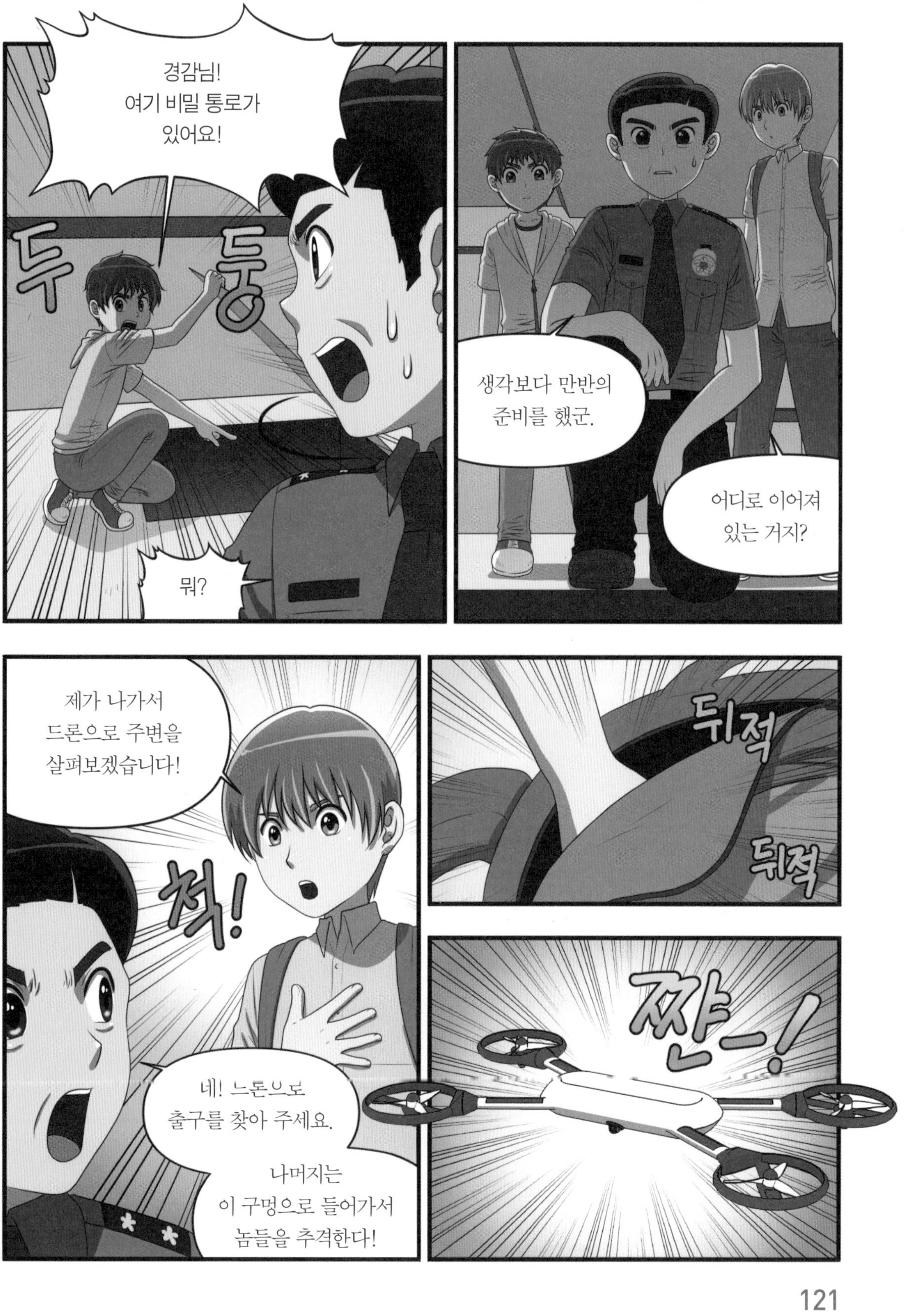
경감님!
여기 비밀 통로가
있어요!
두둥
뭐?
생각보다 만반의
준비를 했군.
어디로 이어져
있는 거지?
제가 나가서
드론으로 주변을
살펴보겠습니다!
척!
뒤적
뒤적
짠-!
네! 드론으로
출구를 찾아 주세요.
나머지는
이 구멍으로 들어가서
놈들을 추격한다!

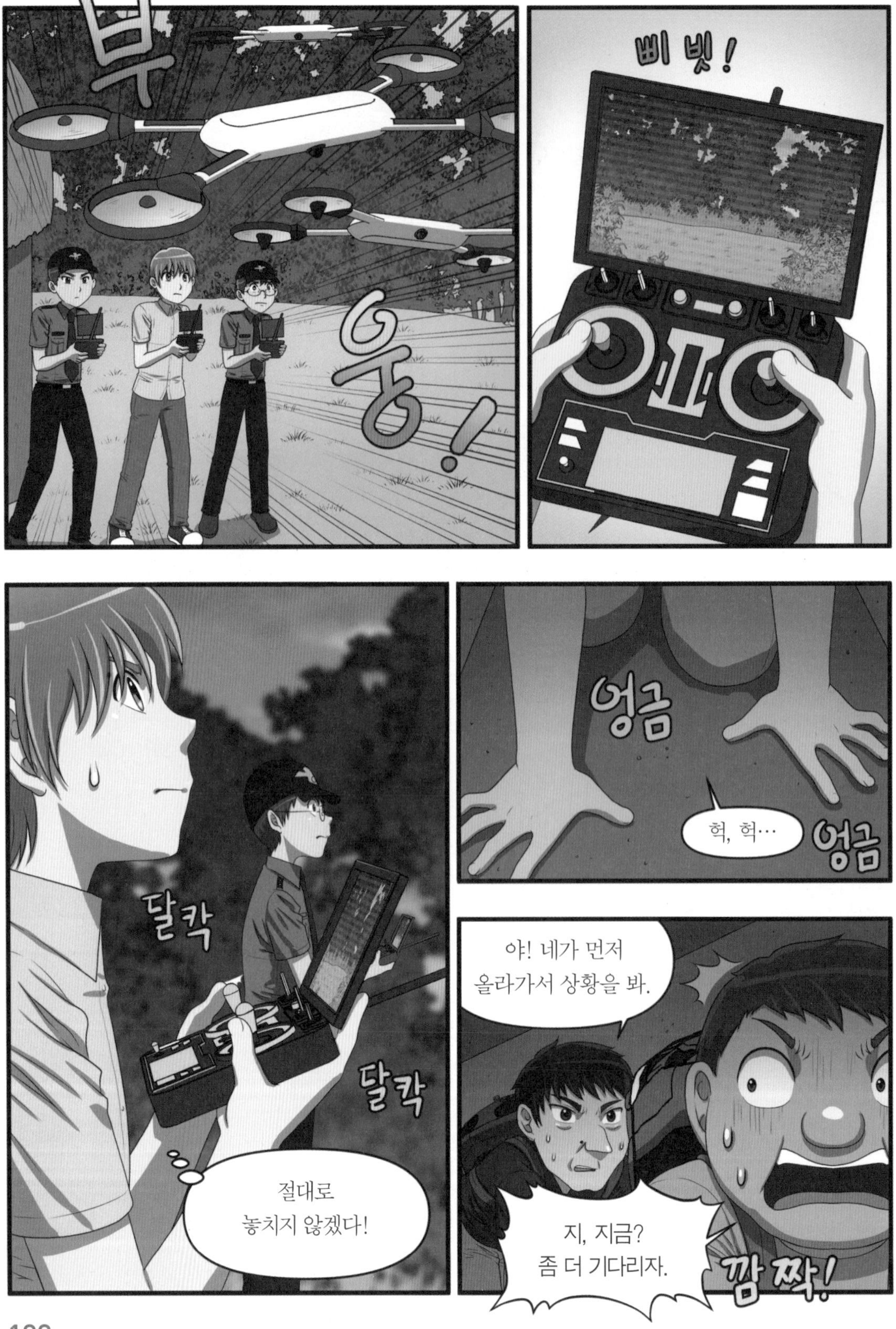
부
웅!
삐빗!
달칵
달칵
절대로
놓치지 않겠다!
엉금
헉, 헉…
엉금
야! 네가 먼저
올라가서 상황을 봐.
지, 지금?
좀 더 기다리자.
깜짝!

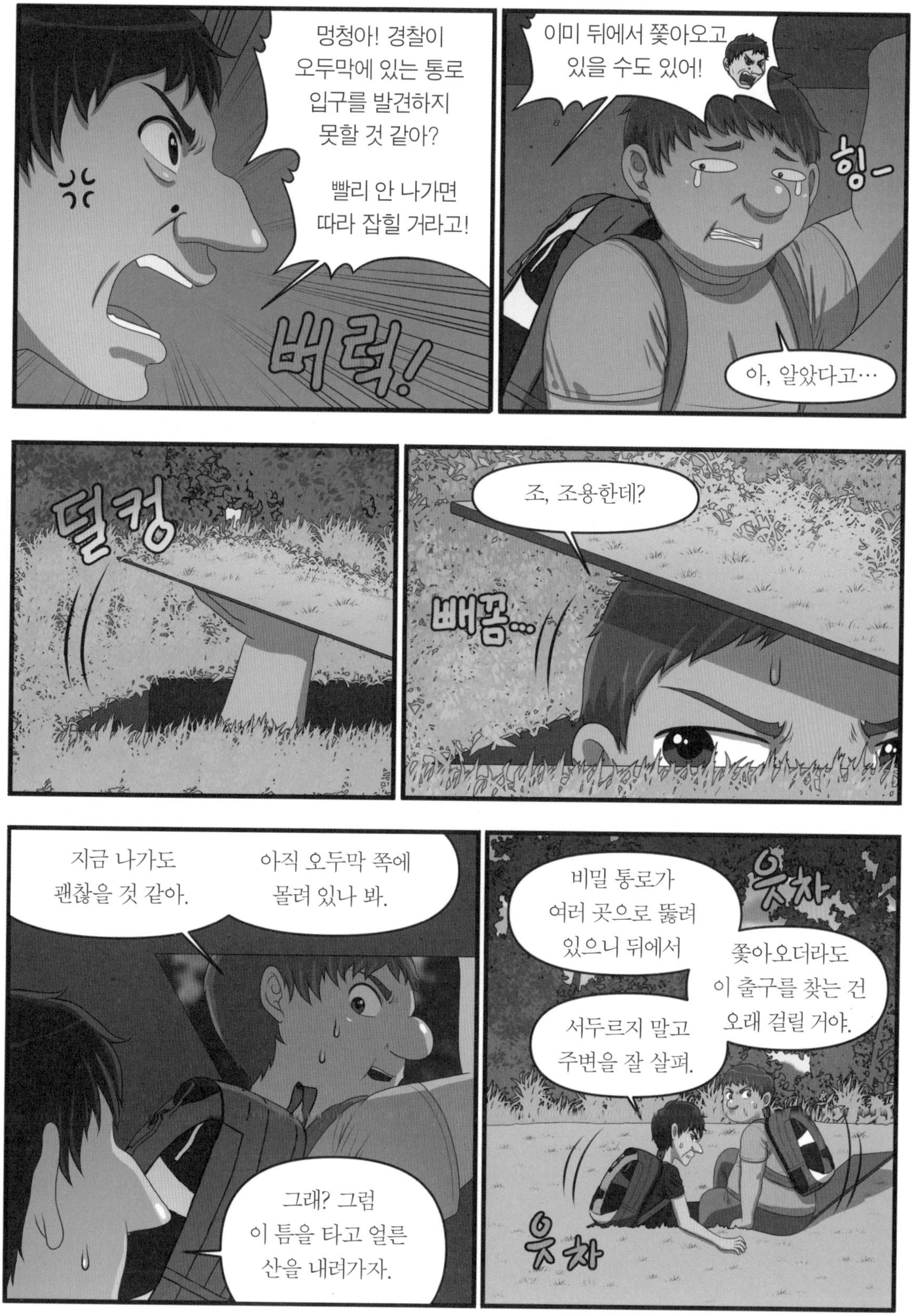

멍청아! 경찰이 오두막에 있는 통로 입구를 발견하지 못할 것 같아?
빨리 안 나가면 따라 잡힐 거라고!
버럭!
이미 뒤에서 쫓아오고 있을 수도 있어!
힝—
아, 알았다고…
덜컹
조, 조용한데?
빼꼼…
지금 나가도 괜찮을 것 같아.
아직 오두막 쪽에 몰려 있나 봐.
그래? 그럼 이 틈을 타고 얼른 산을 내려가자.
영차
비밀 통로가 여러 곳으로 뚫려 있으니 뒤에서
쫓아오더라도 이 출구를 찾는 건 오래 걸릴 거야.
서두르지 말고 주변을 잘 살펴.
영차

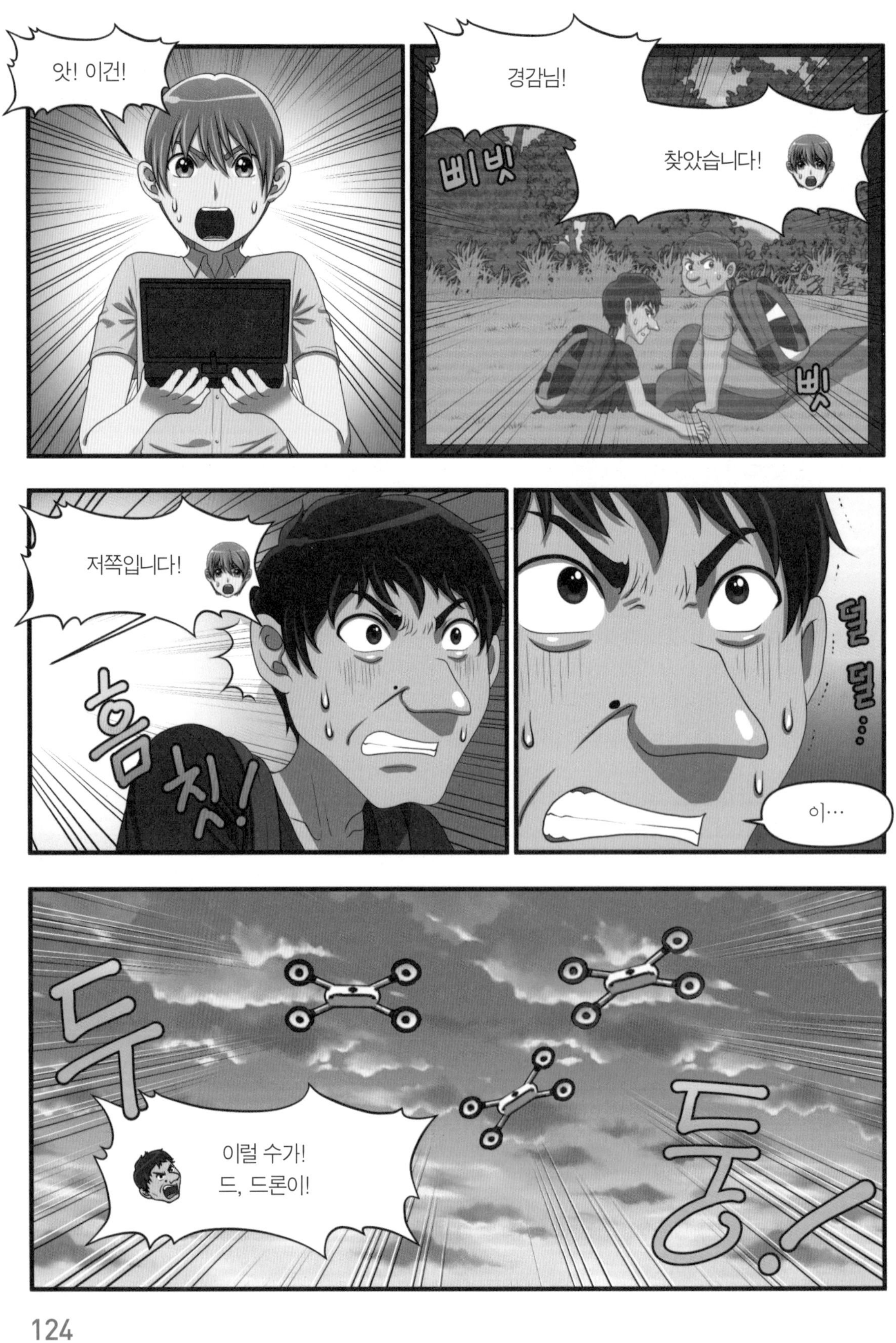
앗! 이건!
경감님!
찾았습니다!
삐빗
빗
저쪽입니다!
흠칫!
덜덜…
이…
두
둥!
이럴 수가!
드, 드론이!

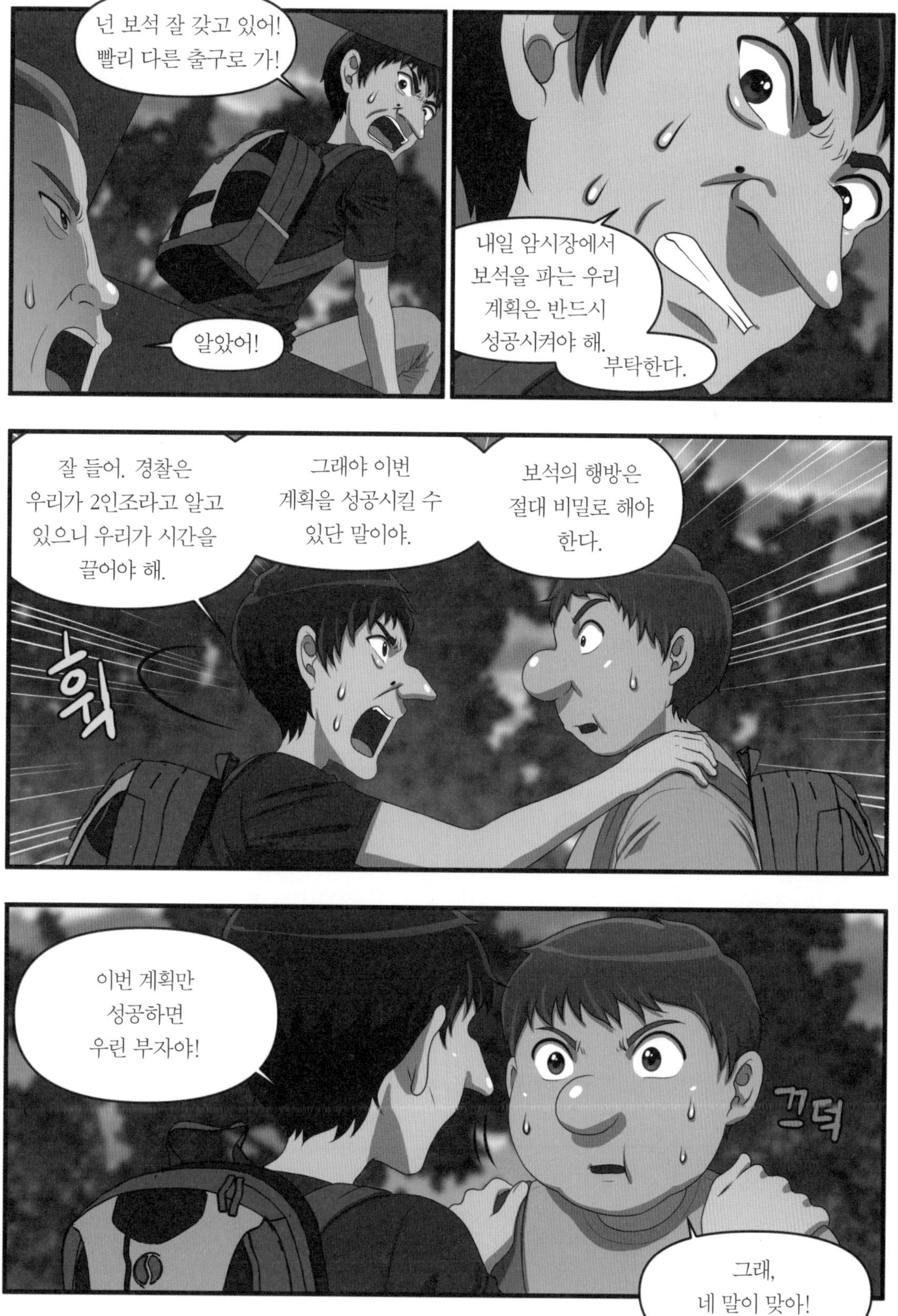

넌 보석 잘 갖고 있어! 빨리 다른 출구로 가!
알았어!
내일 암시장에서 보석을 파는 우리 계획은 반드시 성공시켜야 해.
부탁한다.
잘 들어. 경찰은 우리가 2인조라고 알고 있으니 우리가 시간을 끌어야 해.
그래야 이번 계획을 성공시킬 수 있단 말이야.
보석의 행방은 절대 비밀로 해야 한다.
휙
이번 계획만 성공하면 우린 부자야!
끄덕
그래, 네 말이 맞아!

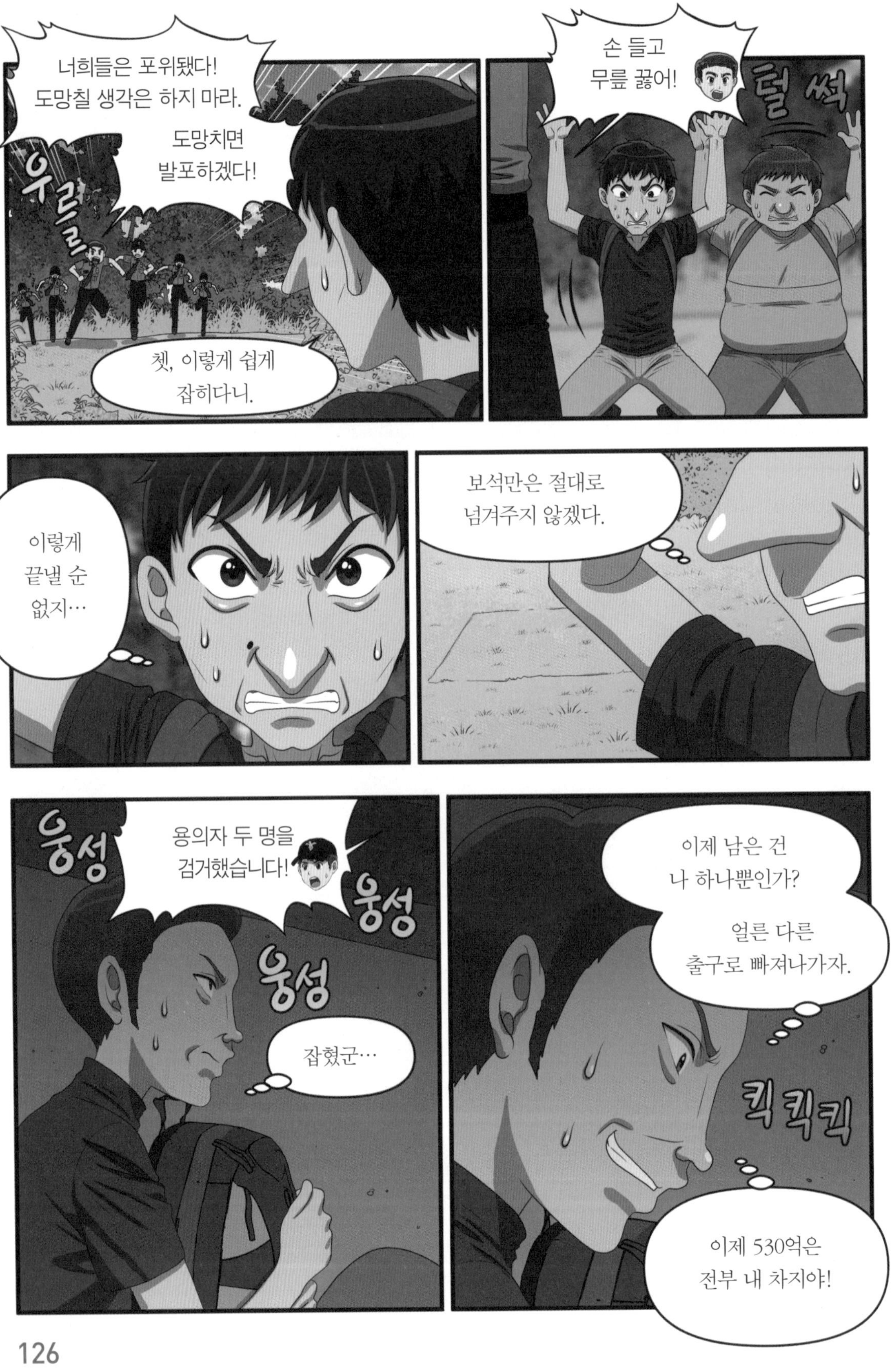

너희들은 포위됐다!
도망칠 생각은 하지 마라.
도망치면
발포하겠다!
우르르
쳇, 이렇게 쉽게
잡히다니.
손 들고
무릎 꿇어!
털썩
이렇게
끝낼 순
없지…
보석만은 절대로
넘겨주지 않겠다.
웅성
용의자 두 명을
검거했습니다!
웅성
웅성
잡혔군…
이제 남은 건
나 하나뿐인가?
얼른 다른
출구로 빠져나가자.
킥킥킥
이제 530억은
전부 내 차지야!

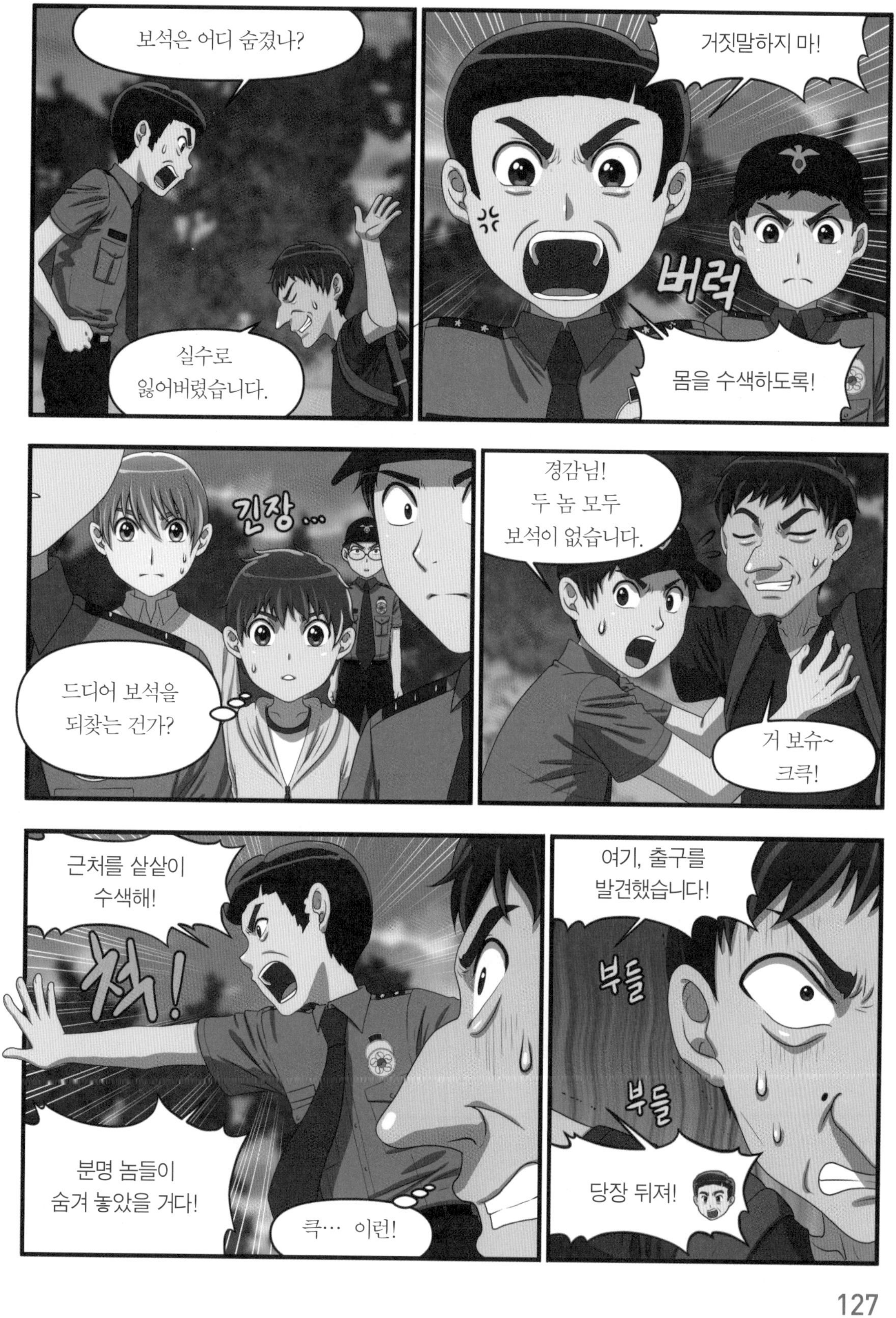
보석은 어디 숨겼나?
실수로
잃어버렸습니다.
거짓말하지 마!
버럭
몸을 수색하도록!
긴장…
드디어 보석을
되찾는 건가?
경감님!
두 놈 모두
보석이 없습니다.
거 보슈~
크큭!
근처를 샅샅이
수색해!
척!
분명 놈들이
숨겨 놓았을 거다!
큭… 이런!
여기, 출구를
발견했습니다!
부들
부들
당장 뒤져!

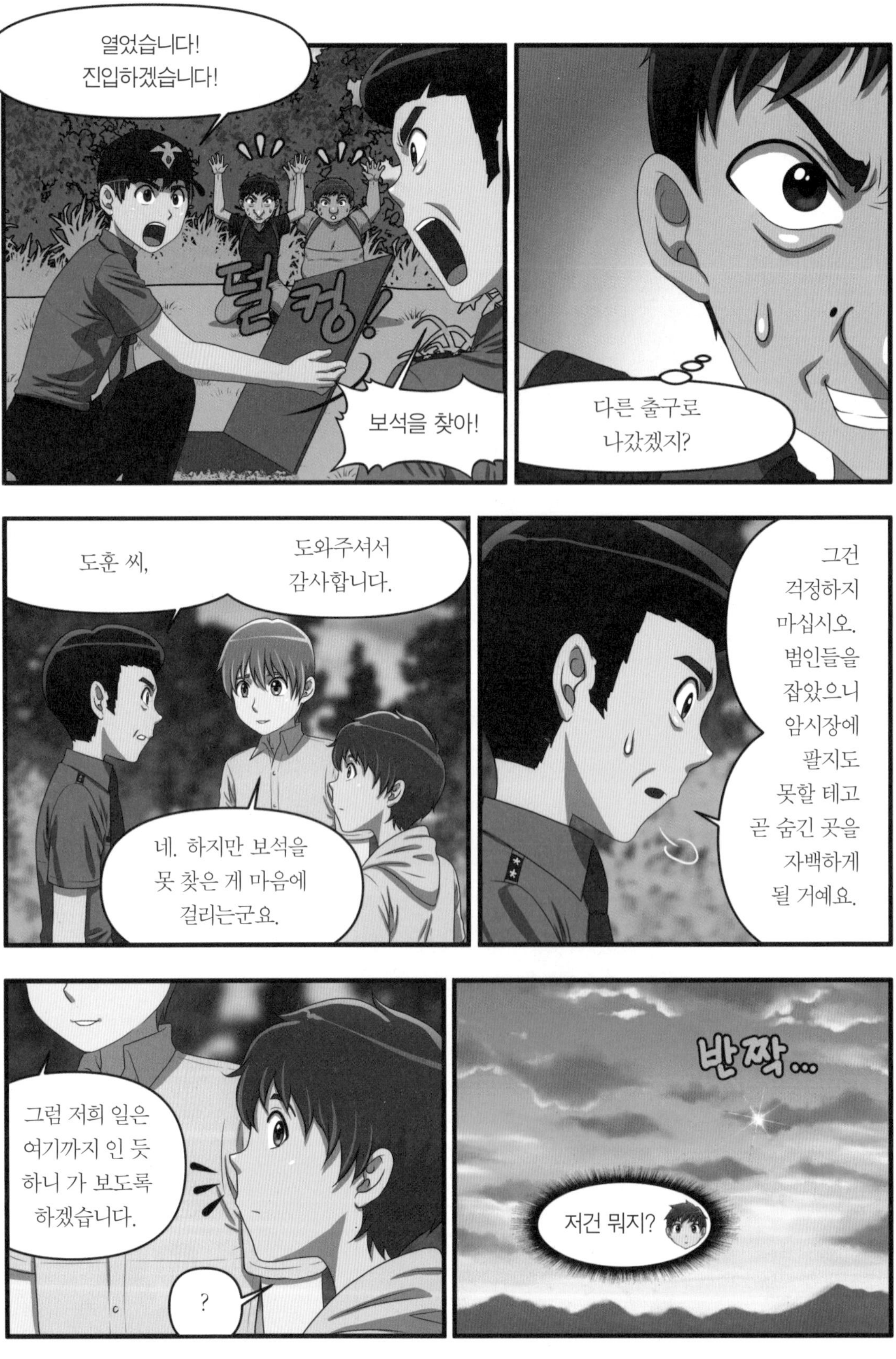
열었습니다! 진입하겠습니다!
덜컹!
보석을 찾아!
다른 출구로 나갔겠지?
도훈 씨,
도와주셔서 감사합니다.
네. 하지만 보석을 못 찾은 게 마음에 걸리는군요.
그건 걱정하지 마십시오. 범인들을 잡았으니 암시장에 팔지도 못할 테고 곧 숨긴 곳을 자백하게 될 거예요.
그럼 저희 일은 여기까지 인 듯 하니 가 보도록 하겠습니다.
?
반짝...
저건 뭐지?

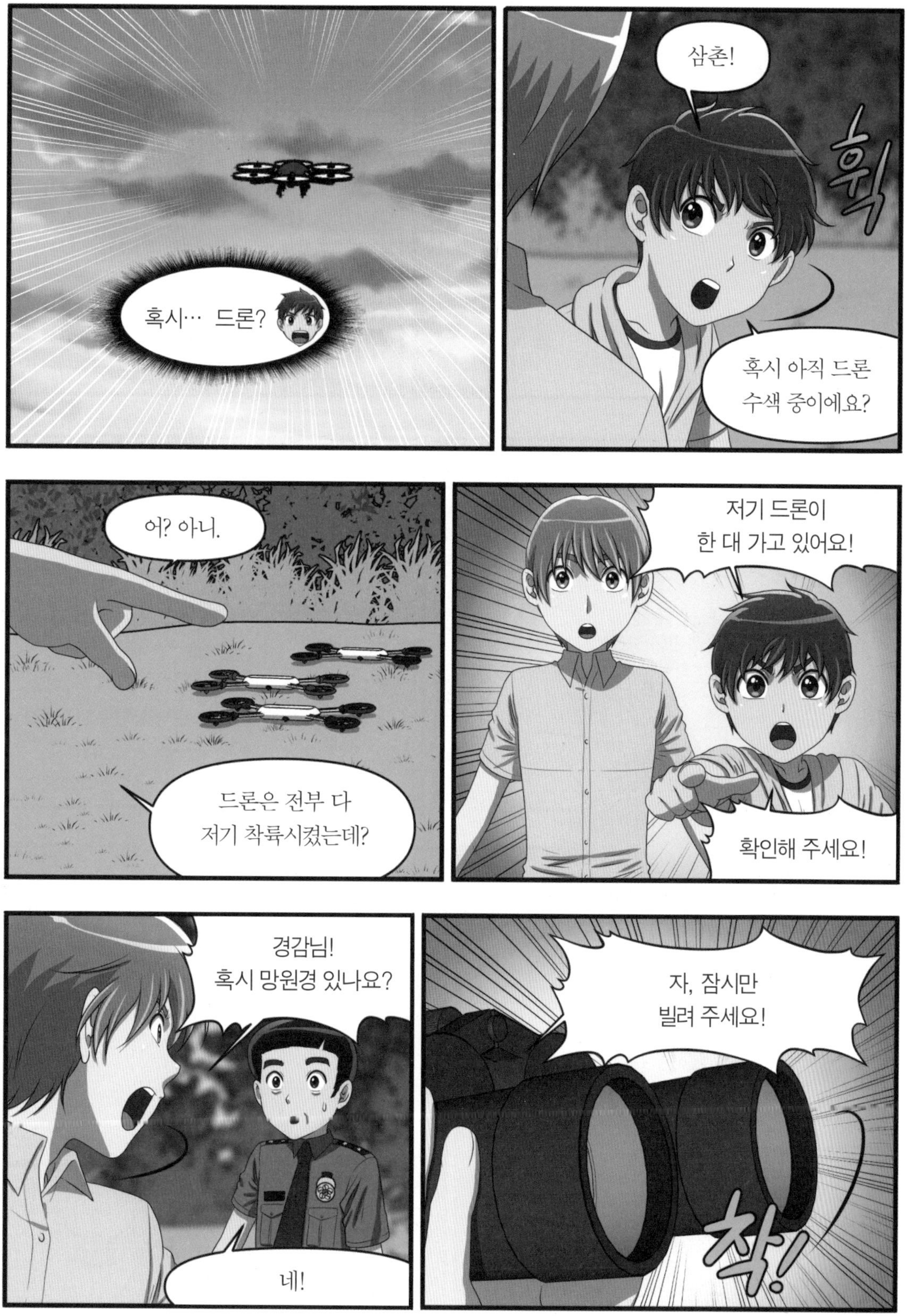
혹시… 드론?
삼촌!
휙
혹시 아직 드론 수색 중이에요?
어? 아니.
드론은 전부 다 저기 착륙시켰는데?
저기 드론이 한 대 가고 있어요!
확인해 주세요!
경감님! 혹시 망원경 있나요?
네!
자, 잠시만 빌려 주세요!
착!

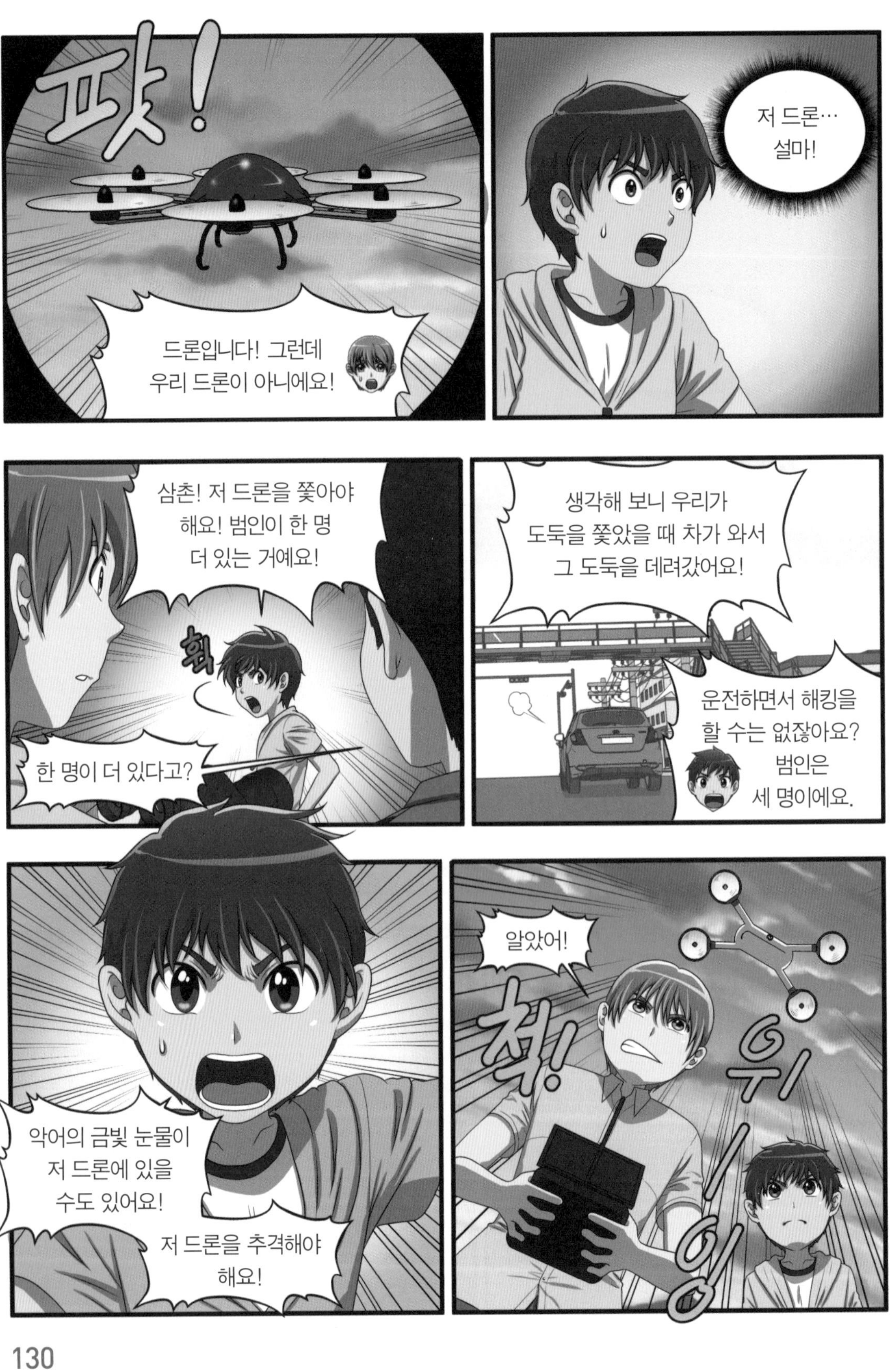
팟!
드론입니다! 그런데 우리 드론이 아니에요!
저 드론… 설마!
삼촌! 저 드론을 쫓아야 해요! 범인이 한 명 더 있는 거예요!
휙
한 명이 더 있다고?
생각해 보니 우리가 도둑을 쫓았을 때 차가 와서 그 도둑을 데려갔어요!
운전하면서 해킹을 할 수는 없잖아요? 범인은 세 명이에요.
악어의 금빛 눈물이 저 드론에 있을 수도 있어요!
저 드론을 추격해야 해요!
알았어!
척!
위이잉

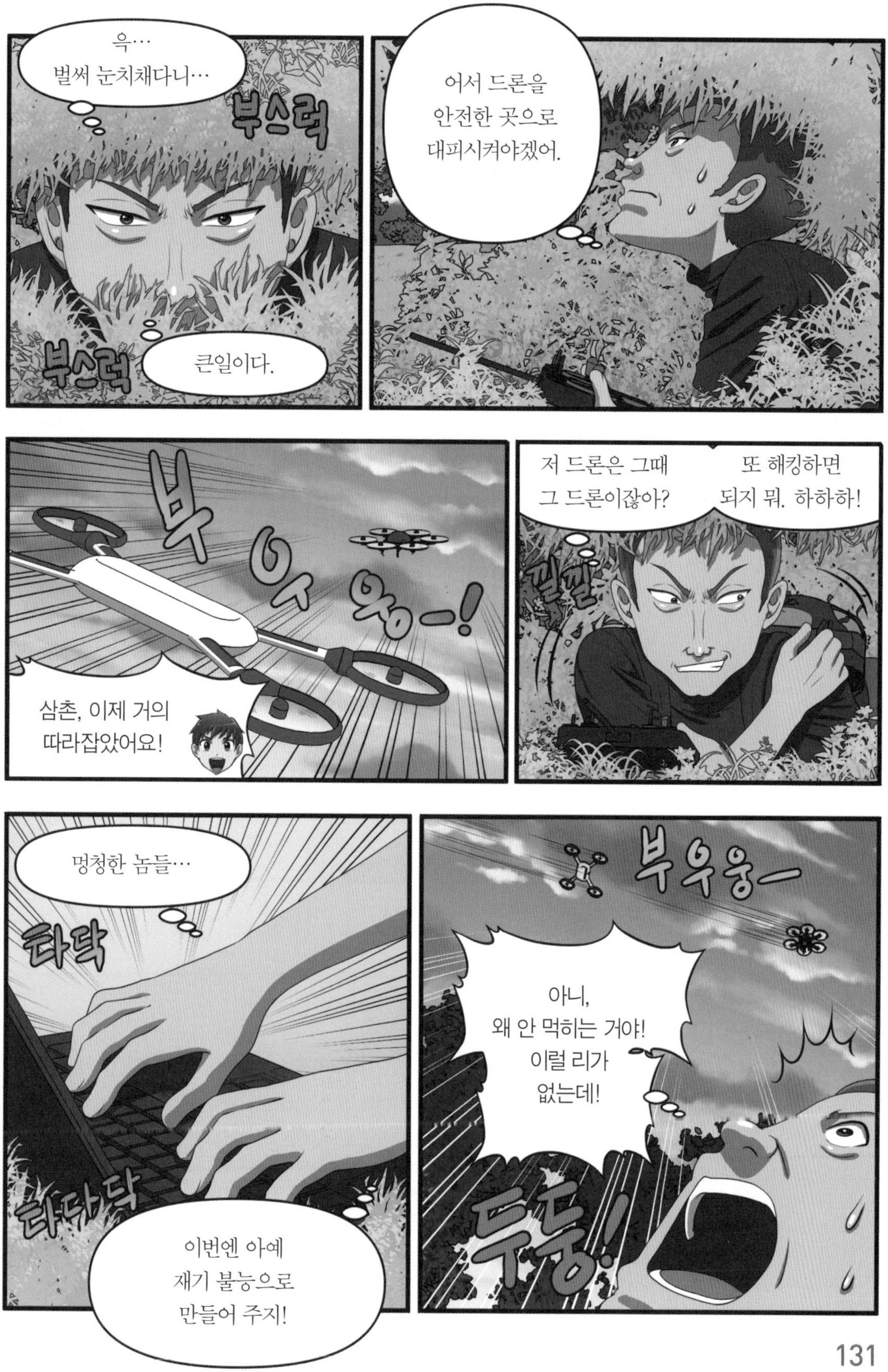
윽…
벌써 눈치채다니…
부스럭
부스럭
큰일이다.
어서 드론을 안전한 곳으로 대피시켜야겠어.
부웅웅—!
삼촌, 이제 거의 따라잡았어요!
저 드론은 그때 그 드론이잖아?
또 해킹하면 되지 뭐. 하하하!
찔끔
멍청한 놈들…
타닥
타다닥
이번엔 아예 재기 불능으로 만들어 주지!
부우웅—
아니, 왜 안 먹히는 거야! 이럴 리가 없는데!
두둥!

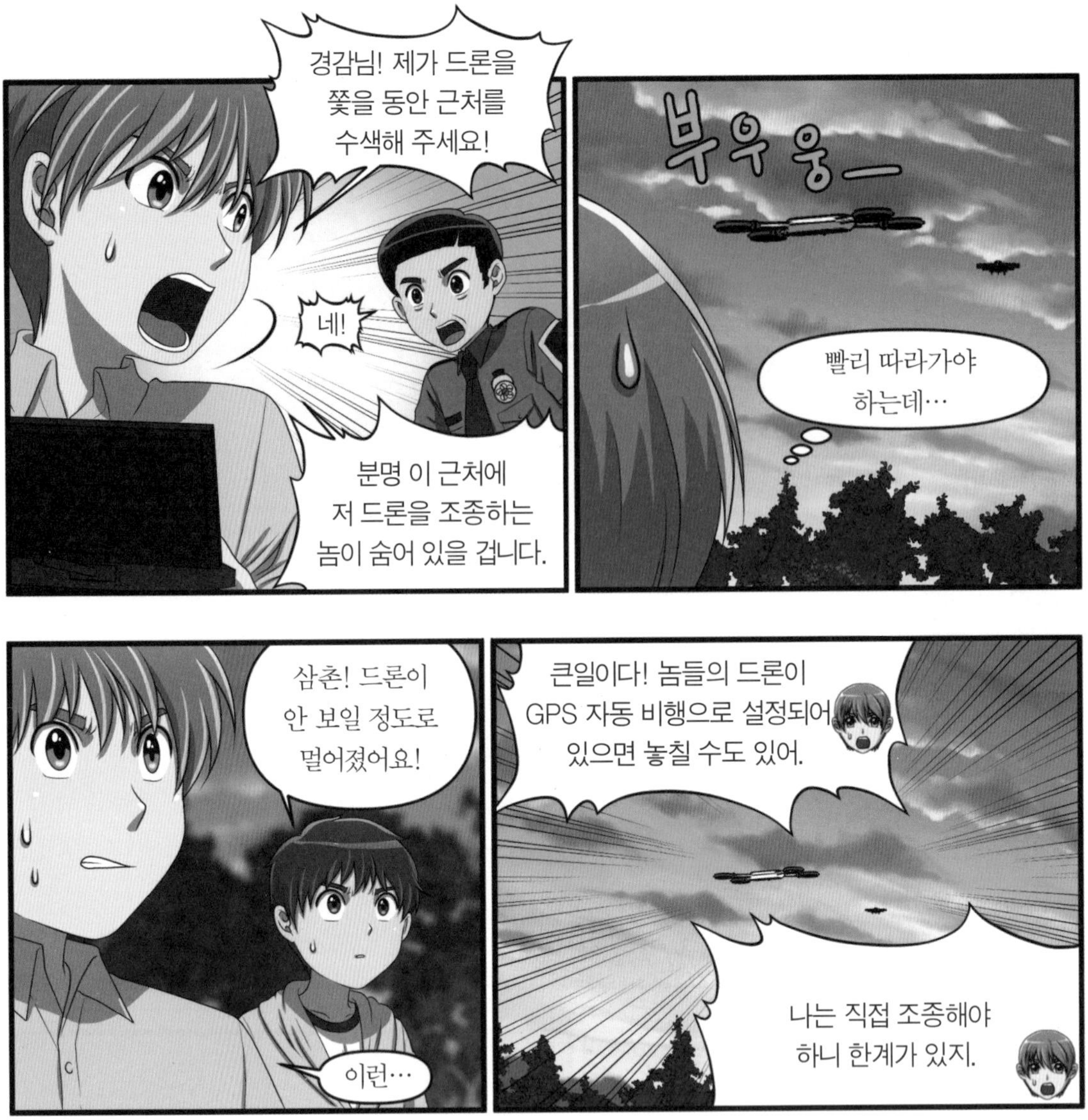

경감님! 제가 드론을 쫓을 동안 근처를 수색해 주세요!
네!
분명 이 근처에 저 드론을 조종하는 놈이 숨어 있을 겁니다.
부우웅—
빨리 따라가야 하는데…
삼촌! 드론이 안 보일 정도로 멀어졌어요!
이런…
큰일이다! 놈들의 드론이 GPS 자동 비행으로 설정되어 있으면 놓칠 수도 있어.
나는 직접 조종해야 하니 한계가 있지.

GPS 자동 비행

드론은 대부분 자동화가 될 전망이에요. 현재는 사람이 직접 드론을 조종하지만, 점점 인공지능에 기반한 무인 드론이 상업화될 거예요. 무인 드론은 프로그램된 대로 GPS를 따라 움직이고 시스템에 따라 통제된답니다.
2018년 평창 동계 올림픽 개막식에서 1,218대의 인텔 슈팅스타 드론을 이용해 드론 라이트 쇼를 선보이고 '최다 무인항공기 공중 동시 비행' 부문에서 기네스 세계 기록을 경신했어요. 이때도 1,218명이 1,218대의 드론을 각각 1대씩 조종을 한 것이 아니에요. 한 사람이 프로그램된 대로 조종을 하여 그렇게 멋진 광경을 연출한 것이랍니다.

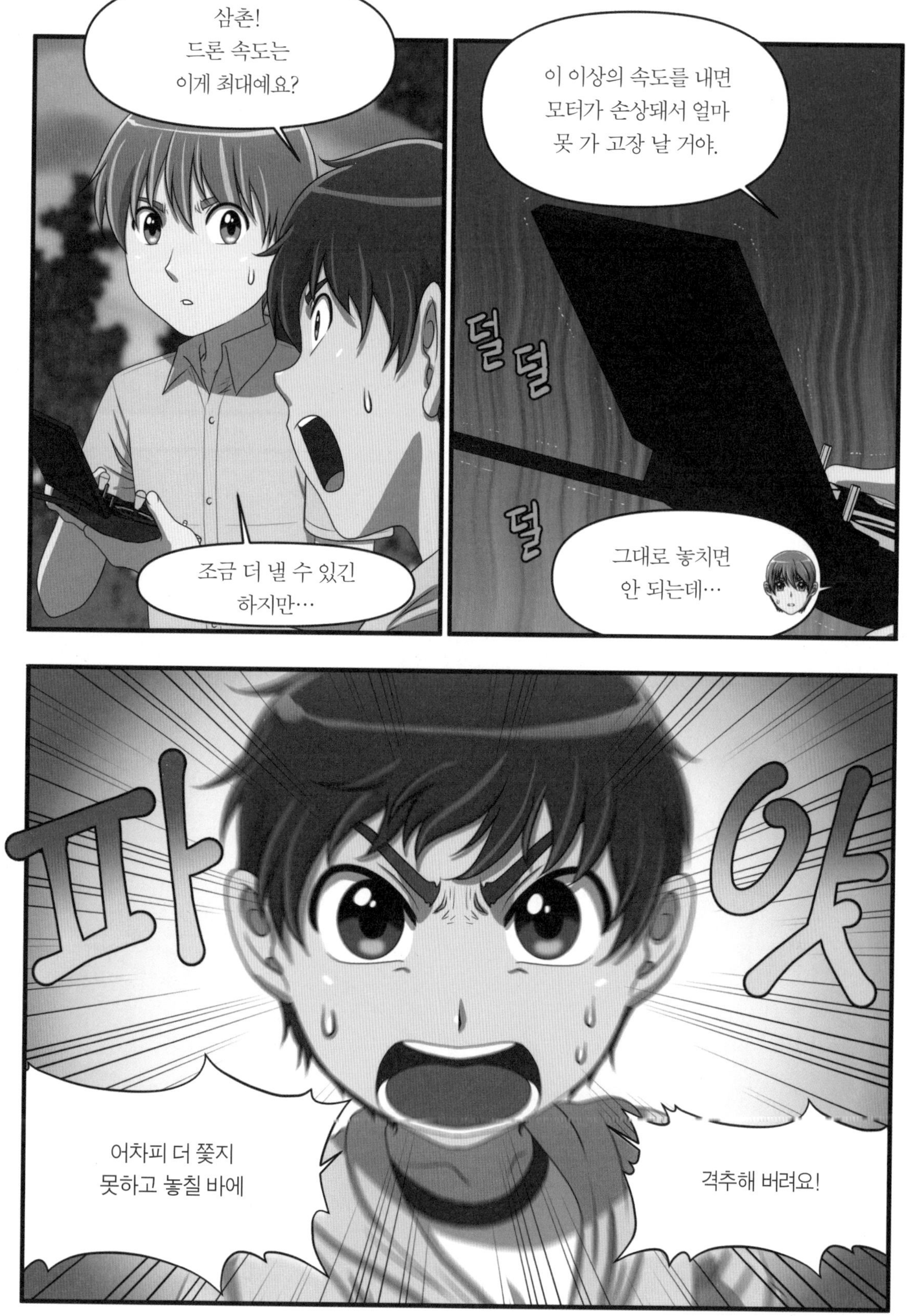
삼촌!
드론 속도는
이게 최대예요?
조금 더 낼 수 있긴
하지만…
이 이상의 속도를 내면
모터가 손상돼서 얼마
못 가 고장 날 거야.
덜덜
덜
그대로 놓치면
안 되는데…
파
앗
어차피 더 쫓지
못하고 놓칠 바에
격추해 버려요!

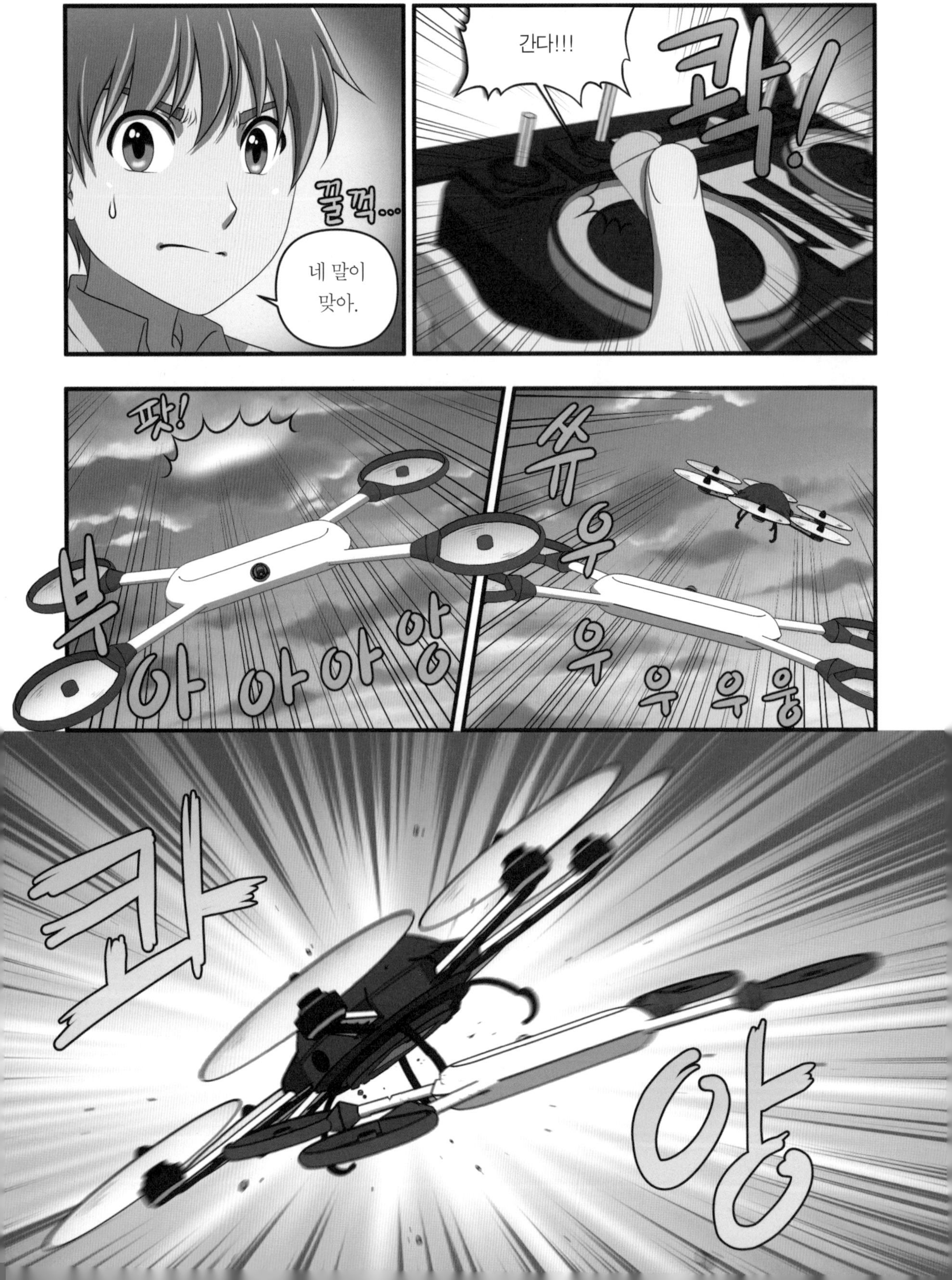
꿀꺽...
네 말이 맞아.
간다!!!
콱!
팟!
부아아아앙
슈우우우우웅
콰앙

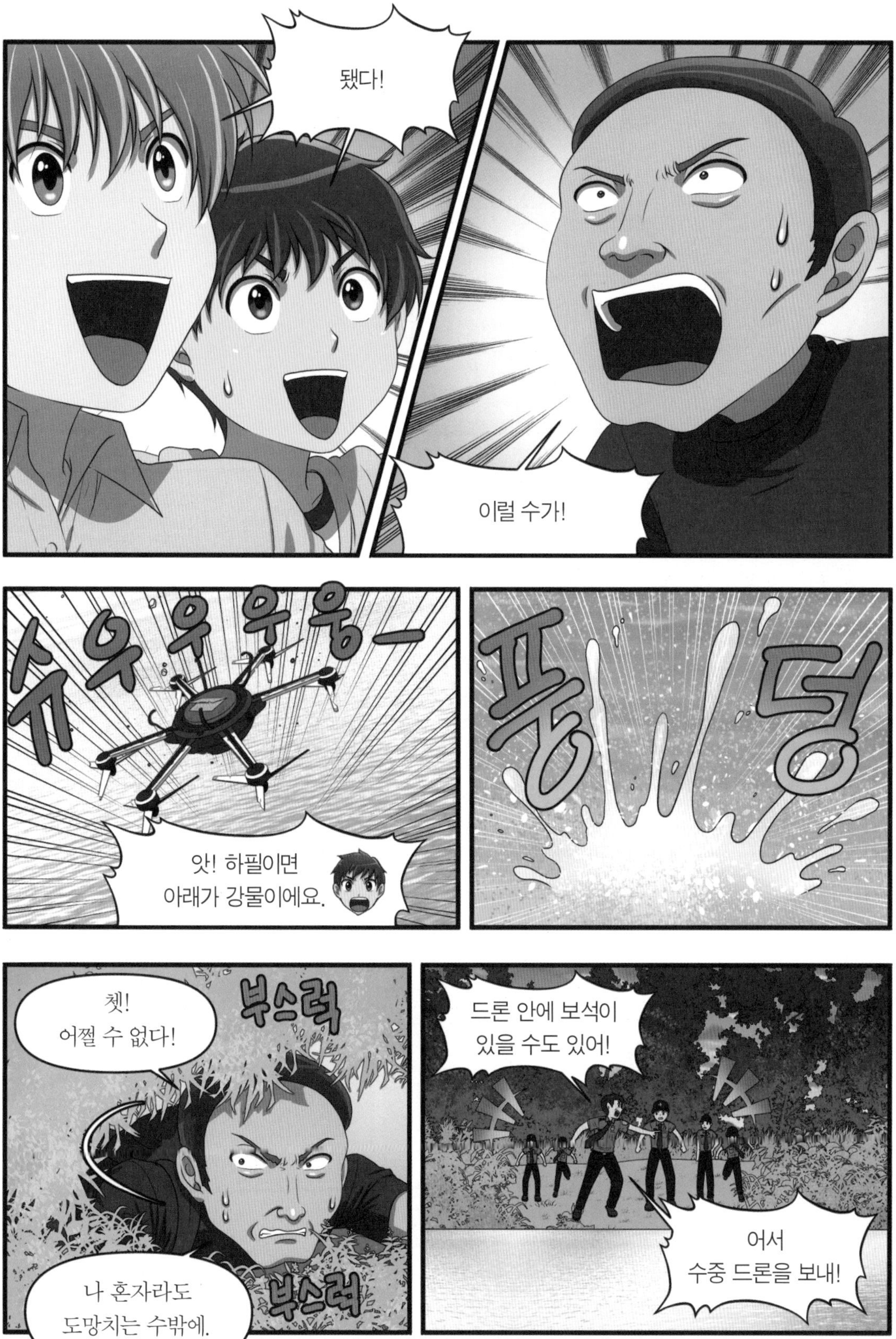

됐다!
이럴 수가!
슈우우우웅—
앗! 하필이면 아래가 강물이에요.
풍덩
첫! 어쩔 수 없다!
부스럭
나 혼자라도 도망치는 수밖에.
부스럭
드론 안에 보석이 있을 수도 있어!
어서 수중 드론을 보내!

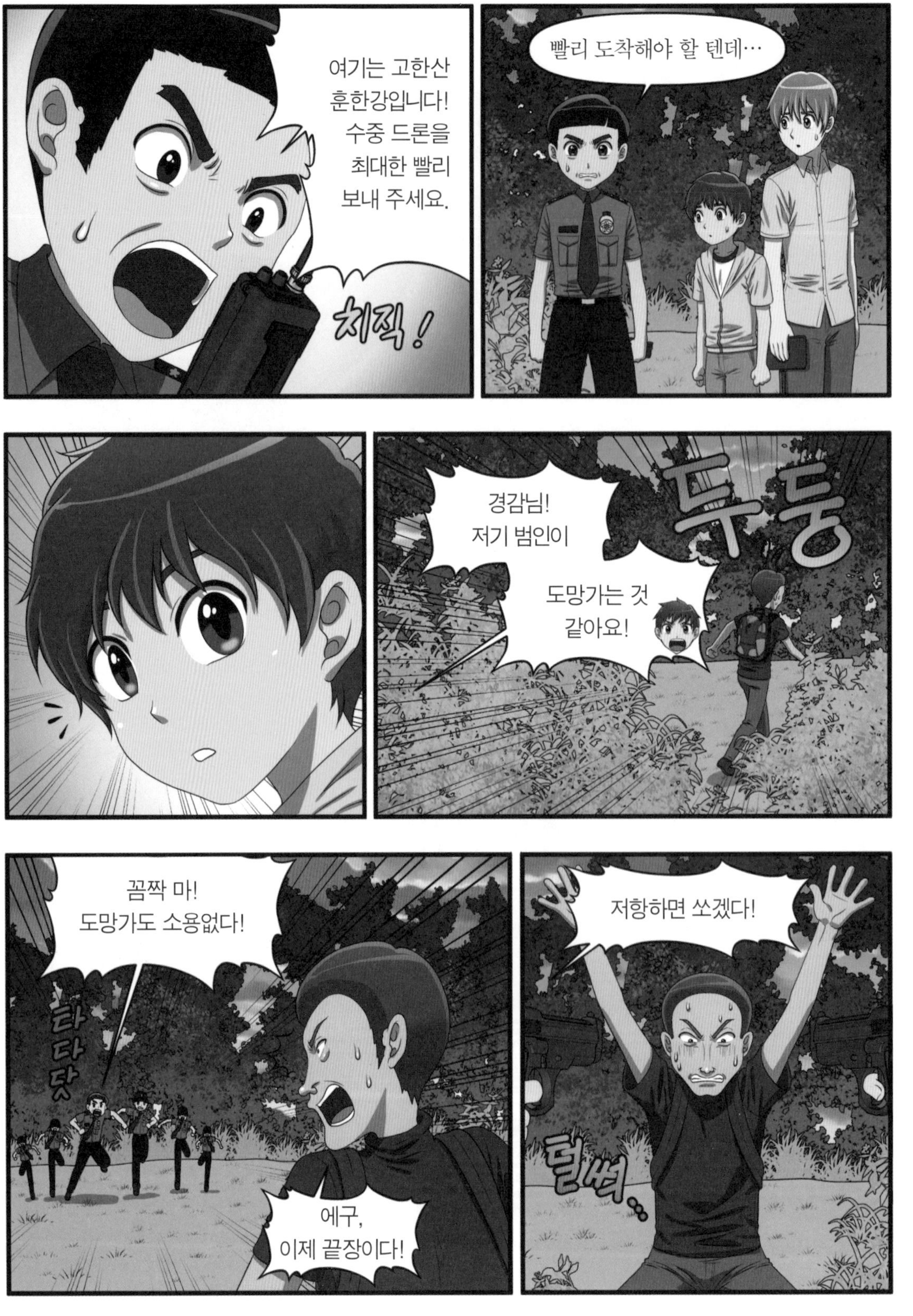
여기는 고한산
훈한강입니다!
수중 드론을
최대한 빨리
보내 주세요.
치직!
빨리 도착해야 할 텐데…
경감님!
저기 범인이
도망가는 것
같아요!
두둥
꼼짝 마!
도망가도 소용없다!
타다닷
에구,
이제 끝장이다!
저항하면 쏘겠다!
털썩…

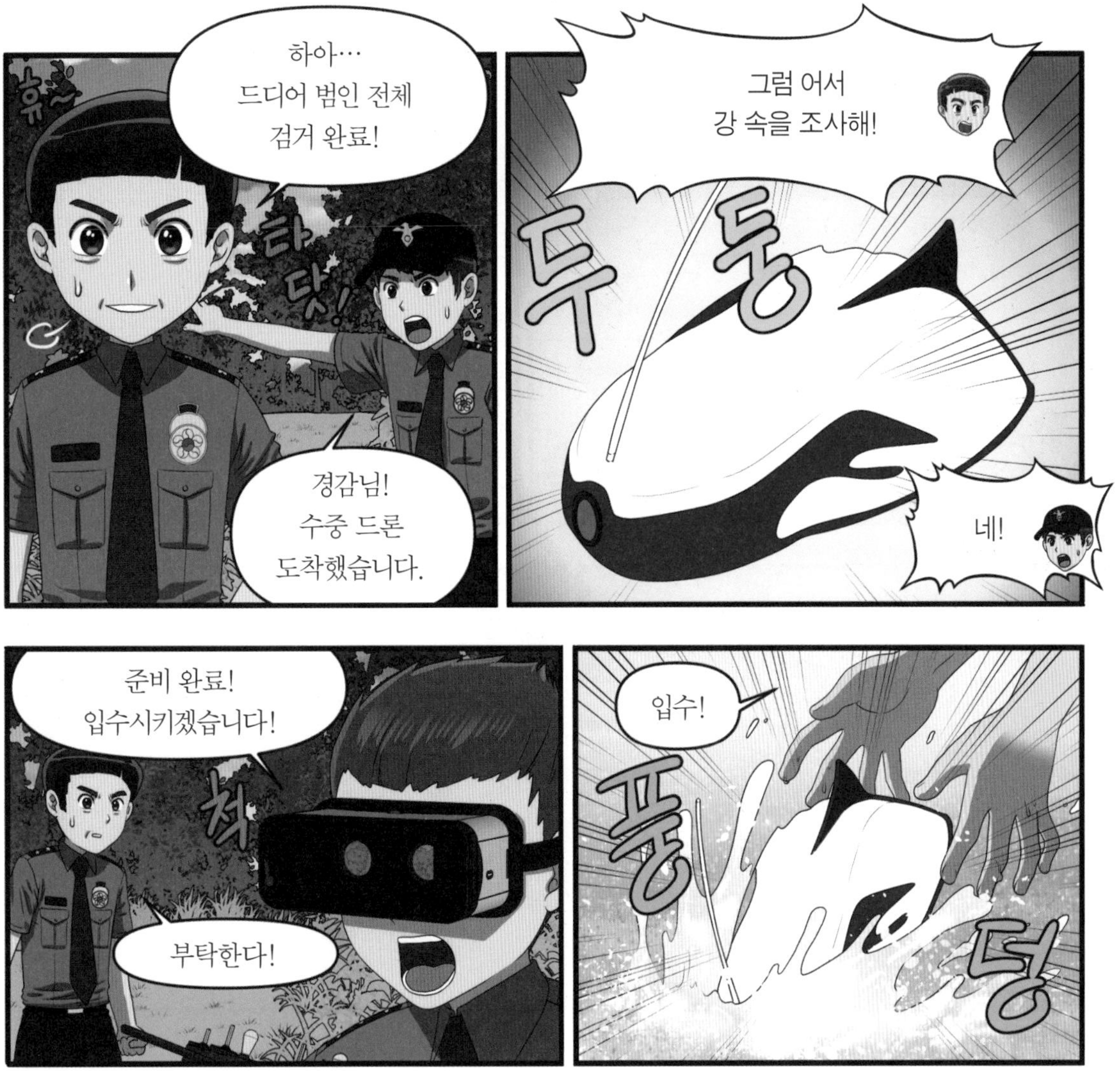
휴~
하아…
드디어 범인 전체
검거 완료!
타닷!
경감님!
수중 드론
도착했습니다.
그럼 어서
강 속을 조사해!
두둥
네!
준비 완료!
입수시키겠습니다!
척
부탁한다!
입수!
풍덩

수중 드론

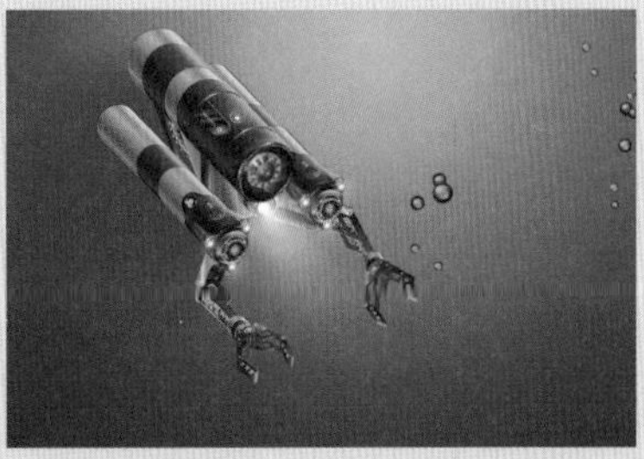

수중 드론은 물속을 자유롭게 탐험하면서 영상을 찍는 드론이에요. 소형 센서가 탑재되어 있어 깊이와 감압 등의 제약 없이 데이터를 취득할 수 있답니다. 수중 드론이 등장하기 전에는 해양 생태계를 조사할 때 CTD, 음향측심기 등 무겁고 고가의 장비를 이용해 적지 조사(조건이 알맞은 땅을 찾는 조사)를 했어요. 하지만 이제는 수중 드론으로 시간, 노동력, 비용을 획기적으로 줄이게 되었지요. 수중 드론을 이용하면 심해 자원 탐사뿐만 아니라 사람이 작업하기 힘든 바닷속 기름 제거, 수중 구조물 수리 및 청소 등을 수월하게 할 수 있답니다.

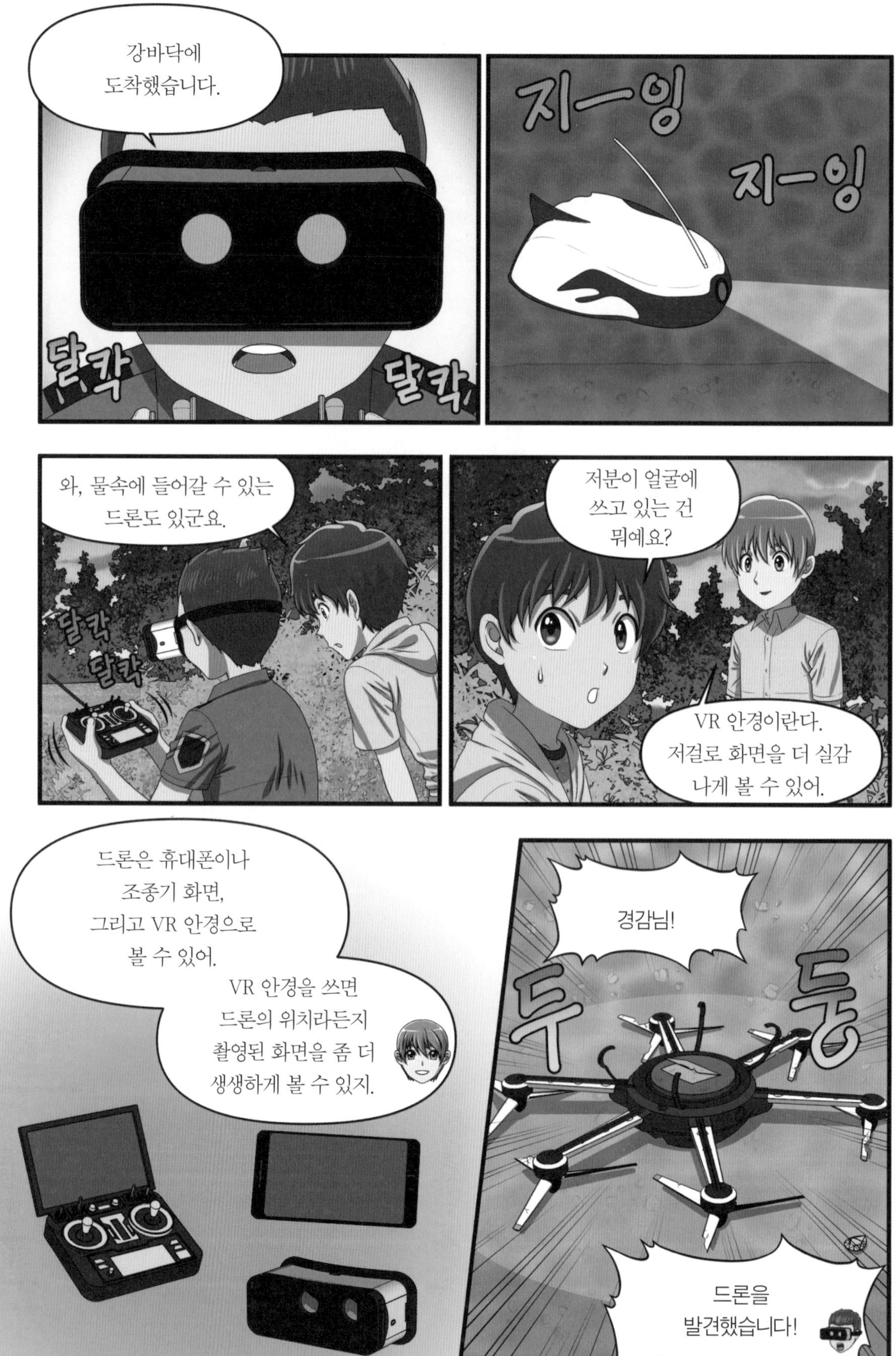
강바닥에 도착했습니다.
달칵
달칵
지-잉
지-잉
와, 물속에 들어갈 수 있는 드론도 있군요.
달칵
달칵
저분이 얼굴에 쓰고 있는 건 뭐예요?
VR 안경이란다. 저걸로 화면을 더 실감 나게 볼 수 있어.
드론은 휴대폰이나 조종기 화면, 그리고 VR 안경으로 볼 수 있어.
VR 안경을 쓰면 드론의 위치라든지 촬영된 화면을 좀 더 생생하게 볼 수 있지.
경감님!
두
둥
드론을 발견했습니다!

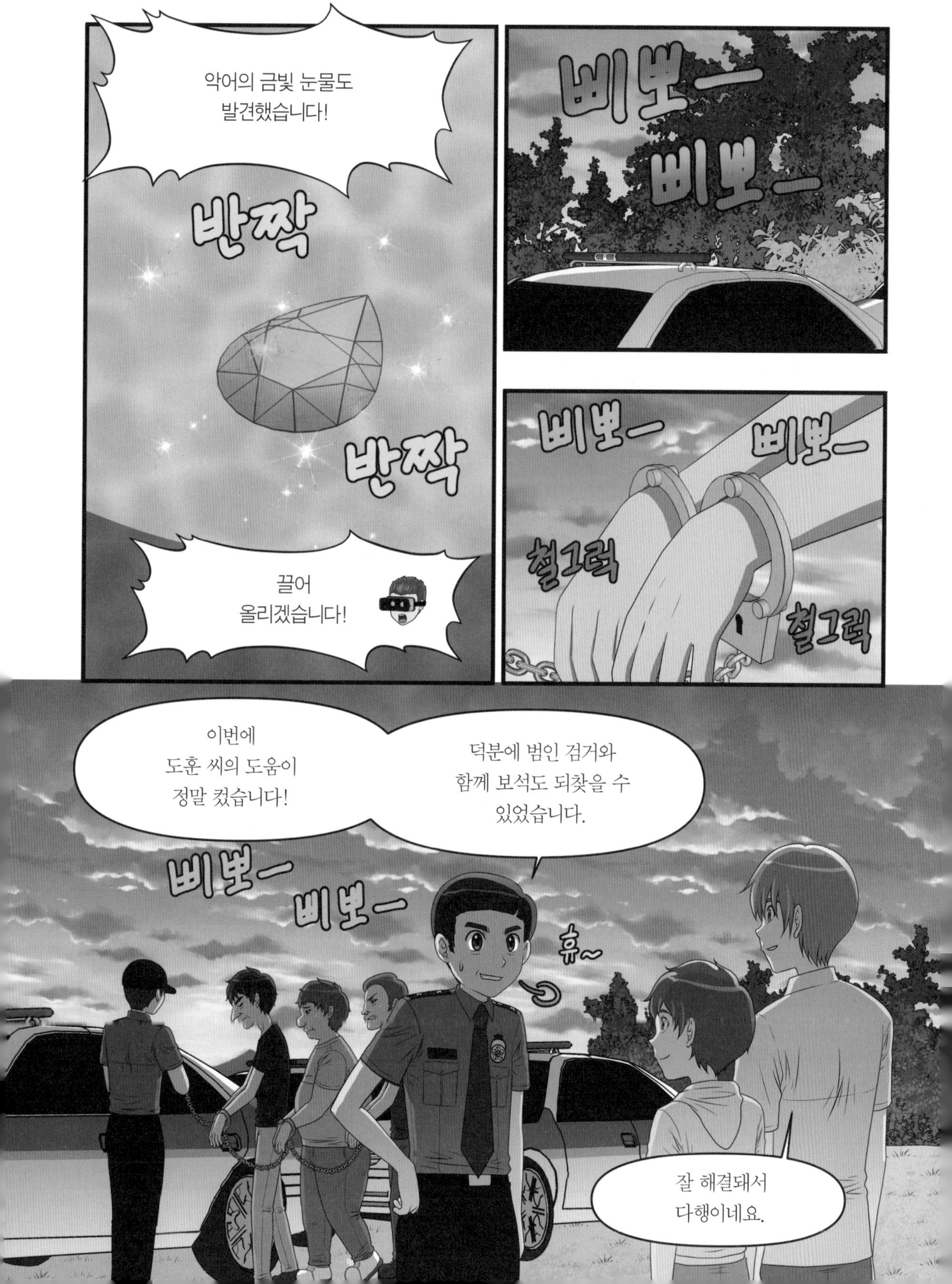
악어의 금빛 눈물도 발견했습니다!
반짝
반짝
끌어 올리겠습니다!
삐뽀—
삐뽀—
삐뽀—
삐뽀—
철그럭
철그럭
이번에 도훈 씨의 도움이 정말 컸습니다!
덕분에 범인 검거와 함께 보석도 되찾을 수 있었습니다.
삐뽀—
삐뽀—
휴~
잘 해결돼서 다행이네요.

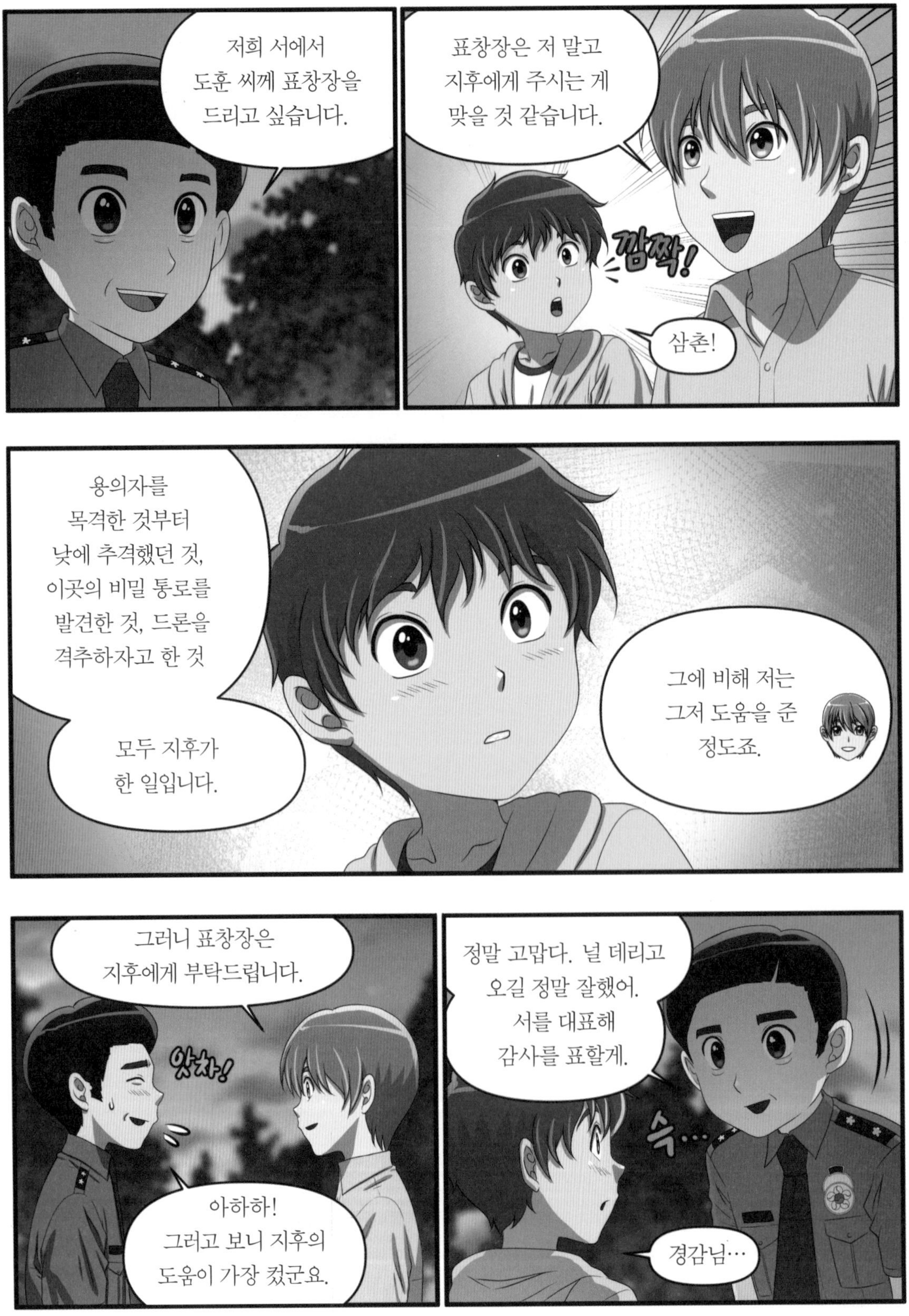
저희 서에서 도훈 씨께 표창장을 드리고 싶습니다.
표창장은 저 말고 지후에게 주시는 게 맞을 것 같습니다.
깜짝!
삼촌!
용의자를 목격한 것부터 낮에 추격했던 것, 이곳의 비밀 통로를 발견한 것, 드론을 격추하자고 한 것
모두 지후가 한 일입니다.
그에 비해 저는 그저 도움을 준 정도죠.
그러니 표창장은 지후에게 부탁드립니다.
앗차!
아하하! 그러고 보니 지후의 도움이 가장 컸군요.
정말 고맙다. 널 데리고 오길 정말 잘했어. 서를 대표해 감사를 표할게.
슥…
경감님…

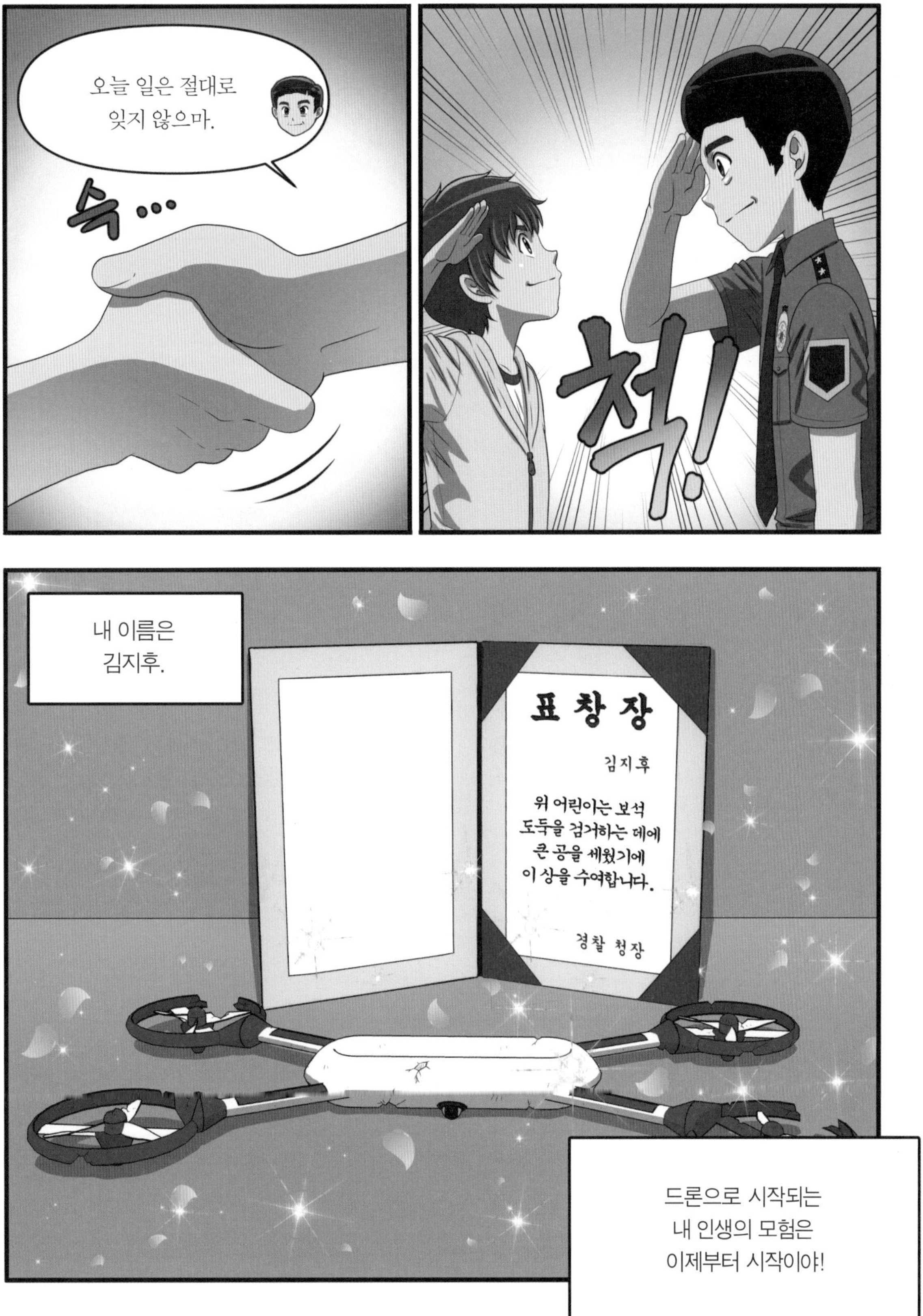
오늘 일은 절대로 잊지 않으마.
슥…
척!
내 이름은 김지후.
표창장
김지후
위 어린이는 보석 도둑을 검거하는 데에 큰 공을 세웠기에 이 상을 수여합니다.
경찰 청장
드론으로 시작되는 내 인생의 모험은 이제부터 시작이야!

정보 더하기

조종자 준수 사항 알아보기

장치 무게, 비행 목적(취미용·사업용)에 관계없이 드론을 조종하는 사람이라면 누구에게나 적용되는 조종자 준수 사항을 알아볼까요?

조종자 준수 사항(항공법 제23조, 시행규칙 제68조)

야간에 비행하면 안 됩니다.

(야간: 일몰 후부터 일출 전까지)

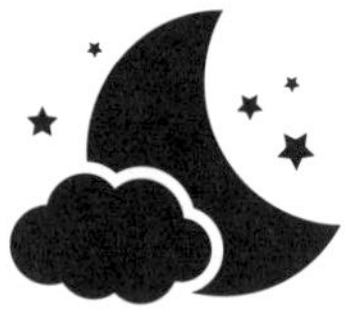

육안거리 내에서 비행해야 합니다.

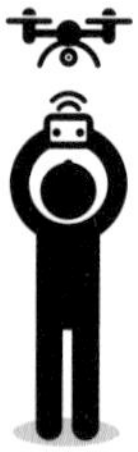

비행 중에 낙하물을 투하하면 안 됩니다.

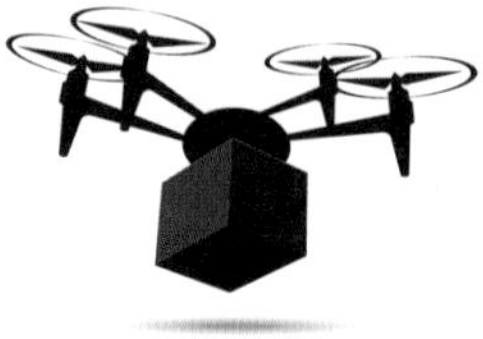

음주 상태에서 조종하면 안 됩니다.

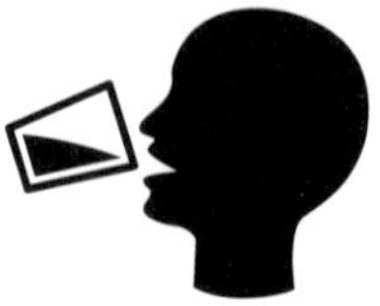

비행 금지 장소에서 비행하려면 사전 승인을 받아야 합니다.

- 비행장에서 반경 9.3km 이내인 곳
- 인구 밀집 지역
  (예– 스포츠 경기장, 각종 페스티벌 장소)
- 휴전선 인근, 서울 도심 상공 등
- 지상 고도 150m 이내

드론 법규 위반 사례 살펴보기

안전한 무인 비행 장치 운용을 위해 항공법에 조종자 준수 사항을 제도화하였어요. 하지만 최근 위반하는 사례가 증가하고 있어요. 이에 국토교통부가 적극적인 제도 홍보에 나섰다고 해요. 다음의 사례를 보며 조종사가 준수하지 않은 사항이 무엇인지 알아볼까요?

[사례 1]
서울시 중구에 사는 홍길동(42세, 男) 씨는 휴일을 맞아 초등학생인 아들 길남 군(10세)과 집 앞에서 중량 1kg짜리 드론을 날리며 즐거운 한때를 보내고 있었다. 그러던 중 현장에 출동한 군 관계자에게 '법규 위반으로 조사를 받아야 한다'며 잠시 동행해 줄 것을 요구받았다.
⇨ **비행 금지 구역에서 허가 없이 비행**

[사례 2]
프리랜서 헬리캠 촬영기사인 홍길순(45세, 女) 씨는 △△△방송국으로부터 음악 방송 공개 녹화 시에 공중 촬영을 맡아 달라는 요청을 받고 자체 중량 5kg 가량의 개인 소유 드론으로 촬영하였다. 그러던 중 현장에 출동한 지방항공청 소속 항공안전 감독관에게 관련 법규 위반으로 형사 처벌을 받을 수 있다는 설명을 들었다.
⇨ **사업 등록을 하지 아니하고 영리 목적으로 활용**

[사례 3]
드론에 카메라를 달아 풍경 사진을 찍는 취미를 가진 홍길서(21세, 男) 씨. 한강의 야경을 촬영하려고 저녁 9시경 한강 둔치에서 2kg 드론을 띄웠다. 현장을 순찰 중이던 감독관에게 비행을 중단하라는 요구를 받고, 관련 법규 위반으로 200만 원 이하의 과징금 처분 대상에 해당되니 조사에 협조해 달라는 요청을 받았다.
⇨ **비행 금지 시간(야간) 미준수**

나는 드론 전문가가 될 거야!

초판 1쇄 발행 · 2018년 4월 25일
초판 4쇄 발행 · 2021년 9월 10일

지은이 · 신혜정
그린이 · 신혜정
펴낸이 · 이종문(李從聞)
펴낸곳 · 국일아이

등   록 · 제406-2008-000032호
주   소 · 경기도 파주시 광인사길 121 파주출판문화정보산업단지(문발동)
영업부 · Tel 031)955-6050 | Fax 031)955-6051
편집부 · Tel 031)955-6070 | Fax 031)955-6071

평생 전화번호 · 0502-237-9101~3

홈페이지 · www.ekugil.com
블 로 그 · blog.naver.com/kugilmedia
페이스북 · www.facebook.com/kugilmedia
E - m a i l · kugil@ekugil.com

• 값은 표지 뒷면에 표기되어 있습니다.
• 잘못된 책은 구입하신 서점에서 바꿔드립니다.

ISBN 979-11-87007-88-3(14300)
       979-11-87007-86-9(세트)

워크북

Job?

나는 드론
전문가가 될 거야!

국일아이

목차

워크북 활용법

직업 탐험   각 기관의 대표 직업(네 가지)이 하는 일, 필요한 지식, 자질 등에 관한 정보뿐만 아니라 관련 직업에 관한 정보를 얻어요.

직업 놀이터   다른 그림 찾기, 숨은그림찾기, 미로 찾기, 색칠하기, ○× 퀴즈 등 재미있는 놀이 요소를 통해 직업 상식을 알아봐요.

직업 톡톡   직업 윤리나 직업과 관련한 이야기로 자신의 생각을 표현하며 직업을 간접 체험해요.

NCS
(국가직무능력표준)

국가직무능력표준(NCS, National Competency Standards)이란 국가가 현장에서 직무를 수행하는 데 필요한 지식, 기술, 태도 등을 산업별, 수준별로 표준화한 것을 말한다. 대분류 24개, 중분류 78개, 소분류 238개, 세분류 897개로 표준화되었으며 계속 계발 중이므로 더 추가될 예정이다.

국가직무능력표준(NCS)에 따른 24개 분야의 직업군

| 01 사업 관리 | 02 경영·회계 사무 | 03 금융·보험 | 04 교육·자연 사회 과학 | 05 법률·경찰 소방·교도·국방 |

| 06 보건·의료 | 07 사회 복지·종교 | 08 문화·예술 디자인·방송 | 09 운전·운송 | 10 영업·판매 |

|  11 경비·청소 | 12 이용·숙박·여행 오락·스포츠 | 13 음식 서비스 | 14 건설 | 15 기계 |

| 16 재료 | 17 화학 | 18 섬유·의류 | 19 전기·전자 | 20 정보 통신 |

| 21 식품 가공 | 22 인쇄·목재 가구·공예 | 23 환경·에너지·안전 | 24 농림·어업 | |

등장인물의 특징 알아보기

《job? 나는 드론 전문가가 될 거야!》에는 김지후, 김도훈, 박민규, 범인 3인조 등이 등장한다. 각 인물을 떠올리며 빈칸을 채워 보자.

인물	특징
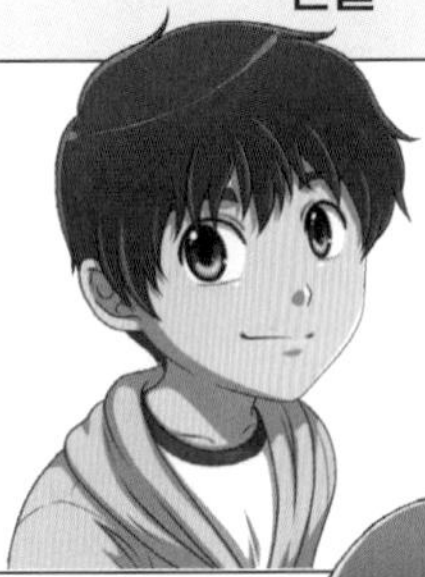 김지후	______________에 관심이 많은 초등학교 5학년 남자아이로 위기 대처 능력이 뛰어나다. 미술관 견학을 갔다가 미술관 방화범이자 도둑인 범인을 목격하고 검거에 도움을 준다.
김도훈 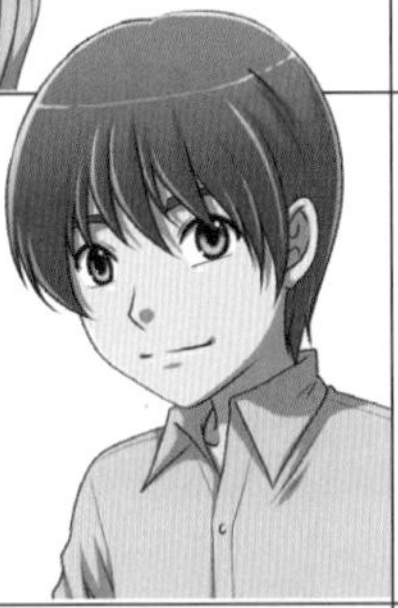	지후의 삼촌이자 ______________다. 드론으로 경찰 업무를 도우며 범인을 검거하는 일을 한다. 지후에게 드론을 가르쳐 주던 중 범인을 발견하고 드론을 이용하여 범인 검거에 힘을 보탠다.
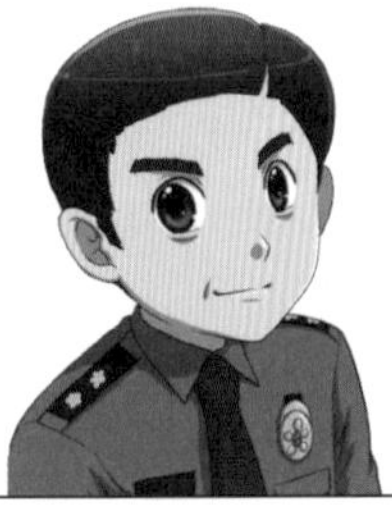 박민규	미술관 방화 및 도난 사건의 책임을 맡은 경찰로 계급은 경감이다. 도둑맞은 보석, '악어의 금빛 눈물'을 되찾기 위해 도훈과 지훈의 도움을 받으며 범인 검거에 고군분투한다.
범인 3인조 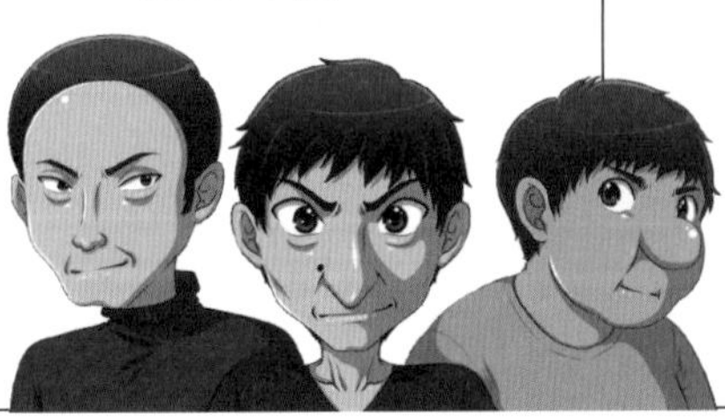	보석을 훔치려고 미술관에 불을 내고 도망친 범인 3인조다. 컴퓨터를 잘 다루고 해킹 실력이 높은 도둑, 행동력 있고 꼼꼼한 도둑, 먹을 것을 좋아하며 단서를 흘리는 도둑이 있다.

궁금해요, 드론

드론은 무선 전파로 조종할 수 있는 무인 항공기다. 초창기 드론은 군사용으로 활용하기 위해 만들었으나 현재는 기업, 미디어, 개인을 위한 다양한 용도로 활용되고 있다. 드론이 어떤 분야에서 어떻게 활용되는지 알아보고, 〈보기〉를 참고하여 빈칸을 채워 보자.

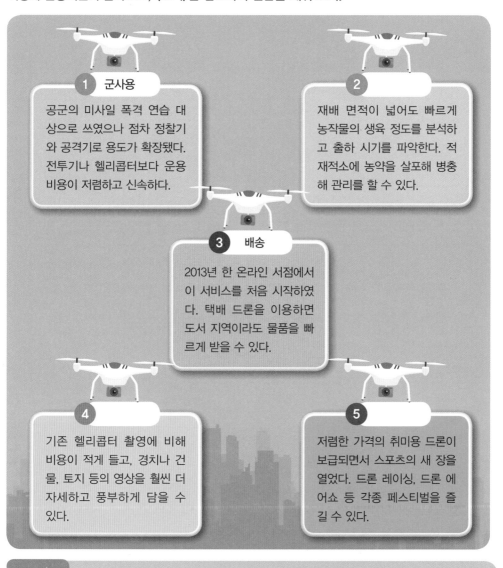

1 군사용

공군의 미사일 폭격 연습 대상으로 쓰였으나 점차 정찰기와 공격기로 용도가 확장됐다. 전투기나 헬리콥터보다 운용 비용이 저렴하고 신속하다.

2

재배 면적이 넓어도 빠르게 농작물의 생육 정도를 분석하고 출하 시기를 파악한다. 적재적소에 농약을 살포해 병충해 관리를 할 수 있다.

3 배송

2013년 한 온라인 서점에서 이 서비스를 처음 시작하였다. 택배 드론을 이용하면 도서 지역이라도 물품을 빠르게 받을 수 있다.

4

기존 헬리콥터 촬영에 비해 비용이 적게 들고, 경치나 건물, 토지 등의 영상을 훨씬 더 자세하고 풍부하게 담을 수 있다.

5

저렴한 가격의 취미용 드론이 보급되면서 스포츠의 새 장을 열었다. 드론 레이싱, 드론 에어쇼 등 각종 페스티벌을 즐길 수 있다.

보기

농업, 레저, 여행, 안전, 촬영

드론 조종사에 대해 알아보자

드론 조종사는 지상에서 드론을 원격 조종하는 전문가다. 다음 중에서 드론 조종사에 관한 설명이 맞으면 ○, 아니면 ×에 동그라미 표시를 해 보자.

○× 퀴즈

1 프로그램된 경로에 따라 자동 또는 반자동으로 드론을 조종한다. ○ ×

2 인공지능 항법 장치를 이용해 지상 통제 장비, 통신 장비 등의 표준 시스템을 운영·통제한다. ○ ×

3 드론 조종사는 특별한 자격증이 없어도 할 수 있다. ○ ×

4 비행기 조종사와 마찬가지로 까다로운 신체검사를 받아야 한다. ○ ×

5 도전 정신과 정확한 상황 판단력이 필요하다. ○ ×

6 항공 분야에 관한 관심과 열정이 없어도 기본적인 지식만 있으면 된다. ○ ×

7 드론 조종사의 수요는 공공 기관을 중심으로 빠르게 늘고 있다. ○ ×

드론 조종사가 되려면?

다음은 드론 조종사가 되려면 무엇을 준비해야 하고 어떤 능력과 자질을 갖춰야 하는지 설명한 것이다. 드론 조종사에게는 어떤 능력과 자질이 필요할지 자신의 생각을 적어 보자.

드론 조종사로 일하려면 초경량 비행 장치 조종사 자격시험에 합격해야 해.

실습 20시간, 이론 20시간의 교육을 받은 사람만이 자격증 시험을 볼 수 있어.

올바른 인성관, 가치관, 안보관을 지녀야 해.

드론 조종사는 [   ] 해.

드론 개발자에 대해 알아보자

드론 개발자는 드론 기체, 부품, 응용 장치, 소프트웨어 등을 연구하고 개발한다. 다음을 보며 드론 개발자에 관해 알아보고, 〈보기〉에서 알맞은 말을 찾아 빈칸에 적어 보자.

드론의 비행을 제어하는 좌표 인식, 지도 연동, 지상 통제, ❶ [   ] 등의 소프트웨어를 개발한다.

응용 분야에서 임무를 수행하는 데 필요한 응용 장치인 영상 장치, 애플리케이션, ❷ [   ] 등을 연구하고 개발한다.

C 언어, 운영 체제, 인터넷 프로그래밍, 전자 계산기 구조, 드론 조립 실무, ❸ [   ] 등을 공부해야 한다.

❹ [   ], 기계 공학, 항공학을 공부하면 도움이 된다.

보기

비행 원리, 자율 비행, 드론학, 센서

무인 항공기 개발 분야 직업 알아보기

무인 항공기 시스템 및 개발에 사회적 관심이 높아지고 있다. 무인 항공기 개발 분야에는 어떤 직업이 있고 하는 일은 무엇인지 알아보고 서로 일치하도록 선으로 연결해 보자.

직업	하는 일
무인 항공기 도킹 엔지니어 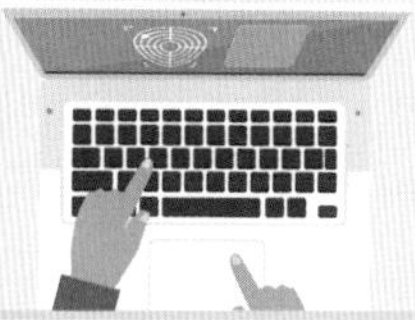	드론이 상업화되면 대부분은 프로그램된 대로 GPS에 따라 자동으로 움직일 것이다. 무인이라는 장점을 활용한 자동화 기술을 증진시키는 일을 한다.
무인 항공기 자동화 엔지니어 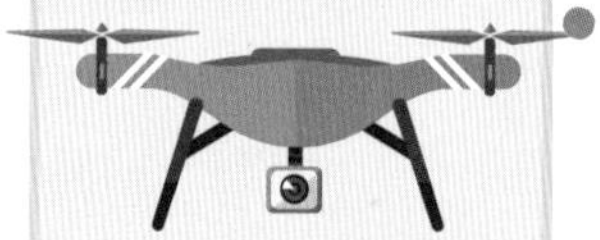	미국에서 개발한 무인 항공기는 물건을 배달한 후 도킹하여 원래의 곳으로 돌아올 수 있다. 이처럼 도킹을 원활하게 설계하는 작업을 한다.
무인 항공기 시스템 개발자 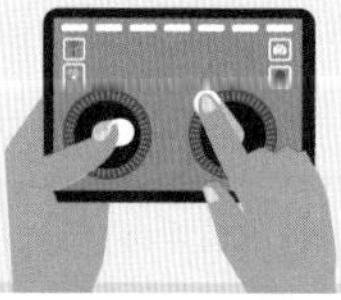	드론 설계, 제조, 작동 및 유지에 필요한 활동을 수행한다. 무인 항공기에서 수집한 자료를 분석하고 체계적으로 저장하고 관리하는 체계를 구축한다.

드론 운항관리사에 대해 알아보자

항공 운항관리사는 항공기의 운항 상태를 감시하여 기장에게 정보를 제공한다. 이처럼 드론도 운항 관리를 해 주는 드론 운항관리사가 있다. 다음 중 드론 운항관리사에 관해 바르게 설명한 친구를 찾아보자.

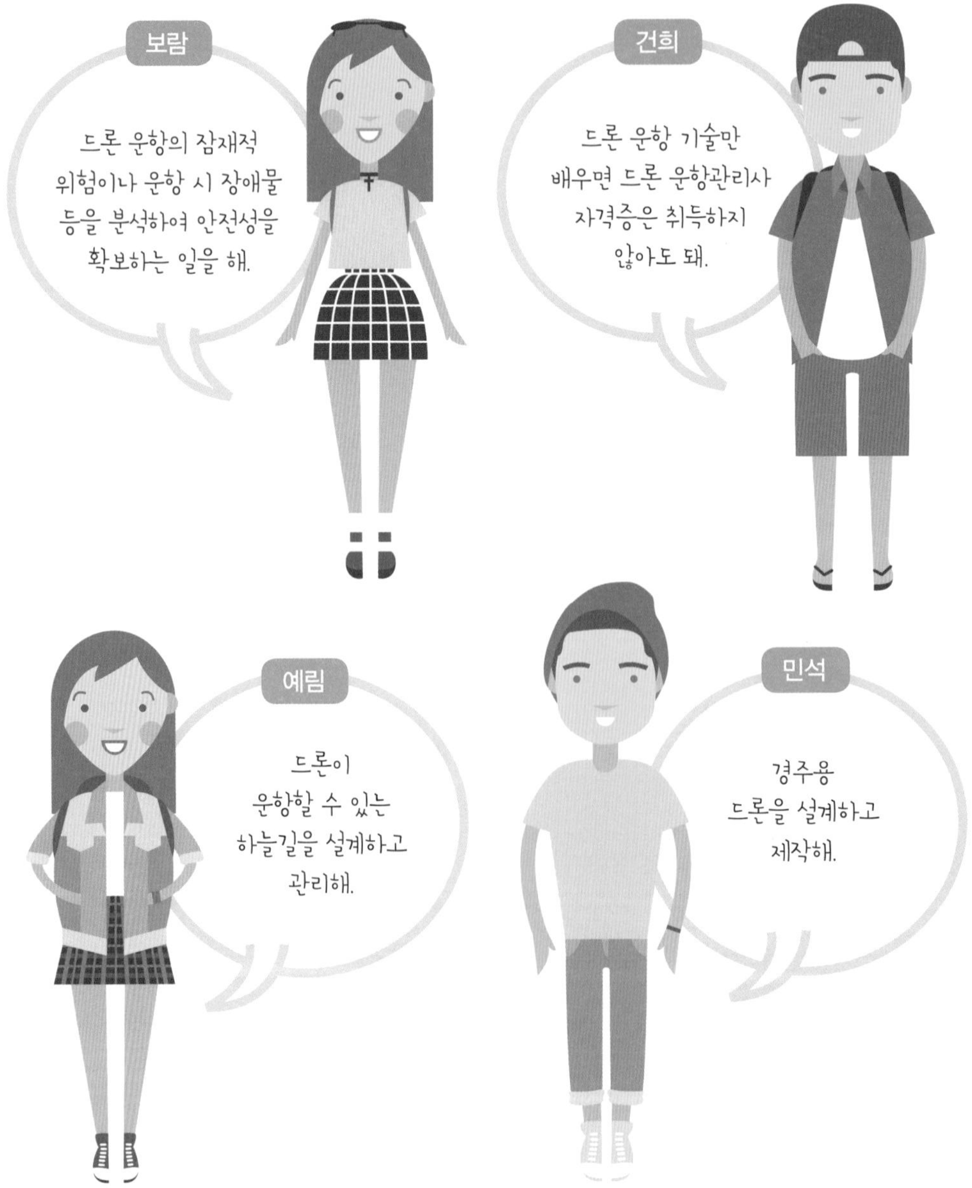
보람
드론 운항의 잠재적 위험이나 운항 시 장애물 등을 분석하여 안전성을 확보하는 일을 해.
건희
드론 운항 기술만 배우면 드론 운항관리사 자격증은 취득하지 않아도 돼.
예림
드론이 운항할 수 있는 하늘길을 설계하고 관리해.
민석
경주용 드론을 설계하고 제작해.

무인 항공기 관리 분야 직업 알아보기

다양한 방면에서 드론을 활용하면서 새로운 직업이 생겨났다. 다음을 보며 직업과 하는 일이 서로 일치하도록 선으로 연결해 보자.

직업	하는 일
무인 항공기 표준 전문가 ●	● 드론의 사용 목적과 성능, 기능 등을 분류하여 각기 다른 표준을 정하고 관리한다.
무인 항공기 조종인증 전문가 ●	● 보안 지역과 위험물 관리 지역 등에 드론이 떨어지거나 공항에서 이착륙하는 비행기와 충돌하는 대형 사고가 일어나지 않도록 관리한다.
무인 항공기 교통최적화 전문가 ●	● 개인 정보를 보호하고 테러 등의 문제가 발생하지 않도록 인증 시스템을 구축하고 관리하며, 인증서를 발급해 준다.

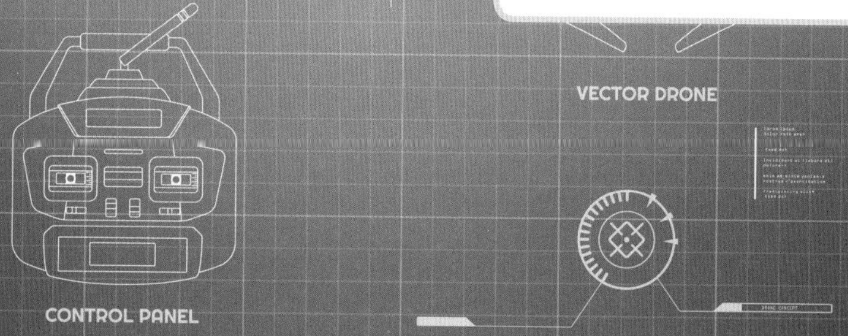
VECTOR DRONE
CONTROL PANEL

누구일까?

다음은 드론과 관련한 직업을 설명한 것이다. 〈보기〉에서 말하는 사람이 누구인지 찾아보자.

보기

❶ 카메라가 장착된 드론을 조종하여 사람이 접근하기 어려운 곳의 각종 물체나 대상을 촬영한다.

❷ 촬영감독과 협의하여 촬영 대본에 따라 장면 배열을 결정하고, 촬영 장비 선정 등 촬영 계획을 세운다.

❸ 항공 촬영에 영향을 주는 요인을 먼저 파악하고 이에 대비할 계획을 수립한다.

❹ 방송이나 영화 쪽에서 드론을 이용한 특수 촬영이 활성화되고 있는 추세다. 그래서 이 직업의 수요는 더욱 늘어날 전망이다.

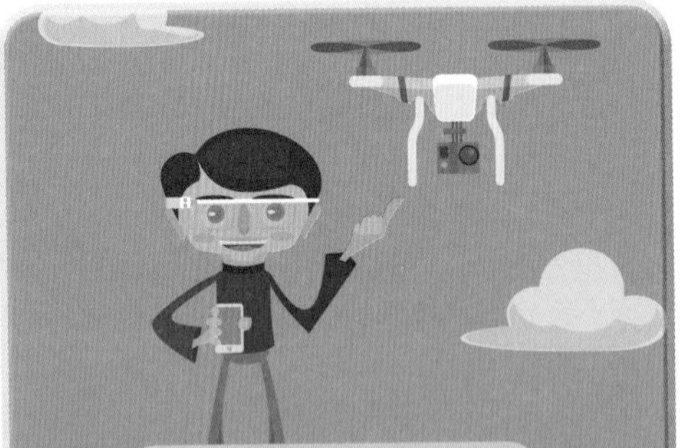

드론 촬영기사

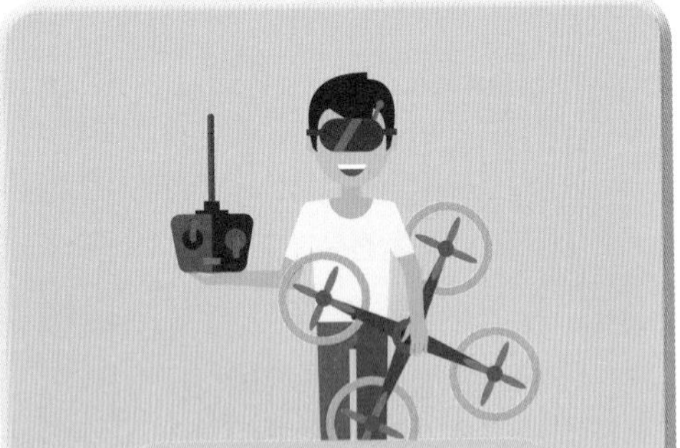

드론 정비수리사

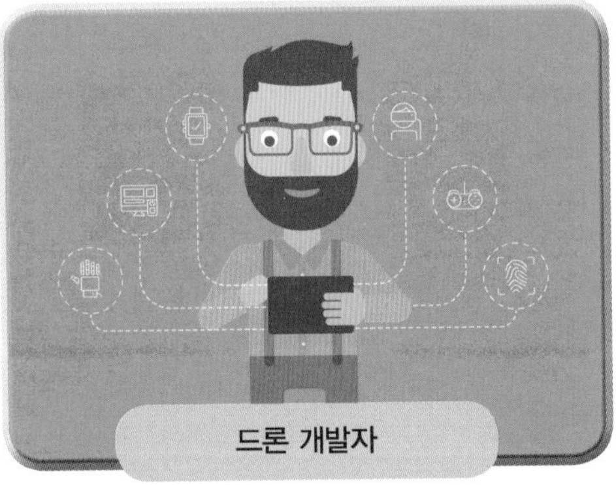

드론 개발자

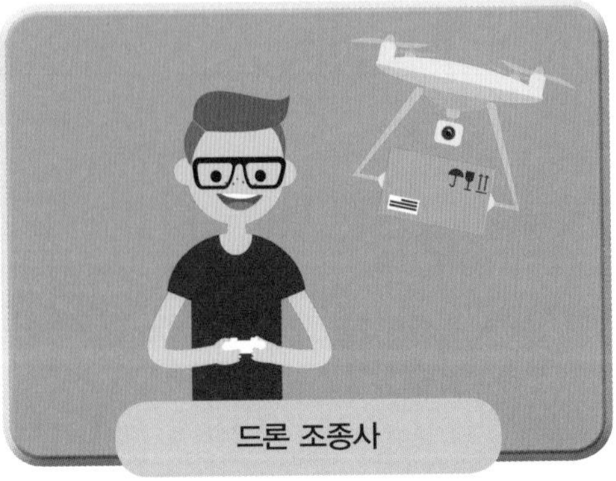

드론 조종사

정답:

드론 정비수리사는 무슨 일을 할까?

드론의 사용자가 늘면서 드론을 정비하는 전문가도 함께 증가하였다. 드론 정비수리사에 관해 바르게 설명한 것을 찾아보자.

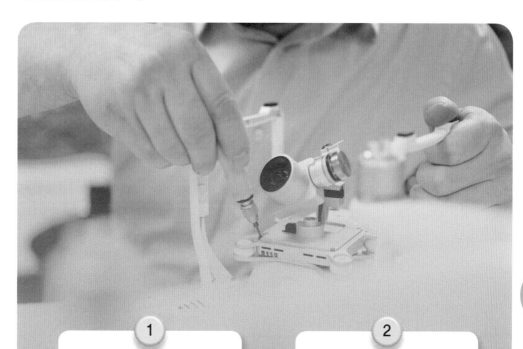

1
고글로 전송되는
영상을 보며 드론을
조종한다.

2
드론의 기체를
점검하고 고장 난
부분을 수리한다.

3
드론의 기체와
소프트웨어 등을
개발한다.

4
드론을 조종해서
각종 물체를
촬영한다.

드론의 활용

드론은 농업과 유통을 비롯한 각 분야의 혁신 동력으로 떠오르고 있다. 무한한 가능성을 지닌 드론이 각 기관에서 어떻게 활용되는지 알아보고 서로 연관되는 것끼리 연결해 보자.

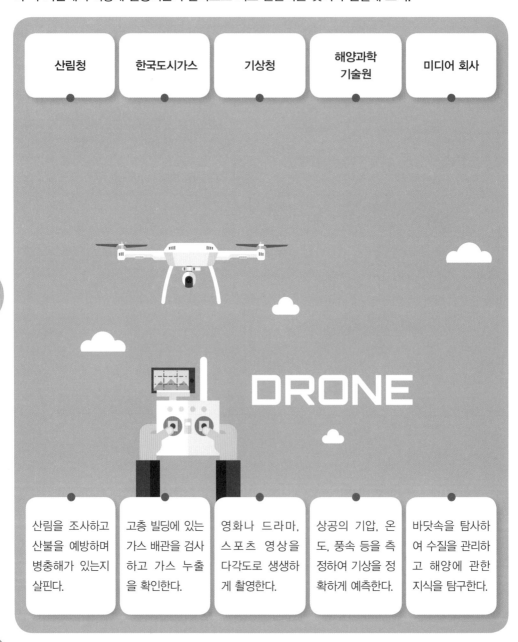

산림청

한국도시가스

기상청

해양과학
기술원

미디어 회사

산림을 조사하고 산불을 예방하며 병충해가 있는지 살핀다.

고층 빌딩에 있는 가스 배관을 검사하고 가스 누출을 확인한다.

영화나 드라마, 스포츠 영상을 다각도로 생생하게 촬영한다.

상공의 기압, 온도, 풍속 등을 측정하여 기상을 정확하게 예측한다.

바닷속을 탐사하여 수질을 관리하고 해양에 관한 지식을 탐구한다.

드론의 활약

상공은 물론 바다까지 드론의 활약 장소에는 제한이 없다. 아래에서 각 캐릭터를 선택해 선을 따라가 보며 우리 삶에서 드론이 어떻게 도움을 주는지 알아보자.

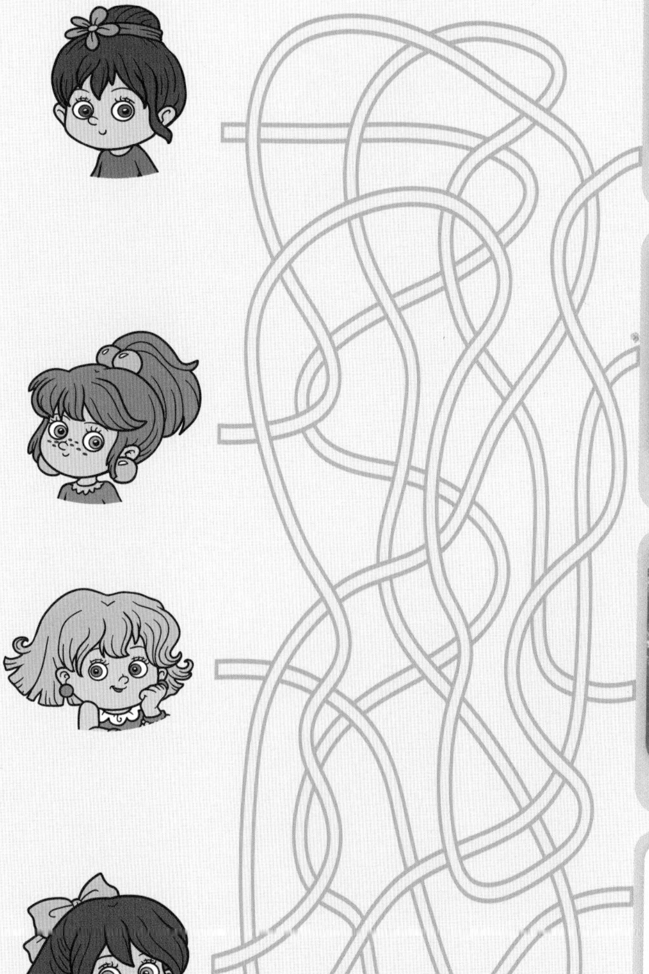

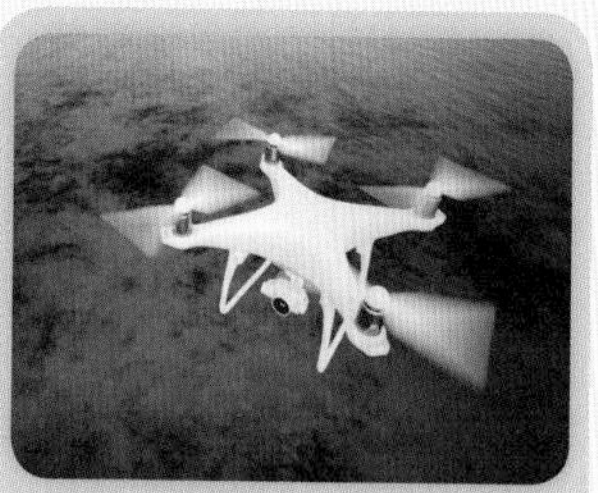

불법 조업 단속

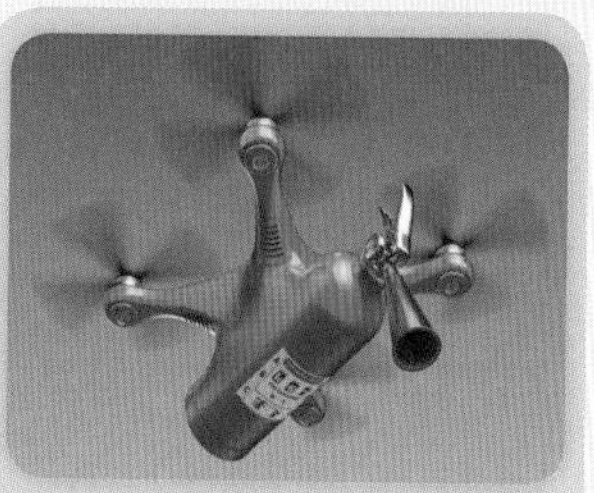

화재 진압

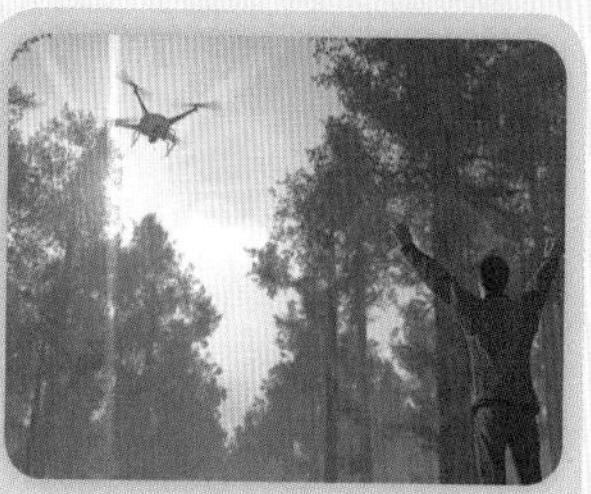

실종 인명 수색

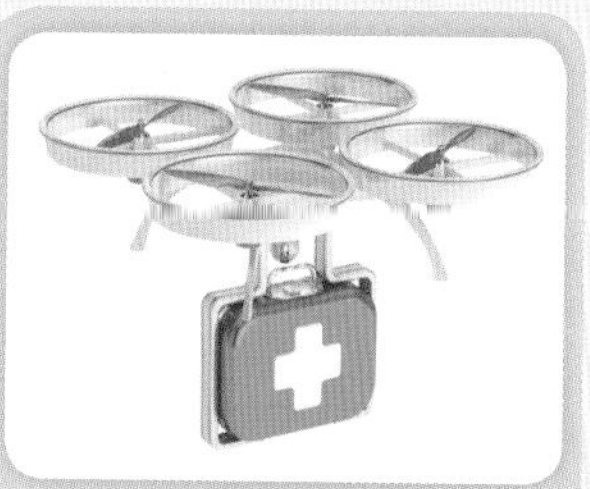

응급 구호 물품 수송

생활을 바꿔 놓을 드론

세계의 산업은 드론을 통해 변하고 있다. 앞으로 드론은 우리의 생활을 어떻게 바꾸어 놓을까? 〈보기〉에서 알맞은 말을 찾아 빈칸에 적어 보자.

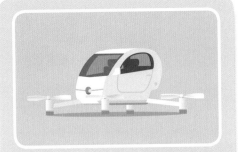

조종사 없이도 하늘을 날 수 있는 드론 ❶ [　　　] 를 타고 출퇴근하는 날이 올 것이다.

아프리카 벽지나 히말라야 산간에서도 드론을 통해 ❷ [　　　] 을 사용할 수 있을 것이다.

테마파크에서는 드론을 활용하여 환상적인 ❸ [　　　] 를 펼치며 관람객들에게 색다른 즐거움을 줄 것이다.

바다 한가운데나 산꼭대기에 있어도 먹고 싶은 음식을 ❹ [　　　] 해 먹을 수 있을 것이다.

보기

인터넷, 택시, 배달, 쇼

16

드론 항공법을 맞혀라

드론은 언제 어디서나 날릴 수 있는 것이 아니다. 드론은 무인 비행 장치이므로 항공법을 따라야 한다. 드론 항공법에 관해 잘못 설명한 번호를 찾아 선을 따라가 보자.

❶ 서울 도심처럼 사람이 많이 모인 곳에서는 비행할 수 없다.
----
❷ 야간 시간에도 비행할 수 있다.
----
❸ 고도 150m 이상으로 비행하면 안 된다.
----
❹ 휴전선 인근과 같은 보안 지역에서는 비행할 수 없다.

드론 조종기 구조와 사용법

드론 조종기의 종류는 다양하지만 기본적인 원리와 조작법은 동일하다. 아래 조종기 그림을 보며 빈칸에 알맞은 이름을 〈보기〉를 참고하여 써 보자.

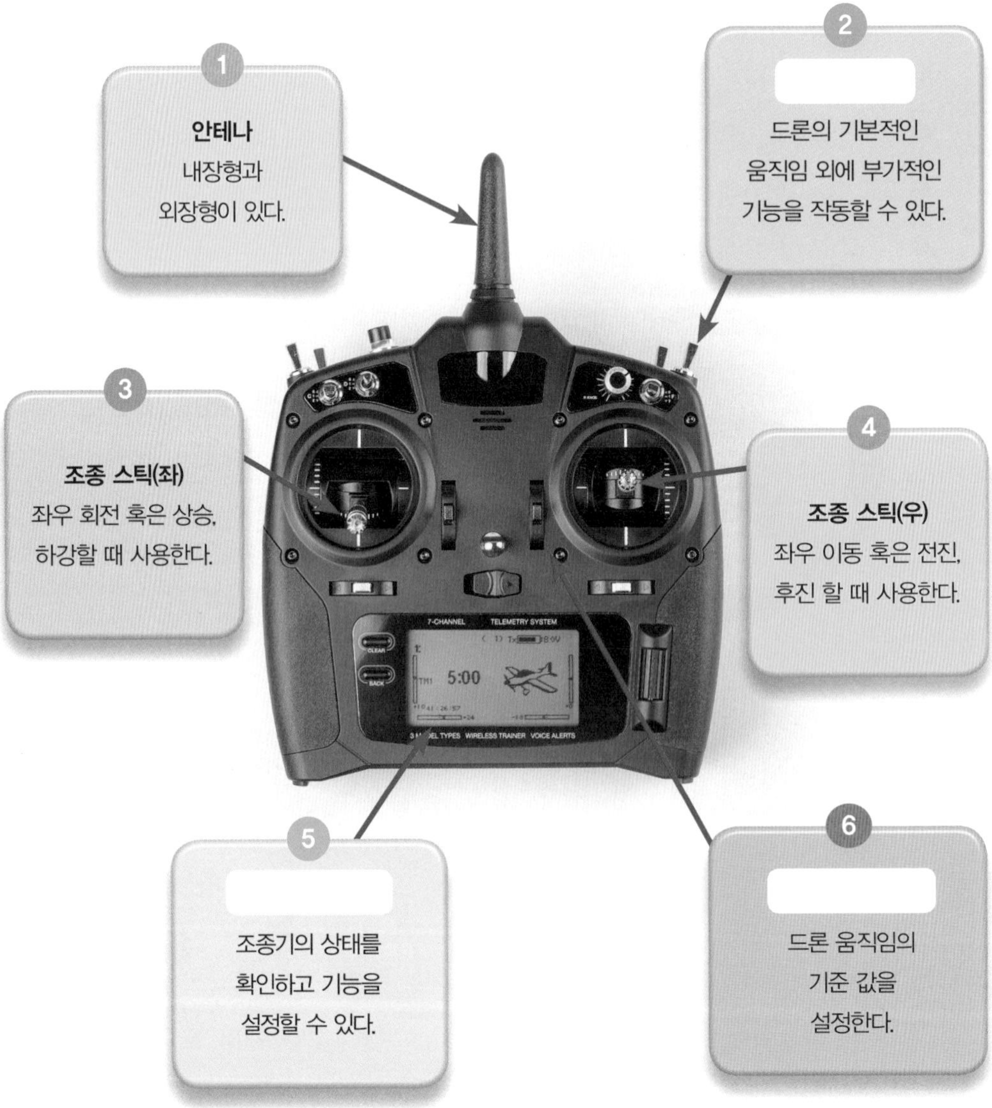

1
안테나
내장형과 외장형이 있다.
2
드론의 기본적인 움직임 외에 부가적인 기능을 작동할 수 있다.
3
조종 스틱(좌)
좌우 회전 혹은 상승, 하강할 때 사용한다.
4
조종 스틱(우)
좌우 이동 혹은 전진, 후진 할 때 사용한다.
5
조종기의 상태를 확인하고 기능을 설정할 수 있다.
6
드론 움직임의 기준 값을 설정한다.
7-CHANNEL
TELEMETRY SYSTEM
5:00

보기

보조 채널, 트림, 설정 버튼, LCD 화면

드론의 다양한 센서

드론에는 우리가 생각하는 것보다 다양한 센서가 장착되어 있다. 드론의 센서에 관해 알아보고, 〈보기〉에서 알맞은 말을 찾아 빈칸에 적어 보자.

1

고도의 압력을 계산하여 드론이 일정한 고도를 유지하면서 비행을 할 수 있도록 한다.

2

GPS 센서

자율 비행을 할 때 가장 중요한 역할을 한다. 인공위성 신호를 사용하여 드론의 위치와 좌표, 고도를 측정한다.

3

X, Y, Z 세 축 방향의 각 가속도를 측정하는 센서로, 드론의 기울기 정보를 제공한다.

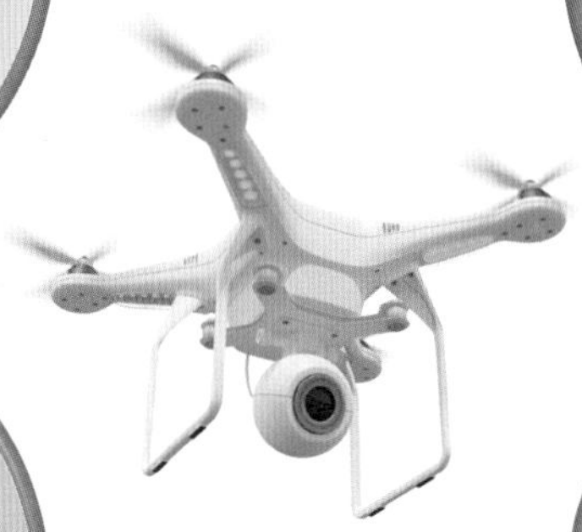

4

초음파나 레이저를 발산한 후 돌아오는 시간을 측정하여 거리를 계산한다.

5

드론의 기울기나 움직임을 감지하여 균형을 잃지 않도록 한다.

6

비전 센서

촬영된 이미지를 패턴으로 분석하여 장애물 유무를 판단한다.

보기

기압계, 거리계, 3축 자이로스코프 센서, IMU

요리조리 미로 탈출

드론과 관련한 ○× 퀴즈를 풀고 정답을 따라 미로를 빠져나가 보자.

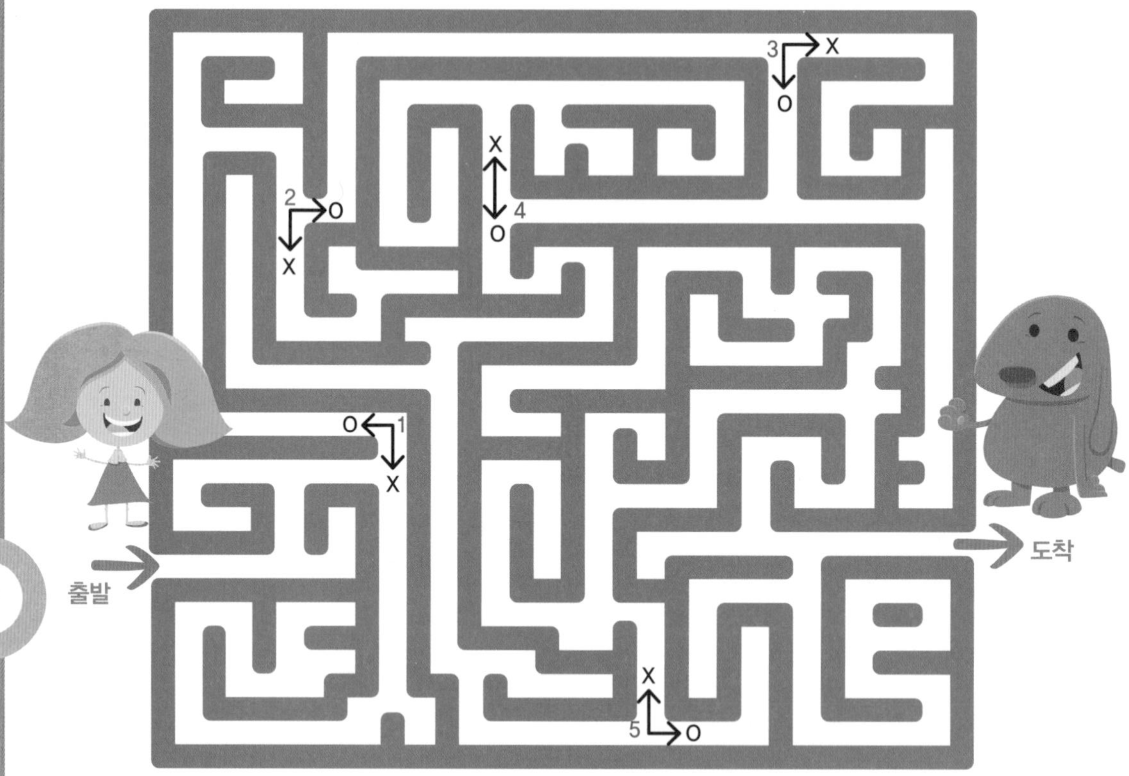

출발
도착
1 O X
2 O X
3 X O
4 X O
5 X O

1	드론은 제1차 세계 대전이 끝날 무렵 미국에서 처음으로 개발했다.	○ ×
2	수직으로 이착륙을 할 수 있어 활주로가 필요 없다.	○ ×
3	충돌이나 추락, 해킹 등의 가능성이 있으므로 일정한 규제를 받는다.	○ ×
4	드론은 '벌이 윙윙거리는 소리'와 비슷하다고 하여 붙여진 이름이다.	○ ×
5	12kg 이하의 드론을 사용해 드론 사업을 할 경우 반드시 드론 조종사 자격증이 있어야 한다.	○ ×

숨은 그림찾기

산타할아버지가 드론을 이용해 선물을 배달하려고 한다. 선물 배달 속에 숨겨진 드론과 관련한 그림 네 개를 찾아보자.

숨은 그림

조종기, 카메라를 장착한 드론, 프로펠러, 쿼드 콥터(로터가 4개 있는 드론)

야간 비행 허용 VS 야간 비행 금지

드론 산업의 발전은 양날의 검이어서 우리에게 편리한 도구가 될 수도 있지만 위험한 흉기가 될 수도 있다. 드론의 야간 비행에 관한 자신의 생각은 어떤지, 그리고 그렇게 판단한 이유는 무엇인지 말해 보자.

야간에 드론을 날리는 것은 위험해. 잘 보이지 않아 사람이 다칠 수도 있고 몰래 사진을 찍거나 도청하는 등 범죄에 악용될 수도 있어. 나는 야간 비행은 금지해야 한다고 생각해.

야간 비행을 금지하면 밤에 하는 스포츠 경기 중계뿐만 아니라 아름다운 야경을 촬영하는 데 드론을 활용할 수 없어. 야간에 하는 드론 쇼도 볼 수 없지. 나는 야간 비행도 일부 허용해야 한다고 생각해.

 나는 드론의 야간 비행을 (금지 / 허용)해야 한다고 생각한다.

왜냐하면

때문이다.

내가 만약 드론을 만든다면?

만약 자신이 드론을 만든다면 어떤 용도의 드론을 만들고 싶은지 아래에 적어 보자.

해답

4. 드론, 드론 조종사
5. ② 농업 ④ 촬영 ⑤ 레저
6. ○, ○, ×, ×, ○, ×, ○
7. 예시) 항공 관련 분야의 호기심과 탐구심이 강한 사람이어야
8. ① 자율 비행 ② 센서 ③ 비행 원리 ④ 드론학
9. 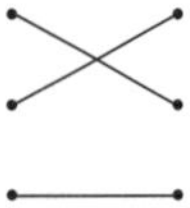
10. 보람
11. 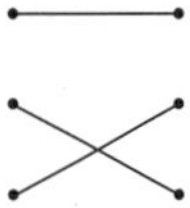
12. 드론 촬영기사
13. ②
14. 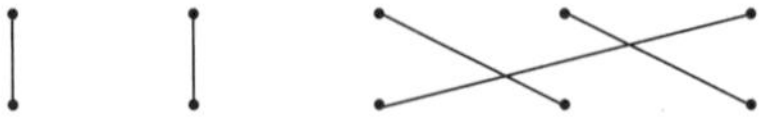
16. ① 택시 ② 인터넷 ③ 쇼 ④ 배달
17. ②
18. ② 보조 채널 ⑤ LCD 화면 ⑥ 트림
19. ① 기압계 ③ 3축 자이로스코프 센서 ④ 거리계 ⑤ IMU
20. ○, ○, ○, ○, ×
21. 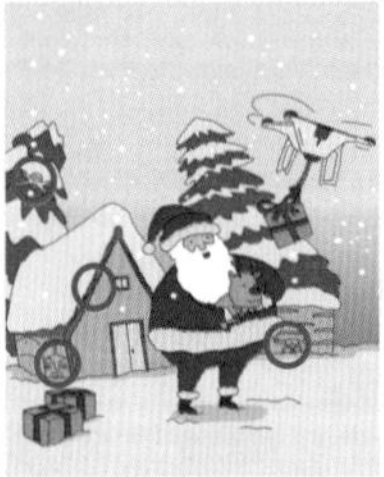